認定支援機関のための
[業種別] 経営改善計画の作り方
卸・小売業編

中小企業診断士 長谷川 勇 [編著]

ぎょうせい

はじめに

　税理士業界をめぐる外部環境は，近年大きなうねりにさらされています。税理士の事業基盤である中小企業の事業者数は，長期的に減少の一途を辿っています。事業承継が国家的課題であるように，今後も減少が予想されています。一方，税理士登録者数は，過年度を下回った年はなく，毎年増加を続けています。

　このような環境下にあって，税理士の基幹業務である「税務」と「会計」の分野では，RPA（Robotic Process Automation）の実用化が進展し，会計・経理業務の定型業務の自動化が進んでいます。認定支援機関を始めとして，税理士の方々にとって財務情報を活用した「経営助言」が注目されています。

　経営助言活動として，経営改善支援センター事業である経営改善計画策定支援事業があります。本事業は，伝統的な税理士業務に加えて経営コンサルティングのノウハウが求められます。経営コンサルティング業務は業種横断的な経験ではなく，現場経験に基づく業種特有のアドバイスが必要です。

　さらに，金融庁は，「金融検査マニュアル」を廃止し，金融機関に過去の経営実績である財務3表に基づく企業格付けを廃止して，事業の将来性・継続性に着目した企業融資，「事業性評価」を行うよう方針を転換しました。

　金融庁の指導方針に従って，過去からの惰性で求めていた経営者保証を，経営者保証ガイドラインに従って廃止することは当然です。さらに，積極的に経営者保証をなくすために，経営改善計画で金融機関から事業性評価を得るための経営改善計画の作成を支援することも，経営助言活動の重要な役割です。

　経営助言活動のお役に立てるべく，この度「認定支援機関のための業種別　経営改善計画の作り方」（製造・建設業編，卸・小売業編，サービス業編）の3冊の出版を企画しました。本書は，税理士・公認会計士だけでなく，下記の先生方・業種での活用も念頭に置いて執筆・編集をしています。

○認定支援機関：経営改善計画策定支援
○中小企業診断士：経験のない新業種の経営コンサルティング
○弁護士：相続関連の業務
○金融機関：融資・事業性評価・経営者保証ガイドライン審査

　世に多くの業界情報・業界事典が出版されていますが，日本標準産業分類（小分類）での業界情報と経営コンサルティング手法を公開している類書はないと自負しています。実務経験豊富な中小企業診断士のノウハウが，広く活用されることを祈念しています。

　令和元年10月

中小企業診断士・彩マネジメント研究所
代表　**長谷川　勇**

目　次

卸・小売業

1. **マグロ仲卸売業のモデル利益計画** ……………………………… 2
   - Ⅰ　業界の概要／2　Ⅱ　モデル店Ａ社の概要／10　Ⅲ　改善後の利益計画／16
2. **スーパーマーケットのモデル利益計画** ………………………18
   - Ⅰ　業界の概要／18　Ⅱ　モデル企業の概要／24　Ⅲ　Ａ社の現状と課題／27　Ⅳ　Ａ社の改善策／28　Ⅴ　改善後の利益計画／30
3. **ドラッグストアのモデル利益計画** ……………………………31
   - Ⅰ　業界の概要／31　Ⅱ　モデル企業Ａ社の概要／36　Ⅲ　Ａ社の経営環境／36　Ⅳ　Ａ社の利益改善計画／39
4. **靴店のモデル利益計画** …………………………………………46
   - Ⅰ　靴店（靴小売業）を取り巻く環境／46　Ⅱ　靴店の業績向上のために何をしたら良いか／48　Ⅲ　モデル企業Ｔ社の概要／52　Ⅳ　Ｔ社のモデル利益計画／56　Ⅴ　Ｔ社の改善の効果／59　Ⅵ　靴店の継続的な発展のために－中・長期的視点からのアドバイスのポイント－／69　■おわりに／60
5. **洋菓子店のモデル利益計画** ……………………………………61
   - Ⅰ　業界の概要／61　Ⅱ　モデル店の概要／65　Ⅲ　Ａ店の課題／67　Ⅳ　課題の解決策／68　Ⅴ　Ａ店の利益計画／71　Ⅵ　競争の激しい洋菓子製造販売業界でどう生き残るべきか／73
6. **中古車販売業のモデル利益計画** ………………………………75
   - Ⅰ　業界の概要／75　Ⅱ　経営診断先企業の概要／77　Ⅲ　Ａ社の現状と課題／80　Ⅳ　経営課題の解決・達成策／82　Ⅴ　改善後の利益計画／88
7. **自転車販売店のモデル利益計画** ………………………………91
   - Ⅰ　業界の概要／91　Ⅱ　モデル企業の概要／99　Ⅲ　利益計画の問題点／100　Ⅳ　問題点と改善策／102　Ⅴ　改善後の利益計画／105
8. **家具小売業のモデル利益計画** …………………………………107
   - Ⅰ　業界の概要／107　Ⅱ　家具小売業の経営実態／109　Ⅲ　家具小売業の経営改善手法／111　Ⅳ　Ａ家具小売企業の利益改善計画／117
9. **薬局のモデル利益計画** …………………………………………122
   - Ⅰ　業界の概要／122　Ⅱ　モデル店Ａ社の概要／128　Ⅲ　Ａ社の問題点

と課題／130　**Ⅳ**　A店の問題点改善策／133　**Ⅴ**　改善後のモデル利益計画／136

⑩　**ガソリンスタンドのモデル利益計画** …………………………………137
　Ⅰ　業界の概要／137　**Ⅱ**　A社の概要／143　**Ⅲ**　利益計画の問題点／144　**Ⅳ**　問題点の改善策／150　**Ⅴ**　改善前と改善後の利益計画／152

⑪　**おもちゃ屋のモデル利益計画**………………………………………154
　Ⅰ　業界の概要／154　**Ⅱ**　玩具業界の動向と市場規模／157　**Ⅲ**　おもちゃ屋A社の概要／162　**Ⅳ**　モデル利益計画／166　**Ⅴ**　今後の課題／168

⑫　**アウトドアショップの利益計画** ……………………………………171
　Ⅰ　業界の概要／171　**Ⅱ**　アウトドアショップを取り巻く環境変化／174　**Ⅲ**　アウトドアショップA社の概要／178　**Ⅳ**　A社を取り巻く環境と問題点／181　**Ⅴ**　A社の利益計画／185

⑬　**ペットショップのモデル利益計画** …………………………………188
　Ⅰ　業界の概要／188　**Ⅱ**　A社の概要／193　**Ⅲ**　A社の経営環境／194　**Ⅳ**　A社の利益改善計画／196

⑭　**土産物店のモデル利益計画**…………………………………………201
　Ⅰ　業界の概要／201　**Ⅱ**　モデル店の利益改善計画／212

⑮　**園芸業のモデル利益計画**……………………………………………217
　Ⅰ　業界の概要／217　**Ⅱ**　外部環境の変化／225　**Ⅲ**　モデル店A社の概要／227　**Ⅳ**　モデル店の利益計画の現状と問題点／228　**Ⅴ**　問題点の改善策／233　**Ⅵ**　改善後の利益計画／236

⑯　**熱帯魚販売業のモデル利益計画** ……………………………………238
　Ⅰ　業界の概要／238　**Ⅱ**　モデル企業（A店）の概要／241　**Ⅲ**　A店の問題点／243　**Ⅳ**　A店の問題点改善策／247　**Ⅴ**　改善後のモデル利益計画／250

⑰　**生活雑貨店のモデル利益計画** ………………………………………251
　Ⅰ　業界の概要／251　**Ⅱ**　消費者のライフスタイルの変化／254　**Ⅲ**　生活雑貨店A店の概要／258　**Ⅳ**　A店の抱える問題／260　**Ⅴ**　A店の利益計画／263

⑱　**木材卸売業のモデル利益計画** ………………………………………267
　Ⅰ　業界の概要／267　**Ⅱ**　木材・材木流通における木材卸売業者の役割／267　**Ⅲ**　木材卸売業者の事業所数と規模／269　**Ⅳ**　木材卸売業者のタイプ／271　**Ⅴ**　木材卸売業者の経営環境の変化／272　**Ⅵ**　木材卸売業の経営改善の方向／274　**Ⅶ**　F材木店の概要と問題点／274　**Ⅷ**　経営改善の基本的

考え方／278　Ⅸ　具体的改善策／279　Ⅹ　改善後の利益計画／284

卸・小売業

1 マグロ仲卸売業のモデル利益計画

I 業界の概要

1 水産業界の供給動向

1 マグロ漁獲量の国際規制

　日本近海を含む北太平洋海域のクロマグロの資源管理を行う「中西部太平洋マグロ類委員会（WCPFC）」は，2018年9月7日に日本が提案した漁獲枠拡大提案を見送り閉会した。WCPFCは，漁獲規制を決めて管理している。

　北太平洋のクロマグロ資源量は，1961年の約17万トンをピークに減少し，2010年には1万2000トンと93％減少した。乱獲により激減したマグロ資源を回復させるため，多くの地域漁業管理機関が設立されている。主要な管理機関と主な対象魚種は，下記のとおりである。

・インド洋マグロ類委員会
・全米熱帯マグロ類委員会
・大西洋マグロ類保存国際委員会
・中西部太平洋マグロ委員会　等

マグロ以外の主要な管理機関を例示すると，

・北太平洋溯河性魚類委員会（サケ・マス）
・南極海洋生物資源保存委員会（オキアミ）
・ベーリング公海漁業条約（スケソウダラ）
・北西大西洋漁業機関（エビ）　等

　乱獲により減少した魚類資源の回復のため，数多くの漁業管理機関

の管理下で，魚類の水揚量の増加は期待できない。

2　減少する卸売市場取扱高

●図表－1　卸売市場の取扱額の推移

単位：億円

年度	中央卸売市場 取扱額	比率	地方卸売市場（消費地） 取扱額	比率	合計 取扱額	比率
H14	25,206	100.0	9,886	100.0	35,092	100.0
H15	23,477	93.1	9,456	95.7	32,933	93.8
H16	22,735	90.2	8,862	89.6	31,597	90.0
H17	22,035	87.4	8,410	85.1	30,445	86.8
H18	21,779	86.4	8,657	87.6	30,436	86.7
H19	21,107	83.7	7,816	79.1	28,923	82.4
H20	20,014	79.4	7,387	74.7	27,401	78.1
H21	18,275	72.5	7,035	71.2	25,310	72.1
H22	17,597	69.8	6,743	68.2	24,340	69.4
H23	16,758	66.5	6,925	70.0	23,683	67.5
H24	16,039	63.6	6,665	67.4	22,704	64.7
H25	16,014	63.5	6,964	70.4	22,978	65.5
H26	15,389	61.1	7,270	73.5	22,659	64.6
H27	15,921	63.2	7,257	73.4	23,178	66.0
H28	15,490	61.5	7,106	71.9	22,596	64.4

出典：卸売市場データ集　H30.7　農水省

　漁業資源の減少と漁獲規制の影響は，卸売市場の取扱額に反映されている。

　平成14年度から平成28年度までの14年間に，中央卸売市場は38.5％減少し，地方卸売市場（消費地）は28.1％減少し，合計で35.6％減少している（図表－1）。

　注目すべき点は，中央卸売市場と比較して，地方卸売場の減少率は，10.4ポイント少ないことである。大手量販店や飲食店チェーンは，大手水産会社や輸入商社から直接仕入れる量が増えている。その結果，

卸売市場経由率は，昭和55年度の85.5％から平成27年度には51.9％へと33.6ポイント減少している。

3 経営状況の推移

中央卸売市場や消費地の地方卸売市場の取扱額の減少は，生産現場である沿岸漁船漁家の所得減少の反映でもある（図表－2）。

●図表－2　沿岸漁船漁家の経営状況の推移

（単位：千円）

	漁労収入	漁労支出	漁労所得	漁労外事業所得	事業所得
2006	6,716	3,938	2,742	122	2,864
2011	6,087	4,048	2,039	172	2,210
2012	6,141	4,100	2,041	297	2,339
2013	5,954	4,060	1,895	184	2,078
2014	6,426	4,436	1,990	159	2,149
2015	7,148	4,536	2,612	209	2,821
2016	6,321	3,973	2,349	195	2,544

出典：平成29年度水産白書

漁労収入は，年度により上下の波はあるが，減少傾向を示している。漁労収入の減少傾向に反して，漁労支出は増加傾向にある。2016年の漁労支出の減少は，油費の減少が大きく貢献している。漁船漁家の経営面において，原油価格の動向は目を離せない。中期的には，漁労所得は減少傾向にある。

海面養殖業の経営は，沿海漁船漁家の経営状況とは様相が異なる（図表－3）。漁労収入は，増加傾向にあり，2006年の21百万円から10年後の2016年には33百万円と57％増加し，経営規模が拡大している。漁労支出は，16百万円から23百万円と44％増加しているが，漁労収入の増加率57％より少なく，漁労所得は97.7％と倍増している。海面養殖業は，沿岸漁業と比較して，原油価格騰落の影響を受けにくいメリットがある。

●図表－3　海面養殖業漁家の経営状況推移

（単位：千円）

	漁労収入	漁労支出	漁労所得
2006	21,106	16,030	5,076
2011	24,048	19,821	4,227
2012	22,958	18,957	4,001
2013	23,317	18,258	5,059
2014	25,537	20,129	5,407
2015	30,184	21,969	8,215
2016	32,928	22,892	10,036

出典：平成29年度水産白書

4　減少する漁業就労者数

　世界的な漁獲量規制の流れと漁業資源減少の流れを受けて，我が国の漁獲量は減少傾向にあり，漁船漁家の経営状況は悪化し，漁業の魅力度は低下傾向にある。魅力度の低下を反映して，漁業就業者数は減少の一途を辿っている。

●図表－4　漁業経営体数と就業者数の推移

単位：万経営体，万人

年	海面漁業経営体数		漁業就業者数		内65歳以上	
					万人	比率
H20	11.5	100%	22.2	100%	7.6	34.2%
H21	10.8	94%	21.2	95%	7.6	35.8%
H22	10.4	90%	20.3	91%	7.3	36.0%
H25	9.5	83%	18.1	82%	6.4	35.4%
H26	8.9	77%	17.3	78%	6.1	35.3%
H27	8.5	74%	16.7	75%	6.0	35.9%
H28	8.2	71%	16.0	72%	5.9	36.9%
H29	7.9	69%	15.3	69%	5.9	38.6%

出典：漁業就業動向調査　農林水産省
東日本大震災の影響があり，H23，H24は掲載していない

　直近の10年間に，経営体数は11.5万から7.9万へと31％減少し，漁

業就業者数も22.2万人から15.3万人へと31％減少している（図表－4）。業界の魅力度低下の影響により，若者の就業者が減少し，高齢者率は34％から39％へと5ポイント増加している。平成27年と平成28年の全国平均の高齢化率は26.6％と27.3％であり，漁業就業者の高齢化率は約10ポイント高い状況にある。

2 水産物の需要動向

1　1世帯当り消費金額

　魚介類の1世帯当たりの年間支出額は，減少傾向にある。2007年から2017年の11年間に55千円から43.6千円と21％減少している（図表－5）。

　漁獲量の減少と支出額の減少は，魚介類生産者にとってダブルパンチで，漁船漁家の経営状況悪化に反映されている。

●図表－5　生鮮魚介類1世帯当り年間支出額

出典：総務省「家計調査」

2　食材摂取量の消費者動向

　消費者の健康志向や高齢化を反映して，摂取を増やしたい食材として魚介類（40.7％）や大豆・大豆製品（36.3％）が挙げられている（図表－6）。減らしたいとしている割合は，わずかに4.0％と4.4％に過ぎない。肉類（鶏肉・豚肉・牛肉）は，増やすことも減らすこともなく現状維持としている。

1　マグロ仲卸売業のモデル利益計画

　魚介類の摂取量を増やしたい意向があるにもかかわらず，生鮮魚介類への支出額が減少傾向にある原因は，調理に関する不満の大きさにあると思われる。不満点を挙げると，
・調理の仕方がわからない
・生ごみの処理に困る
・小骨が多い
・下処理が大変で匂いが困る　　等である。

●図表－6　食材摂取量の消費者動向

	魚介類	大豆・大豆製品	鶏肉	豚肉	牛肉
増やしたい	40.7	36.3	15.6	13.4	12.6
減らしたい	4.0	4.4	9.1	11.4	13.8

出典：平成29年度水産白書

　消費者の健康志向と高齢化を，販売増進のチャンスととらえて，魚介類の調理への不満解消策を講じれば，消費拡大の余地は十分にある。

③　水産物の流通構造の変化

❶　従来の卸売市場の機能

　卸売市場は，生鮮食品である農林水産物の集荷・分散がその主要な機能である。従来の産業構造は，小規模多数の生産者と小規模多数の小売業者の間で，卸売市場が効率的に集荷・分散機能を果たしてきた。
　農林水産物は鮮度が生命線であり，地域の生産物を地域の小売業者に流通させるには，地域の卸売市場が仲介機能を果たすことが効率的であった（図表－7）。

●図表－7　流通経路

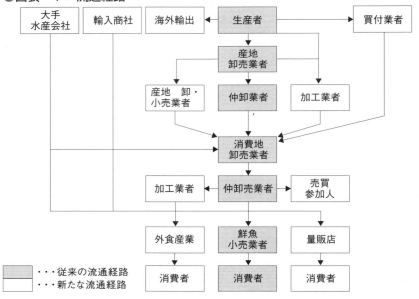

2　産業構造の変化

　農林水産物以外の業界では，産業構造の変化に対応して，卸売業の水平合併が長年にわたり継続し，大規模卸業者が誕生し小規模卸業者の淘汰が進行している。

　その背景には，製造業者と小売業者，飲食業者の大規模化がある。全国展開するチェーン店に商品を供給するには，卸売業者も全国的に商品を供給できるネットワークを持つことが必須の条件である。

　水産業界においても，卸売市場の卸売業者や仲卸業者は，全国展開する小売業者や飲食業者のニーズに対応するには，自らが全国展開できる規模の経営が求められている。一般消費者の魚介類の購入先は，小規模経営の一般小売店が9.4％まで減少し，チェーン展開する大規模スーパーが67.8％になっている（図表－8）。

　しかし，卸売市場法による保護は，全国展開に意欲を持つ卸売業者

●図表－8　消費者の魚介類購入先の変化

(％)

	平成6年	平成11年	平成16年	平成21年	平成26年
スーパー	55.4	66.7	63.9	70.4	67.8
一般小売店	24.6	17.5	14.0	7.7	9.4
生協・購買	9.2	5.1	11.3	5.7	5.9
百貨店	5.1	5.8	5.2	2.9	4.2
通信販売	0.3	0.4	0.9	2.6	2.9
その他	5.3	4.5	4.6	5.2	5.3

出典：H29水産白書　水産物消費の動向　農水省

や仲卸業者にとり事業展開の「制約」となり，卸売市場の取引シェアの低下を招いている。市場外流通率の増加，すなわち市場経由率の低下である（図表－9）。卸売市場の取扱額の減少（図表－1）は，市場経由率の低下が加速を招いている。卸売業者の集荷力と仲卸業者の販売力の改善が，改善の鍵である。

●図表－9　水産物の市場経由率の推移

年度	市場経由率
S55	85.5
S60	77.6
H1	74.6
H5	70.2
H10	71.6
H15	63.4
H20	58.4
H25	54.1
H26	51.9
H27	52.1

出典：農水省　食料産業局　卸売市場をめぐる情勢

3　生鮮マグロと冷凍マグロの流通経路

① 生鮮（冷蔵）マグロは，産地卸売市場から消費地卸売市場経由で，仲卸の迅速な分荷機能に依存する市場内流通が主流である。

② 冷凍（マイナス60℃）マグロは，市場外流通が主流である。大手商社や大手水産会社は，自社所有の冷凍倉庫を有し，ニーズに応じて市場を通さず出荷している。

Ⅱ　モデル店 A 社の概要

```
会社の概要
    組織形態    株式会社
    資 本 金    １千万円
    従 業 員    60名
    組　　織    本社・加工工場
    業務内容    マグロ仲卸業
    年　　商    ７億７千万円
```

1　外部環境分析

当社を取り巻く外部環境を，PEST 分析と５フォース分析で明らかにする。

■　PEST 分析（マクロ環境分析）

・政治環境の変化

産業構造の変化により，卸売市場制度は制度疲労を起こし，市場外流通が50％を超える勢いである。その対処として，H16年に卸売市場法を改正した。①委託集荷原則の廃止，②商物一致原則の緩和，③手数料自由化などの規制緩和が行われた。

地球規模での漁業資源の減少傾向と，国際的な漁業資源保護意識の高まりにより，資源の回復傾向を見せているクロマグロでも，漁獲枠拡大の日本提案は国際機関で拒否された。当面，厳しい漁獲量制限は

継続されるものと予想される。

・経済環境の変化

　流通構造の変化によって，①水産物専門小売店の減少，量販店のシェア拡大，②大手水産会社・大手商社の取扱高シェアの増加，③水産物資源の減少，④魚介類の消費量の減少などが生じている。

・社会環境の変化

　消費者の健康志向・高齢化により，①魚介類消費志向の高まり，②しかし，消費者の低価格志向もあり安い輸入肉類消費量は高止まり傾向にある。

・技術環境の変化

　漁業資源の減少や漁獲規制の動向に対応して，マグロの完全養殖に成功し，市場への出荷が開始されている。成魚になるまでの生存率が向上し，経済性の向上と出荷量の増加が好循環を発揮している。技術力の向上により，不足する天然マグロの供給不足を，完全養殖のマグロで補完することが期待されている。

　また，マグロの冷凍技術・解凍技術の向上で，冷凍マグロの鮮度とうまみが向上している。

2　5フォース分析（ミクロ環境分析）

・競合企業の競争力

　冷凍マグロの陸揚げ地であるB水産地方卸売市場は，集荷量が継続的に減少傾向にある。同市場でセリ・入札に参加する同業の仲卸業者は，取扱量の減少と同質化で，経営は苦境に追い込まれている。

　真の競合者は，市場外取引をしている大手水産会社，輸入マグロを取り扱う大手商社や他の卸売市場の仲買人である。競合者は，チェーン展開をしている大手量販店や飲食店に対し，強い供給力を発揮している。

・仕入先の交渉力

マグロ資源の減少，漁獲量規制の強化で，供給量は減少傾向にある。需給バランスは，需要超過の状況が継続しており，漁業経営者は強気の立場を維持している。

卸売市場の設備の老朽化と衛生環境は悪化していたが，市場開設者である地元自治体は，設備を改修し衛生環境も改善し，集荷力が好転し，需給バランスの改善が期待できる。

・販売先の交渉力

図表－8のとおり，小規模経営の水産物の一般小売店は大幅に減少し，チェーン展開する大規模経営のスーパーや飲食店，回転寿司店などが，マーケットシェアを急速に拡大し，交渉力を強化している。供給チェーンを全国展開できない仲卸業者は，交渉力を失っている。

・新規参入の脅威

B水産地方卸売市場は，取扱量が継続的に減少傾向にあり，新規参入の魅力を失っている。さらに，仲卸業としての登録は卸売市場開設者の許可が必要であり，当面新規参入は予想されない。

・代替品の脅威

A社の主力商品は，卸売市場を経由する冷凍天然マグロである。天然マグロは漁獲枠の制約があり，業績の拡大は期待できない。天然マグロに替わって，養殖マグロが注目されている（図表－10）。

天然種苗由来の養殖マグロは，採捕された天然マグロの幼魚を生け簀で養殖したマグロである。マグロ資源保護の観点から，水産庁の指示で生け簀台数の上限が設けられ出荷トン数は下降線を辿っていたが，H29，H30は増加傾向にある。

人工種苗由来の養殖マグロは，採卵から成魚の出荷までのライフサイクルを，陸上や生け簀で行い，マグロ資源の減少の影響を受けない。市場シェアは一貫して増加傾向にある。A社は養殖マグロのサプライチェーンに組み込まれていないため，養殖マグロの増加は脅威となる。

① マグロ仲卸売業のモデル利益計画

●図表-10　養殖マグロの出荷実績

	天然種苗由来(t)	人工種苗由来(t)	合計(t)
H24	9,395	244	9,639
H25	10,120	276	10,396
H26	14,326	387	14,713
H27	13,881	943	14,824
H28	12,563	849	13,412
H29	14,740	1,118	15,858
H30	16,494	1,147	17,641

出典：国内の黒マグロ養殖実績　水産庁
天然種苗：採捕した天然マグロの幼魚を育成する
人口種苗：受精卵を陸上の水槽でふ化させ育成する

❷ SWOT分析

◼ 機　　会

　水産庁は，3年前に当地の水揚漁港・卸売市場・冷凍倉庫などの関連施設について，「高度衛生管理基本計画」を策定した。高度衛生管理とは，取り扱う水産物について総合的な衛生管理体制を確立し，安全で安心な水産物を提供することを目的とする。具体的には，陸揚げ・荷捌き・出荷に至る各工程において，生物的・化学的・物理的な危害要因を取り除くため，ハード・ソフト対策を講じる。

① 卸売市場と付属の冷凍倉庫の新設計画が実現した。現状の老朽設備を敬遠して，他の卸売市場（漁港）に流れていた漁船の回帰と集荷力の向上が期待できる。

② コールドチェーンの重要な一端を担う卸売市場と冷凍倉庫の新設で，衛生管理が向上し，品質への信頼が向上する。

③ 集荷力が向上すれば，自然に漁獲量や市場価格などの情報力が強化される。集荷力と情報量の向上の好循環を経営力向上に活かせる。

◼ 脅　　威

① 世界的な水産資源の保護の動きと漁獲規制の強化は，当卸売市場の集荷量の減少を招き，当社の業績に悪影響を与えるリスクがある。
② 発展途上国の生活水準の向上によって，水産物の消費量が増加し，日本への輸入量減少の恐れがある。
③ 水産物の消費量の減少は，今後とも継続される恐れがある。牛肉・豚肉・鶏肉の価格と比較して，水産物価格は相対的に割高である。

3 強　　み

① 経営者は本業界に長年従事し，漁獲情報，市場価格情報の分析力に優れ，安定的な仕入力がある。
② 産業は自然を相手にしており，入荷量に波がある。A社は自社冷凍倉庫の保有で在庫を確保し，マーケットのニーズに合わせて，安定的に供給する能力を有している。
③ 新設した自社の加工工場を有し，顧客ニーズに即応できる体制を有している。
④ 他市場の仲卸業者と深い信頼関係がある。

4 弱　　み

① 全国の仲卸業者との業者取引が主力で，和食飲食店・寿司店との取引が少ない。
② 経営者・従業員の衛生管理意識が低い。
③ 地元卸売業者の集荷力が弱く，品揃えを豊富にするために他市場の仲卸業者からの仕入れが多く，コスト高になっている。
④ ワンマン経営で，経営管理組織がない。

3 問題点の改善策

1 機会の取り込み戦略

① 卸売市場と付属する冷凍倉庫の改築は，格好の販促戦略として活用する。現在の取引先や新規開拓中の水産仲卸業者を見学会に招待

して，向上した衛生管理の仕組みによるA社製品の安心・安全を売り込む。
② コールドチェーンの結節点としても，衛生管理力が向上した新設の卸売市場と冷凍倉庫を売り込む（図表－11）。

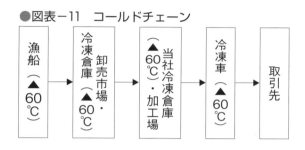

●図表－11　コールドチェーン

漁船（▲60℃）→ 冷凍倉庫・卸売市場（▲60℃）→ 当社冷凍倉庫（▲60℃）・加工場 → 冷凍車（▲60℃）→ 取引先

③ 情報収集力を強化して，自社の経営力強化に活用するだけでなく，リテールサポートの一環として取引相手にも情報を提供して，共存共栄の信頼関係を強化する。
④ 卸売市場と付属する冷凍倉庫の改築を機会に営業力を強化する。営業部員は，和食飲食店と高級寿司店の新規開拓に注力する。既存の取引先は，取引先内の当社シェア拡大を目指す。後継者不在の店舗に対するM&Aも選択肢に加えて，相対での買収交渉や近隣各県の事業引継ぎ支援センターを活用する。

2 脅威の回避戦略
① 当社の取扱魚種である天然マグロの資源の減少と漁獲制限への対応策として，養殖マグロ生産者を仕入先として開拓する。現状の養殖マグロの水揚げ量は多くないが，長期戦略として仕入先を開拓し，生鮮マグロ（冷蔵マグロ）の品揃えを強化する。

3 強みの強化戦略
① 社長の有する業界情報分析力を維持・強化するために権限移譲を進め，幹部従業員とノウハウの共有化を進める。

② 卸売市場と付属する冷凍倉庫の改修に合わせて，A社の冷凍倉庫と加工工場の改修も完成した。新設備を営業戦略の武器として，新規取引先開拓を強化する。

4 弱み克服戦略

① 情報技術の革新・物流の高速化により，情報格差・距離格差・時間格差を利用した仲卸業者間取引による「利鞘」稼ぎは期待できない時代である。自社店舗を含めて和食飲食店・高級寿司店のマーケットを開拓し，売上高至上主義から，売上高総利益率重視へ経営戦略を転換する。

② 設備投資の完了を機に，従業員に食の安全教育を定期的に行い，意識改革をする。意識改革を徹底するため，冷凍倉庫・加工工場に，HACCPの認証を取らせる。本社事務部門や営業部門の事務所も含めて清潔徹底を推進する。

Ⅲ 改善後の利益計画

　所属する水産卸売市場は，4年前の水産庁による「高度衛生管理基本計画」の策定を受け，卸売市場と冷凍倉庫の改修が完了している。A社の冷凍倉庫と加工場も，設備投資をして衛生管理面を改善した。

　これを機会に，食の安全・安心面を販売促進の主軸に据えて，既存取引企業内でのシェア拡大と，和食飲食店と寿司店の新規開拓によるビジネスモデル・イノベーションを計画した。

　これまでの全国各地の漁港で水揚げされる魚種の違いを調整するための仲卸業者間取引中心のビジネスモデルから，下流の流通経路である和食飲食店や寿司店との取引を開拓することで，売上総利益率を改善する。同時に，和食飲食店や寿司店と直接接することで，最終消費者のニーズの的確な把握が可能となり，それを基にした無駄のない仕入により，在庫削減を実現する。

1 マグロ仲卸売業のモデル利益計画

● 図表－12　利益計画

（単位：千円）

	前期（実績）	1期（計画）	2期（計画）	3期（計画）
売上高	775,059	813,812	854,503	897,228
商品原価	621,014	645,855	671,689	698,556
売上総利益	154,045	167,957	182,814	198,671
その他販管費	144,953	147,852	150,809	153,825
営業利益	9,092	20,105	32,005	44,846

● 図表－13　バランススコアカード

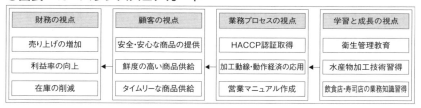

● 図表－14　ビジネスモデルキャンバス

パートナー	主要活動	価値提案	顧客との関係性	顧客セグメント
地元卸売市場の卸売業者 入港する漁船の船主 地元卸売市場の開設者	高品質マグロ仕入 情報収集・提供 （漁獲状況・市場価格動向）	需要対応力（豊富な在庫） 食の安心・安全 衛生的な加工工場 完璧なコールドチェーン 安心な品質管理	卸売市場の見学公開 **加工場の見学公開** **加工工程の動画をネットで公開する**	健康志向の顧客 高齢者
	リソース		チャネル	
	冷凍マグロの目利のプロ **自社冷凍倉庫（－60℃）** **マグロ加工工場**		水産物仲買業者 **中堅和食飲食店チェーン** **中堅高級寿司店**	
コスト構造				収益の流れ
・鮮度の高い最終消費者情報増加による適正仕入れ ・在庫削減によるコスト低減				・改修した冷凍倉庫，加工工場のブランド向上による増収 ・和食飲食店，寿司店の開拓による売上総利益率の改善

＊＊太字斜体は改善内容

　卸売市場と付属する冷凍倉庫，自社の冷凍倉庫・加工場の改修による安全ブランドの向上で，他市場の仲卸業者への売上増加や最終消費者と直接に接する飲食店・寿司店との取引増加，鮮度の高い消費者情報量の増加による適正仕入れ・在庫削減によるコスト低下で，増収・増益が実現する。

〔長谷川　勇〕

2 スーパーマーケットの モデル利益計画

I 業界の概要

1 スーパーマーケットの定義

　経済産業省の商業販売統計年報では，スーパーマーケットは，従業者50人以上の小売事業所のうち，売場面積の50％以上についてセルフサービス方式を採用している事業所で，かつ，売場面積が1,500㎡以上の事業所といわれる。

　一般的に，スーパーマーケットは，衣・食・住にわたる各種の商品（衣料品，食品，住関品）を扱う「総合スーパー」と，食品を主に扱う「食品スーパー」に大別される。前者は，イオン，セブン＆アイ・ホールディングスが代表的である。後者には，ライフコーポレーションなどの従来型の食品スーパーに加え，近年都心を中心に増えている「まいばすけっと」「マルエツプチ」などの，食品スーパーとコンビニエンスストアの中間に位置するミニスーパーがある。イオン系列の「まいばすけっと」はすでに2019年2月期で765店舗に達した。「マルエツプチ」は，「食の砂漠（フードデザート）」といわれる食料品の買い物が不便な地域に出店し，エリア特性に応じた生鮮食品を含む品揃えで地域の人気を集めている。自社生鮮加工センターを持ち，店舗に加工場がなくても新鮮な生鮮食品を供給する仕組みがある。

2 市場規模と傾向

1 市場規模

2 スーパーマーケットのモデル利益計画

　スーパーマーケットの販売額は，経済産業省「商業動態統計」の大型小売店販売額からみると，図表－1のとおりである。全店（既存店＋新規出店）では，堅調に増加で推移しており，既存店でも平成26年頃から微増し回復しているものの，平成29年，30年は，天候不順の影響などもあり衣料品で伸び悩んだ。

　消費環境は，消費の抑制と消費者の低価格志向が強まっている中，食品（飲食料品）は底堅い動き，衣料品は減少傾向と，異なった結果となっている。食品は，生活に欠かすことのできないものであるため，顧客ニーズに合致した品揃えを行うことで，売上を確保できる。

　一方，衣料品，家具・インテリア用品，家電製品などは苦戦している。衣料品や家具等は，専門店であるファーストリテイリング，しまむら，ニトリなどの影響を強く受けている可能性が高い。これら専門店は製造小売業として，消費者ニーズを捉えた低価格商品を提供できるため，消費の落ち込む中でも顧客を獲得できる傾向にある。

　また，アパレル業界は，ファストファッション（最新の流行を採り入れながら低価格に抑えた衣料品を，短いサイクルで世界的に大量生

●図表－1　スーパー商品別販売額　　　　　　　　　　　　　　単位：百万円

	合計	前年比(単位：%)		衣料品	前年比(単位：%)		飲食料品	前年比(単位：%)		その他	前年比(単位：%)	
		全店	既存店		全店	既存店		全店	既存店		全店	既存店
2008年	12,872,378	101.1	98.7	1,903,242	94.0	92.9	7,983,370	103.7	101.1	2,985,766	99.1	96.3
2009年	12,598,587	97.9	95.0	1,681,185	88.3	87.5	8,030,829	100.6	97.1	2,886,573	96.7	94.3
2010年	12,737,304	99.5	97.6	1,564,938	93.1	93.6	8,220,866	100.7	98.2	2,951,500	100.0	98.3
2011年	12,932,685	100.0	98.5	1,489,155	95.2	95.9	8,457,926	101.3	99.4	2,985,605	99.2	97.2
2012年	12,952,689	100.2	98.6	1,472,604	98.9	99.8	8,535,260	100.9	99.3	2,944,825	98.6	96.6
2013年	13,057,880	100.2	98.5	1,410,086	95.8	95.4	8,734,942	101.5	99.5	2,912,853	98.7	97.1
2014年	13,369,938	101.8	100.3	1,352,766	95.9	96.1	9,071,134	103.1	101.1	2,946,038	101.0	100.2
2015年	13,223,308	101.9	100.3	1,311,276	97.1	97.3	9,363,387	103.4	101.7	2,548,645	99.9	97.1
2016年	13,000,234	101.1	100.1	1,256,455	96.0	96.4	9,552,469	102.2	101.1	2,191,310	99.8	98.3
2017年	13,049,653	100.4	99.8	1,200,706	95.6	96.7	9,644,030	101.0	100.0	2,204,918	100.6	100.3
2018年	13,160,939	100.9	99.5	1,135,158	94.5	95.5	9,830,204	101.9	100.2	2,195,576	99.6	98.2

（出典）　経済産業省「商業動態統計」のうち，「百貨店・スーパー商品別販売額」
　　　　「百貨店・スーパー商品別販売額前年（度，同期，同月）比」

● 図表 − 2　衣料品関係の動向

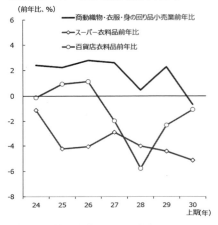

資料：経済産業省「商業動態統計」から作成。

産・販売するファッションブランドやその業態をいう）系企業が牽引するなか，総合スーパーは苦戦を強いられてきた。最近では，総合スーパーも，食品を中心とした品揃えにシフトしており，食品の販売高が衣料品などの販売高の落ち込みを支えている。

2　販売動向

　スーパーマーケットの販売動向は，周辺の競合環境の変化などの影響に加え，曜日巡りや天候要因，生鮮品相場が大きな変動要因となる。気温の変化や季節感により，売れ筋が変化し，雨や雪，台風などが，来客数に影響を与える。また，異常気象は青果相場の乱高下につながる。

3　業界の特性

1　チェーンストア理論と個店経営

　国際チェーンストア協会の定義では，チェーンストアとは，単一資本で，11店舗以上の店舗を直接経営管理する小売業の形態をいう。本

部と店舗に分かれ，本部は店舗の支援あるいは政策立案や計画管理に責任を負い，店舗は販売や接客に責任を負う形で分業化している。分業化には標準化やシステムの統一が必要であり，多店舗化で，規模の経済を追求する。

一方，個店に権限移譲し，顧客のニーズを反映した店舗オペレーションを行うことで，地域密着型の店舗へと成長する。

したがって，全店共通の品揃え，オペレーションを守りながらも，個店ごとにそれぞれの地域の顧客のニーズを反映して，カスタマイズした商売をすることが必要となる。この最たる例がヤオコーである。ファンである顧客をパート社員として採用し，顧客ニーズの品揃えへの反映や，売場づくりへの反映に活かし，顧客との win-win の関係を構築している。

2　立地・店舗

集客にあたっては，店舗の立地条件が重要な要素となる。競合店の出店状況や，人口や交通網，今後の都市計画の有無などから，商圏分析を行い，その結果市場規模を想定し，出店の可否を検討する。また，最近では，食品スーパーを中核とするショッピングセンターであるネバーフッドショッピングセンター（NSC）や，総合スーパーを中核とするリージョナルショッピングセンター（RSC）の出店が加速している。新たな出店戦略として，顧客の利便性を高め，集客力を向上させる取り組みである。

また，既存店の中には，継続的に利益の出ない店や，極端に効率の悪い店や，極端に売場面積が小さく，表現しようとしている品揃えの実現ができない店舗などが出てくる。この場合，老朽化した店舗は増床も検討した上で，スクラップアンドビルドによりリニューアルを行うことで，新たな業態変革等で新規性をアピールしていく。

４ 業界の動向

１ 効率化

　チェーンオペレーションは効率化の上で成立する。そのため，スーパーマーケットでは，従来より，生産性を向上するための施策に取り組んでいる。また，少子化による労働人口の減少や高齢化などによる慢性的な人手不足や，人件費の上昇などの問題に対し，その対策としても求められている。

　具体的には，一部商品において，自動発注システムを導入し，自動発注の仕組みを実現している。売れたものを補充していく仕組みであるセルワンバイワン方式の自動発注である。さらに，最近では，ICTやAIの急速な普及に伴い，過去の販売実績や天候，商圏内のイベント，顧客データ，在庫データ等を加味した需要予測型の自動発注の仕組みを導入し始めたところもある。いずれのケースも，自動発注の効果として生じた従業員の時間を，考える業務へと振り分け，顧客へ提供するサービスの付加価値を高めていくことが求められている。

　また，売場の人手不足解消に向け，セルフレジやセミセルフレジの導入も進んでいる。セルフレジは，商品のバーコードの読み取り（スキャン）と会計全てを買物客が行う方式である。セミセルフレジは，店員が商品のバーコードを読み取り，会計だけを買物客が行う方式である。「平成30年スーパーマーケット年次統計調査報告書」（日本スーパーマーケット協会，オール日本スーパーマーケット協会，新日本スーパーマーケット協会）では，セルフレジの設置率（一部店舗含む）は15.1％，セミセルフレジの設置率は54.6％で，全体では，セミセルフレジの設置意向がセルフレジ設置意向に比べて強いとある。

　セルフレジは店舗側の効率化がより図れるが，カゴ抜けなどのリスクがあるので，買物客との対面で会話の機会が保て，関係性が維持で

きるセミセルフレジの導入が進んでいる結果と推測される。また，高齢者の顧客からは批判もあるため，通常のレジも残す併用型が普及している。

2　店舗外販売・配送サービス

「平成30年スーパーマーケット年次統計調査報告書」から，店舗外販売・配送サービスの実施状況をみると，「店舗販売分の配送サービス」は実施率（「ほぼ全店舗で実施」「一部店舗でのみ実施」の割合の合計）56.6％と半数以上の企業で実施されている。

一方，インターネットを使わずFAX等で注文を受け付ける「注文宅配サービス」の実施率は30.3％，「移動スーパー」の実施率は24.0％，インターネットで注文を受け付ける「ネットスーパー」の実施率は17.7％にとどまっている。働く主婦や高齢者世帯の増加で，ネットスーパーを始めとする店舗外販売・配送サービスの需要は今後も伸びる余地がある。スマートフォンの普及とともに，どこでも買い物ができるオムニチャネル化は，課題である。

3　軽減税率

令和元年10月に実施された消費税率の引き上げと同時に導入された軽減税率については，食品の中でもイートインの対応や，セット販売品など，軽減税率が適用されないケースもある。複数税率に対応できるレジの導入や，受発注システムの改修などは必須である。

5　財務・税務のポイント

1　売上・仕入

スーパーマーケットでは，通常，物流センター等を利用し，商品を一箇所に集中させ，集中させた商品の仕分けを行う。自社でその物流センターを所有するとセンターフィーの受領が発生する。また，物流センターの運用は外部に委託しているケースが多い。

●図表－3　店舗外販売・配送サービス実施率

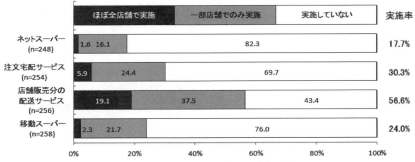

出典：平成30年スーパーマーケット年次統計調査報告書

　売上は，POSレジを利用して，POSシステムでリアルタイムに管理されている。

　売上原価は，売価還元法によるものが一般的ではあるが，一部部門において最終仕入原価法などを採用しているケースもある。

2　リベート

　商慣行としてリベート（仕入割戻し）が常態化している。基本リベートや達成リベートなど仕入先ごとに異なる計算方法を定めているケースが多く，計上時期等を含め個々の対応が必要である。

3　ポイントカード

　ポイントカードについては，原則は金券の使用時点で費用処理であるが，一定の場合はは損金経理により未払金計上できる。

4　固定資産

　店舗投資は，取得，賃貸借（リース含む），流動化など様々なケースに分かれるため，投資形態に応じた適切な処理を実施する必要がある。

Ⅱ　モデル企業の概要

① A社の概要

```
創   業：平成10年
組 織 形 態：株式会社
資 本 金：1億円
従 業 員：150名
事 業 内 容：生鮮食品販売
            グロサリー販売
店 舗 数：5
年間売上高：25億円
```

　A社は，埼玉県の北部を商圏として事業展開する食品スーパーである。現社長が1代で築き，営業を開始して約20年経過した。手堅く4年に1店舗のペースで店舗を拡大してきた。各店舗は，埼玉県北部の5つの駅からそれぞれ徒歩10程度の公道に面したところに立地している。駐車場も，十分な収容台数を備えている。

　従業員は，本部社員10名，店長，副店長の10名を除き，パート社員からなる。

② 取引状況

　売上は，店舗販売のみで，これまで順調に推移してきた。A社は地域に根差した商品展開をしており，顧客との関係性も構築している。地元の主婦もパート社員として採用して，顧客ニーズを品揃えに反映している。地元農家とも契約し，地元野菜として店頭に獲れたての野菜を陳列し販売している。夕方には完売するほどの人気商品である。

　一方，高齢化が進展しており，顧客の来店頻度が減っているのも事

実である。

さらに，昨年度，本店の近隣に競合となる大手スーパーマーケットB社が出店してきた。B社は，低価格競争で対抗してきたため，A社は価格では対策を打てずにいたため，売上高が1億円減少した。

社長の思いとしては，高齢者への対応として，店舗販売以外の施策を講じたいものの，店頭販売においても人手が不足しており，対策を何も打てずにいた。B社には，価格以外の面で対抗したいが，販促活動含め何も実施できていない。

最近，店舗周辺の開発も進み始めており，マンションが建設される予定である。若い人や共働き夫婦の入居が予定されているが，B社の営業時間帯は10時から20時までである。

③ A社の損益状況

A社の昨年度（前期）の損益の状況は，図表－4のとおりである。A社は，創業以来，順調に売上が推移してきたが，昨年度，初めてマイナスに転じた。

●図表－4　A社の前々期，前期の損益計算書　　（単位：百万円）

	前々期実績	構成比	前期実績	構成比
売上高	2,680	100.0%	2,531	100.0%
売上原価	1,920	71.6%	1,850	73.1%
売上総利益	760	28.4%	681	26.9%
販管費	734	27.4%	720	28.4%
うち，人件費	370	13.8%	363	14.3%
うち，減価償却費	36	1.3%	35	1.4%
営業利益	26	1.0%	▲39	▲1.5%
営業外収益	0	0.0%	0	0.0%
営業外費用	10	0.4%	9	0.4%
経常利益	16	0.6%	▲48	▲1.9%

② スーパーマーケットのモデル利益計画

Ⅲ A社の現状と課題

A社の現状分析として，SWOT分析を行い，社内外の環境を明らかにして，自社の現状を見つめ，課題を洗い出した。なお，外部環境分析については，ミクロ，マクロの観点で，マクロの観点はPEST分析の視点を加えた。内部環境分析については，バランススコアカードの視点でまとめた（図表－5）。

1 A社の問題点や課題

1 既存客の高齢化

A社は地域密着型企業であり，地域住民（既存顧客）との関係性は強い。A社のファンである地域住民をパート社員として採用している

●図表－5　SWOT分析

			強み	弱み
内部環境分析	財務の視点		・生活に欠かすことのできない食品に特化している	・店舗投資に係る借入金が多い ・外部環境要因により売上が低下してきた
	顧客の視点		・顧客から転じたパート社員により顧客ニーズが発掘できる ・地産地消で地元に貢献できる	・顧客が高齢化している
	業務プロセスの視点		・独自の処理ノウハウを有する	・IT化の遅れにより，レジや発注業務などの自動化がされていない
	人材と変革の視点		・パート社員のモチベーションが高い	
			機会	脅威
外部環境分析	ミクロ分析	顧客	・近隣のマンション建設により新たな顧客が見込める ・働く女性が増えてくる	・高齢化が進展している
		競合		・商圏内に大手競合が進出し，低価格競争で対抗してきた
	マクロ分析（PEST）	政治的要因	・都市計画等により，商圏内の環境が変化する	・都市計画等により，商圏内の環境が変化する
		経済的要因	・食に対する安心・安全志向が高まっている	・消費税増税対応（軽減税率の適用を受けない部分）による売上の低下が今後見込まれる ・消費税増税対応によるシステム投資がある ・天候・気温の変化により生鮮相場が変動する
		社会的要因	・スマートフォンの普及	・店舗外販売・配送サービスが高まっている ・労働者が不足している
		技術的要因	・ICT，AI化により業務のシステム化が進展する	・ICT，AI化による効率化の波についていけない

ことも地域の評価が高い。そんな中で，関係性を構築した既存顧客の高齢化による来店頻度の減少は大変痛手である。売上減少にも直結する問題である。

2　IT化の遅れ・労働力不足

効率化が求められるスーパーマーケットにおいて，IT化の遅れは，競合に対して劣後する状況となる。しかも，現在のIT化の自動発注，セミセルフレジのいずれをとっても，社員の作業の代替機能であり，遅れをとっていることは，人の作業時間の捻出ができない状況にあることを意味する。

3　商圏内の競合の進出

商圏内に，大手スーパーマーケットが進出し，低価格競争で対抗してきた。売上の低下にも表れているように，既存顧客のシェアが奪われたことに他ならない。大手に対して価格以外の何かで対応することが求められている。

4　見込み顧客への対応

A社の近隣のマンション建設が続く中，入居予定者である若い世代や共働き夫婦への取組みが課題となる。これらの新規顧客の獲得はA社の今後の成長にも大きな影響を与えるものとなる。

5　消費税増税・軽減税率の影響

A社に限った話ではないが，消費税増税・軽減税率対応への影響は避けられない。他の対策と合わせて，万全の準備をしておくことが求められる。

Ⅳ　A社の改善策

1　問題点・課題の改善策

1　顧客の高齢化への対応：移動スーパー

既存顧客の高齢化による来店頻度の減少に対しては，店舗外販売として，移動スーパーを開始する。ただし，人材不足やコストを考えると，移動スーパー専門業者に対応を委託する。これは，すでに大手スーパーマーケットも活用している。たとえば，オイシックスドット大地の傘下のとくし丸は，1商品につき，10円を店頭価格にプラスして販売するというビジネスモデルを展開している。既存顧客を維持し，追加コストがかからないビジネスモデルである。移動スーパーであれば育児中の女性なども顧客として見込める。

2　IT化・消費税増税・軽減税率対応：セミセルフレジ対応・補助金の活用

　一口にIT化といっても，投資を伴うものであるため，A社のような規模の企業にはハードルが高い。しかし，軽減税率対策補助金などの活用により，セミセルフレジを導入すれば，人材不足への対応とともに，人の作業時間の捻出が可能となり，消費税増税への対応も可能となる。

3　競合への対応：個店主義

　大手に対して価格以外で対応することが求められている。地域密着型のA社ならではの強みを活かした戦略をとる。パート社員のさらなる活用を推進し，投書箱の設置や顧客との座談会などの開催で，積極的に顧客の声を収集し，顧客の生の声を反映した品揃えを実施する。

4　見込み顧客への対応

　A社の近隣のマンションへの入居予定者である若い世代や共働き夫婦の取組みとして，営業時間の延長を検討する。平日の夜のみ営業時間を20時から21時まで1時間延長する。パート社員の労働力の捻出は，前述のセミセルフレジの導入による捻出等によるシフトの変更で対応する。

● 図表－6　A社の経営改善後の利益計画　　　　　　　　　　　　（単位：百万円）

	改善前	構成比	1年後	構成比	2年後	構成比	3年後	構成比
売上高	2,531	100.0%	2,680	100.0%	2,814	100.0%	2,955	100.0%
売上原価	1,850	73.1%	1,959	73.1%	2,057	73.1%	2,160	73.1%
売上総利益	681	26.9%	721	26.9%	757	26.9%	795	26.9%
販管費	720	28.4%	722	26.9%	723	25.7%	722	24.4%
うち、人件費	363	14.3%	363	13.5%	363	12.9%	363	12.3%
うち、減価償却費	35	1.4%	37	1.4%	38	1.4%	37	1.3%
営業利益	▲39	0.0%	▲1	0.0%	34	1.2%	73	0.0%
営業外収益	0	0.0%	2	0.0%	0	0.0%	0	0.0%
営業外費用	9	0.0%	9	0.0%	9	0.3%	9	0.0%
経常利益	▲48	▲1.9%	▲8	▲0.4%	25	0.9%	64	0.0%

①初年度に移動スーパーを開始。
②初年度に平日の時間延長、顧客の意見の商品への反映を実施。
③売上が、1年後は、改善前（前期）の前年（前々年）に復活。2年目、3年目は、前年度比5％の増加を見込む。
④移動スーパーコストは、販売価格上乗せ分となるため、相殺。上記売上は、便宜上、相殺後で計上。
⑤売上原価は改善前と同様の原価率を適用
⑥初年度から、セミセルフ導入による減価償却計上。人件費は余剰となった部分を個店対応業務にシフトするため、変更なし
⑦セミセルフレジ・軽減税率対応10百万円、補助金2百万円（営業外収益）、減価償却ソフトも含め初年度2百万円（期中より）、2年後3百万円、3年後2百万円

Ⅴ 改善後の利益計画

　改善策の実施により，来店頻度が減っていた既存顧客を呼び戻せるとともに，利便性向上や顧客の生の声を反映した品揃えにより，新規顧客獲得や客単価の向上も期待できる。

　さらに，効率化の推進により，生産性が向上し，不足する人材も代替される。結果，利益体質が強化される。

　今後，改善後に実施する店舗の拡大戦略では，店舗投資について，賃貸借（リース含む）や流動化など他の手法も選択肢として検討していく。

〔古賀　雄子〕

3 ドラッグストアのモデル利益計画

Ⅰ 業界の概要

1 業態の成立背景と市場規模

　総務省の日本標準産業分類によると，ドラッグストアとは「主として医薬品，化粧品を中心とした健康及び美容に関する各種の商品を中心として，家庭用品，加工食品などの最寄り品をセルフサービス方式によって小売する事業所」と定義している。

　元々は，1900年台初めにアメリカで誕生した業態であり，薬局が夜間の営業時間の延長と共に買い物の利便性向上のために日用雑貨や食品など様々な商品を取り扱ったことに始まる。また，日本では1970年代にアメリカのドラッグストアを模倣して誕生したといわれている。

　その後，積極的な新規出店に加え，医薬品や化粧品などを低価格販売することで女性を中心に顧客を獲得し，既存の薬局・薬店のシェアを奪う形で成長してきた。

　さらに近年では，店舗の大型化により食品や日用雑貨の品揃えと低価格販売を強化することでスーパーマーケットやコンビニエンスストア，ホームセンターなど他業態から顧客を奪取し，市場規模を急拡大させた。日本チェーンドラッグストア協会によると，2000年以降ドラッグストアの総売上高は急速に増加し，2018年度は約7兆2,740億円と2000年度当時と比較して約2.7倍となった。（図表－1，図表－2）

●図表-1　全国ドラッグストア総売上・総店舗数の推移

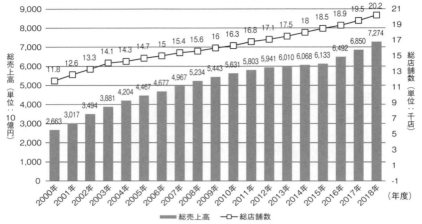

（出典：日本チェーンドラッグストア協会）

●図表-2　店舗規模別売上高構成比推移

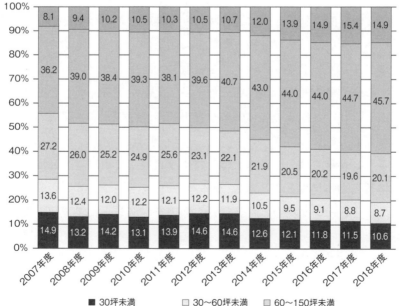

（出典：日本チェーンドラッグストア協会）

2 ドラッグストアの業態特性

1 売上の構造

経済産業省「商業動態統計調査」では，ドラッグストアの取り扱い商品を①調剤医薬品（医師の処方箋に基づき調剤する医療用医薬品・漢方薬・生薬），②OTC医薬品（医師の処方箋によるものを除く医薬品・漢方薬・生薬など），③ヘルスケア用品（衛生用品）・介護・ベビー，④健康食品，⑤ビューティケア（化粧品・小物），⑥トイレタリー，⑦家庭用品・日用消耗品・ペット用品，⑧食品，⑨その他，の部門で区分けしている。

最も売上構成比が高い部門は食品で，2014年度以降年々構成比が増加し，2018年度は28.5％と売上全体の3割弱を占めるに至っている（図表－3）。

このことから，業態全体としては食品を低価格販売の目玉商品とし

● 図表－3　部門別売上高構成比の推移

（出典：経済産業省「商業動態統計調査」）

て集客し,「ついで買い」として医薬品や化粧品など利幅の高い商品を同時に購入してもらうことで,全体として売上高と利益高を確保するビジネスモデルであることが分かる。

❷　業態の特徴

ドラッグストアは,「幅広い品揃えと低価格」の魅力により急成長したものの,業態としてのオペレーションが確立されないまま,多店舗展開・大型化を進めたため,同質化競争に陥り価格競争の消耗戦となり成長が鈍化した。

そのような背景もあり,現在は同じドラッグストア業態でも「規模の拡大により食品を中心にさらなる低価格販売を志向する企業」と「きめ細やかな顧客対応により医薬品や化粧品など高付加価値で利益率の高い商品の販売を志向する企業」に分かれていく動きが顕在化している。

前者について,ドラッグストアは規模の経済性が働く業態であり,積極的な新規出店やM&Aにより店舗数と売上規模を拡大することで物流費や販促費など1店舗あたりの販管費率を下げ,さらなる低価格販売の原資とする企業が多い。

一方,後者に該当する企業は,自社従業員の育成により接客や高付加価値商品の推奨販売を強化している。また,調剤薬局を併設するなど生活者の健康を守る地域拠点としての機能を拡充している。

③　ドラッグストアの消費動向

総務省「全国消費実態調査」から総世帯における主要品目別の購入先割合を確認すると,ドラッグストアが含まれる「ディスカウントストア・量販専門店」では,「家事雑貨」や「家事用消耗品」,「保健医療」,「理美容用品」の購入が他業態と比較しても高いことが分かる(図表－4)。

●図表－4　総世帯における品目別購入先割合（2014年度）

購入先	消費支出（計）	食料	家事雑貨	家事用消耗品	保健医療	理美容用品
一般小売店	28.1%	13.1%	20.9%	12.4%	35.0%	22.2%
スーパー	39.9%	63.6%	25.9%	44.3%	20.3%	24.0%
コンビニエンスストア	3.9%	5.5%	0.6%	1.2%	1.7%	1.0%
百貨店	7.4%	4.5%	8.6%	0.9%	2.3%	10.2%
生協・購買	3.3%	5.4%	2.6%	3.9%	1.3%	2.0%
ディスカウントストア・量販専門店	11.5%	4.6%	30.9%	34.1%	24.7%	25.3%
通信販売（インターネット）	3.0%	0.8%	7.3%	1.4%	4.7%	5.9%
通信販売（その他）	2.9%	2.5%	3.1%	1.8%	10.0%	9.4%

（出典：総務省「全国消費実態調査」）

※備考①：ドラッグストアは，「ディスカウントストア・量販専門店」に含まれる
※備考②：購入先割合は，各購入先の合計から算出している
※備考③：「家事雑貨」には，食卓用品や台所用品などが含まれる
※備考④：「家事用消耗品」には，ティッシュやトイレットペーパー，洗剤などが含まれる
※備考⑤：「保健医療」には，医薬品や紙おむつなどが含まれる
※備考⑥：「理美容用品」には，シャンプーや歯磨き，石鹸などが含まれる

●図表－5　総世帯における品目別購入先割合の差異（2014年度－2009年度）

＜単位：％＞

購入先	消費支出（計）	食料	家事雑貨	家事用消耗品	保健医療	理美容用品
一般小売店	▲3.4	▲2.2	1.8	0.8	▲3.1	▲1.8
スーパー	3.3	1.9	▲0.2	▲1.2	3.2	1.0
コンビニエンスストア	1.0	1.1	0.1	0.1	0.4	▲0.1
百貨店	▲0.2	▲0.4	▲1.0	▲0.3	▲0.1	▲0.4
生協・購買	▲1.3	▲2.3	▲1.8	▲2.2	▲0.5	▲0.9
ディスカウントストア・量販専門店	▲1.4	0.2	▲2.6	1.6	▲0.8	1.1
通信販売（インターネット）	1.4	0.4	4.1	0.6	2.3	1.9
通信販売（その他）	0.7	1.4	▲0.3	0.6	▲1.4	▲0.8

（出典：総務省「全国消費実態調査」）

　ただし，本来ドラッグストアの強みであった「保健医療」の構成比は減少している。要因としては，2009年の改正薬事法（現在は薬機法）施行により，コンビニエンスストアやスーパーマーケットでも条件を満たせば一般的な風邪薬や解熱鎮痛剤などの「第２類医薬品」，

ビタミン剤など比較的リスクの低い「第3類医薬品」が販売可能となったことや，2014年6月から一部を除いて全てのOTC医薬品がインターネットや電話などで販売可能となったことでドラッグストアから顧客が流出したことなどが想定される（図表－5）。

Ⅱ　モデル企業A社の概要

1　A社の概要と沿革

　A社は，九州エリアの都市の市街地で売場面積60～150坪未満程度のドラッグストアを5店舗展開する企業である。

　元々は，現社長の父親が1956年に創業した30坪程度の薬局が始まりである。その後，1980年代に九州エリアでいち早くドラッグストアへと業態転換したことが功を奏し，創業当時からのきめ細やかな接客と相まって順調に業績を伸ばした。

　現社長が就任した1990年代以降，多店舗展開に舵を切ったものの2000年代以降競合の大手チェーンが郊外に大型店を相次いで出店したことにより売上の伸長が鈍化した。

　その後，大手チェーンに対抗した低価格での積極的なチラシ特売の実施や，郊外への大型店舗の出店，不採算店舗の閉店など売上と利益の改善を図ったが，規模の経済性を背景に低価格販売を続ける大手チェーンの影響に加えて少子高齢化による商圏内人口の減少もあり，近年では収益が悪化している。

　さらに，2008年のリーマンショックによる消費者の節約志向の高まりが逆風となり，2010年には営業利益率がマイナスとなってしまった（図表－6）。

Ⅲ　A社の経営環境

③ ドラッグストアのモデル利益計画

●図表－6　A社　収益状況　　　　　　　　　　　　　　　（単位：千円）

項目	2005年度	2007年度	2008年度	2009年度	2010年度
売上高	1,040,000	1,034,350	1,011,980	993,500	982,800
売上原価	728,000	729,217	716,482	715,320	717,444
売上総利益	312,000	305,133	295,498	278,180	265,356
販管費及び一般管理費	267,280	270,665	269,007	268,947	269,211
人件費	124,800	126,191	123,462	122,201	120,884
地代家賃	69,680	69,680	69,680	69,680	69,680
水道光熱費	20,800	21,008	21,218	21,430	21,645
販売促進費	31,200	33,099	34,407	35,766	37,346
その他	20,800	20,687	20,240	19,870	19,656
営業利益	44,720	34,468	26,492	9,233	-3,855
販管費率	25.7%	26.2%	26.6%	27.1%	27.4%
営業利益率	4.3%	3.3%	2.6%	0.9%	-0.4%

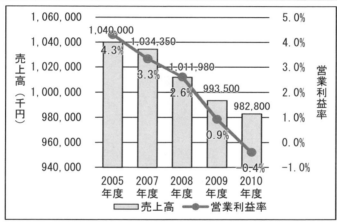

●図表－7　A社のSWOT分析

	好影響	悪影響
内部環境	◆強み（Strength） ① 地域に根差したドラッグストアとしての高い認知度 ② 接客技術の高い従業員	◆弱み（Weakness） ① 収益性の低い企業体質 ② 売場面積の狭さによる品揃えの制約
外部環境	◆機会（Opportunity） ① セルフメディケーションの高まり ② 薬の使用機会の多い高齢者の増加	◆脅威（Threat） ① 大手による低価格販売と大型店の出店 ② 薬事法改正による他業態からの参入 ③ 商圏内人口の減少

37

A社の外部環境や内部環境について，強み，弱み，機会，脅威の4カテゴリーで要因分析するSWOT分析の手法により整理した（図表－7）。

1　外部環境分析

■1　脅威（Threat）
① 大手チェーンによる大型店の出店

　大手チェーンは積極的なM&Aや業務提携などで規模の経済性を確保し，低価格販売に加えて大型店の新規出店によりさらに収益を拡大していくことが想定される。

② 薬事法改正による他業態からの参入

　前述した2009年と2014年の薬事法改正により，これまで調剤薬局やドラッグストアの独壇場だった医薬品販売への参入障壁が低くなり，他業態も含めた競争が激化している。

③ 商圏内人口の減少

　A社の商圏内では人口の都市部への流出が加速しており，店舗を展開している地方都市の人口も2000年の約101万人から2015年には約96万人まで減少した。今後も，この傾向はさらに強まるものとみられる。

■2　機会（Opportunity）
① セルフメディケーションの高まり

　2013年6月に，「アベノミクス第3の矢」の一つとして「国民の健康寿命の延伸」が打ち出された。それを受けて，2017年1月からスイッチOTC医薬品（要指導医薬品及び一般用医薬品のうち，医療用から転用された医薬品）を購入した際に，その購入費用について所得控除が受けられるセルフメディケーション税制が施行され，ドラッグストアでの医薬品購入の追い風となることが期待される。

② 処方薬の服用機会の多い高齢者の増加

慢性の疾患や複数の疾患を抱えていることが多い高齢者の割合が増加することにより，何種類もの処方薬や長期にわたって処方薬を服用するケースが増えることが想定される。

2 内部環境分析

1 弱み（Weakness）

① 収益性の低い企業体質

大手チェーンに対抗した低価格販売や積極的なチラシ展開により，売上総利益率の減少と販管費率の上昇を招き，結果として営業利益率が減少して収益のあげにくい企業体質となっている。

② 売場面積の狭さによる品揃えの制約

300坪以上の売場面積で品揃えの豊富な店舗を郊外に積極的に出店する大手チェーンと比較して，売場面積が60～150坪未満のA社の店舗では必然的に品揃えも制約される。

2 強み（Strength）

① 地域に根差したドラッグストアとしての高い認知度

九州エリアでもいち早くドラッグストア業態を展開したA社に対する認知度は高く，古くから商圏内に居住する住民を中心に固定客が多い。

② 接客技術の高い従業員

ドラッグストアに業態転換した当時からの従業員が数多く在籍しており，長年の接客経験に基づき顧客一人一人に合わせたきめ細やかな接客をしている。従業員との会話を楽しみに来店する顧客も多い。

IV A社の利益改善計画

これまで述べてきた経営環境分析に基づき，クロスSWOT分析から，A社の利益改善計画を次の通り導き出した（図表－8）。

●図表－8　A社のクロスSWOT分析

	◆機会（Opportunity） ①セルフメディケーションの高まり ②薬の使用機会の多い高齢者の増加	◆脅威（Threat） ①低価格販売と大型店の出店 ②薬事法改正による他業態からの参入 ③商圏内人口の減少
◆強み（Strength） ①古くから地域に根差したドラッグストアとしての高い認知度 ②接客技術の高い従業員	●強みを活かして機会を勝ち取る ・宅配事業への参入 ・従業員満足度の向上	●脅威からの影響を最小限にとどめる ・顧客関係管理（Customer Relationship Managemennt）への注力
◆弱み（Weakness） ①収益性の低い企業体質 ②売場面積の狭さに起因する品揃えの少なさ	●機会を逸しないように弱みを克服する ・調剤薬局の併設 ・関連販売の強化	●撤退し他に委ねる ・郊外への出店や大型店の出店からの撤退（ドミナント戦略の強化）

1 事業内容の見直し

　A社では業績立て直しのために，大手チェーンに対抗して低価格販売とチラシ展開を強化してきたが，SWOT分析の結果を受けて事業内容の見直しを行った。主要な改善策については，以下の通りである。

1 宅配事業への参入

　A社では，健康上の理由で店舗での買い物頻度が低下した高齢者の顧客をターゲットに，インターネットや電話，FAXで注文を受けて自宅まで宅配する事業を始めた。

　当初はインターネットのみでの受注システムを想定していたが，インターネットを使用しないケースが多い高齢者を意識して，電話やFAXでの注文も可能とした。

　また，事業の採算性を鑑みた上で1回の配達あたり宅配料を100円とした上で，宅配エリアは各店舗から半径500ml（高齢者の足で徒歩10分）と定めた。

　商圏内でのA社のブランド認知度は高く，信用のおけない企業に注文してインターネット詐欺に遭うリスクもないと，商圏内の消費者

からは好意的に受け入れられた。

　宅配事業の開始後，高齢者からは大容量の飲料や大人用紙おむつなど，買い物をする際にかさばる商品の注文が多くあがってきた。一方，当初は想定していなかったが高齢者以外にも生理用品や尿漏れ失禁パッド，妊娠検査薬など，店頭で買い物するのが恥ずかしい商品の注文も数多く見受けられた。

2　従業員満足度の向上

　チラシなどの広告投資で一時的に新規顧客が獲得できても，従業員が働く意欲をもって接客しないとリピートにつながらないため，従業員満足度を高めるための取り組みを積極的に取り入れた（図表－9）。

　まず，会社がどのような方向性を持ち，将来像を描いているかを従業員と共有するため，「地域の方々の健康で豊かな生活に貢献する」という経営理念を制定して，現社長から従業員全員に時間をかけて説明した。さらに，経営理念を実現するための具体的な行動規範も制定し，従業員が経営理念に共感し具体的な行動に落とし込めるよう工夫した。

●図表－9　従業員満足度向上と収益向上の関係

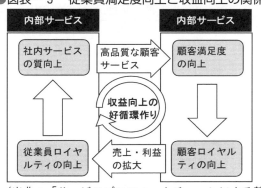

（出典：「サービスプロフィットチェーンによる競争優位の構築」を基に作成）

また薬剤師資格の取得を目指す従業員に対しては，格安の料金でスクールを受講できるようにするなど福利厚生制度を充実させた。
　その結果，従業員のモチベーションが向上し，経営理念や行動規範に沿って主体的に行動するようになった。

3　顧客関係管理への注力

　「顧客生涯価値（Life Time Value＝顧客がそのサービスを使い続ける上でサービスに投下する金額の総額）」を最大化する考え方をベースに，新規顧客を獲得するよりも既存顧客のリピート率を高めることで収益を向上させる取り組みにシフトした（図表－10）。

　具体的には，顧客情報を収集，蓄積，分析して品揃えや販促戦略に活かすことで来店頻度の高い顧客との関係性を強化した。

　そのため，まずは従来のチラシ展開の頻度を削減し，ID-POS分析機能のあるポイントカードシステムを導入した。ID-POSとは，従来のPOS（Point of Sales＝何が・いつ・いくつ・いくらで売れたのかを示すデータ）に顧客（ID）を識別できる情報が付加された顧客データを指す。

　ポイントカードは単なる割引還元だけではなく，購入情報を分析し

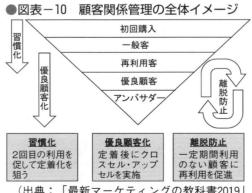

●図表－10　顧客関係管理の全体イメージ

（出典：「最新マーケティングの教科書2019」を基に作成）

て来店頻度の高い顧客や来店1回当たりの購入金額の高い顧客に対して，健康器具の無料モニター会など特別サービスへの招待に活用した。

4　調剤薬局の併設

アメリカのドラッグストアを参考に，既存店舗について調剤併設店舗への改装を順次実施した。アメリカでは既に売上高の7割を処方箋であげており，現社長は日本でも病院の隣に単独で出店する門前薬局は今後減少していくと考えていた。

また，調剤はドラッグストアの顧客が高齢者になった際の来店動機となるため，商圏内の顧客を確実に囲い込むためにも最適である。さらに，処方箋はOTC医薬品と比較して販売単価や利益率が高く，収益の改善に貢献できるなどメリットが大きい。

そして何より，A社にとって調剤は「地域の方々の健康で豊かな生活に貢献する」という経営理念を具現化するために備えるべき機能という認識が，現社長と従業員達の間で共有されていた。

5　関連販売の実施

ID-POSや処方箋の情報を基に，「顧客が現在どういう商品をより多く購入しているか」「顧客が抱えている病状からどんな商品を潜在的に欲しているか」を把握することで，大手チェーンに比べて狭い売場でも効率的な品揃えができるように工夫した。

その上で，例えば目に効果のあるブルーベリーのサプリメントと目薬を同時に陳列して顧客のついで買いを促すなど，価格に拠らない関連販売を強化した。

6　郊外への出店や大型店の出店からの撤退

これまでのように大手チェーンに対抗して郊外や大型店の出店をせず，住宅の密集した市街地に特化して既存店から半径1km程度ごとに60〜150坪程度の小型・中型店舗を展開する方向に転換した。

A社では，宅配事業における配送の効率化や地域社会におけるA

社のブランド認知度向上などの効果を見込んでいる。

❷ 見直し後のモデル利益計画

　これまで述べたように事業内容を見直すことで，Ａ社は2014年度に売上高1,358,280千円・営業利益58,354千円・営業利益率4.3％まで収益を改善することができた（図表－11）。
　2011年度には，チラシ展開の削減に加えて既存店１店舗を調剤併設

●図表－11　Ａ社　収益状況　　　　　　　　　　　　　（単位：千円）

項目		2010年度	2011年度	2012年度	2013年度	2014年度
売上高		982,800	980,000	1,029,000	1,131,900	1,358,280
売上原価		717,444	710,500	740,880	792,330	964,379
売上総利益		265,356	269,500	288,120	339,570	393,901
販管費及び一般管理費		269,211	271,011	276,492	292,765	335,547
	人件費	120,884	122,500	128,625	144,883	176,576
	地代家賃	69,680	71,250	71,250	71,250	71,250
	水道光熱費	21,645	21,861	22,080	22,300	22,523
	販売促進費	37,346	29,400	28,812	31,693	38,032
	その他	19,656	26,000	25,725	22,638	27,166
営業利益		−3,855	−1,511	11,628	46,805	58,354
販管費率		27.4％	27.7％	26.9％	25.9％	24.7％
営業利益率		−0.4％	−0.2％	1.1％	4.1％	4.3％

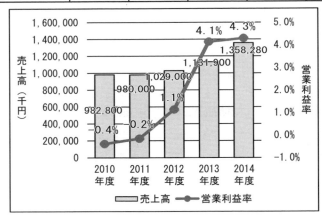

店に改装した。さらにID-POS分析機能付きのポイントカードシステムを導入したことで，販管費が一時的に上昇して2010年度から引き続き営業赤字となった。しかし，2012年度以降も年2店舗のペースで調剤併設店への改装を進め，品揃えの見直しや優良顧客の囲い込み施策を継続した。

　これらの取り組みで収益基盤が安定したことにより，2013年度以降は売上高・利益高ともに飛躍的に回復している。

　2014年度には宅配事業も開始しており，今後も着実に売上高・利益高ともに伸長する見込みである。

　今後について現社長は，管理栄養士による運動・栄養の指導サービスを行うカウンターやヨガやストレッチの教室を開催できる多目的スタジオを併設した新規店舗の出店を計画するなど，地域住民の健康をサポートする様々な施策を行っていく予定であると語っている。

〔田中　勇司〕

4 靴店のモデル利益計画

I 靴店（靴小売業）を取り巻く環境

1 靴店の特徴

　靴店の特徴は何といっても取扱い商品の種類，カテゴリーの多さである。単なる足の保護という機能だけでなく，靴のデザイン，サイズ，色調，素材，ブランド，価格に加え，ファッションアイテムとしての性格が強く，商品のライフサイクルは短い。参考までに，簡単なカテゴリー分けを挙げると，性別では紳士用，婦人用，用途や機能区分では，ビジネス，カジュアル，スニーカー，スポーツ，ウォーキング，コンフォート，レイン（長靴）など。

　素材で分けた場合はレザー，ケミカル。年齢区分だとベビー，キッズ，ジュニア，シニアなど。その他にヘップサンダル，和装，スリッパ（室内履きとしてのスリッパ類）などである。これらには，それぞ

●図表－1　日本の履物統計　　　　　　　　　　　　　　　　（単位：千足）

品　種	2015年 生産(含む輸出)	2015年 輸入	2015年 合計	2016年 生産(含む輸出)	2016年 輸入	2016年 合計	2017年 生産(含む輸出)	2017年 輸入	2017年 合計
革　靴	17,749	39,441	57,190	17,292	36,564	53,856	16,746	35,746	52,224
布　靴　類	1,457	33,173	34,630	1,532	37,838	39,370	1,471	42,793	44,264
総ゴム靴類	374	24,113	24,487	364	21,888	22,252	398	20,148	20,546
インジェクション製布靴及び総ゴム靴タイプ	11,536	—	11,536	11,191	—	11,191	11,167	—	11,167
ケミカルシューズ	14,362	145,449	159,811	14,192	143,196	157,388	14,270	132,936	147,206
ケミカルサンダル	10,470	50,413	60,883	10,142	52,277	62,419	8,748	53,621	62,369
地下足袋	—	2,302	2,302	—	2,134	2,134	—	2,070	2,070
その他	—	344,383	344,383	—	343,650	343,650	—	364,212	364,212
合　計	55,948	639,272	695,220	54,713	637,548	692,261	52,802	651,257	704,059

※全日本履物団体協議会　日本の履物統計（平成30年6月14日）をもとに作成。（統計値合計に不付合あり）

●図表－2　靴・履物小売業の事業所数及び年間販売額の比較

区　　分	平成24年	平成26年	平成28年
事業所数（法人・個人計，ヶ所）	11,049	1,140	10,523
年間商品販売額（百万円）	573,662	640,892	750,596

（出典）　経済産業省　平成28年経済センサスー活動調査産業別集計を参考に作成

●図表－3　靴・履物小売業の単位あたり商品販売額の比較

（単位：万円）

区　　分	平成24年	平成26年	平成28年
1事業所当たりの年間商品販売額	5,192	5,753	7,133
売場面積1㎡当たりの年間商品販売額	42.9	54.8	79.5
従業者1人当たりの年間商品販売額	1,229	1,442	1,533

（出典）　経済産業省　平成28年経済センサスー活動調査産業別集計を参考に作成

●図表－4　1世帯当たり年間の履物類支出額（総世帯）

（単位：円）

26年	27年	28年	29年	30年
17,553	17,355	16,134	15,557	15,441

（出典）　総務省家計調査年報　1世帯当たり年間の品目別支出（総世帯）（平成26年～30年調査値）を参考に作成

れ細かい区分が存在し，さらに，色やサイズ区分が存在する。

　また，靴店と一口にいっても，その業態（営業形態）は多様であり，経営戦略などのパターンは大きく異なる。

2　業界の概要と状況

　靴店は最も競合が激化している業種の1つである。店舗数で1,000店前後，年商1,000億円を超える靴小売りチェーンが3社あり，バイパス道路沿いの郊外型安売り店，ショッピングセンター（SC）や総合スーパー（GMS）のテナントなどさまざまな業態を持つ。

　このほか，ディスカウントストア（DS），ホームセンター（HC）やワークショップでも靴を取扱う。従来は一般の靴店で飯の種といわ

れた雨靴，作業靴やサンダルなどは，これらの業態店の安い海外製品に完全にシェアを奪われた。また，最近ではアパレル会社も靴の販売に再び力を入れはじめている。

今後は，少子高齢化による人口減の影響などによる市場の縮小でパイの奪い合いによる販売数量の減少は避けられず，さらなる競争の激化が予想される。

II 靴店の業績向上のために何をしたら良いか

1 強みを生かす経営をアドバイス

靴店で生き残るためには，国内市場が縮小するなか，さまざまな競合相手との戦いに勝ち残っていかなくてはならない。競争が激化し，顧客単価が下落，粗利益は減少するなかで，現状維持の経営は衰退を意味する。したがって，業態転換に積極的にチャレンジすることをアドバイスする。

そのために，関与先企業の強みをよく見極め，競合店と差別化を図る，強みを活かした経営や戦略策定をアドバイスする。財務諸表の改善のみの観点では，縮小均衡のまま業績は悪化する。具体的には，

① ターゲット（対象とする市場や顧客）
② ニーズ，ソリューション（顧客にどのようなサービスを提供し，顧客の問題解決を支援するか）
③ 独自の能力（競合店より優れた，どのような商品やサービスを提供することができるか）を明確化する

これらを整理した上で業態コンセプトを確立し，競合他社との差別化を図る。戦略を意識した経営の下，待ちの姿勢から攻めの姿勢に転換できるかがカギとなる。

● 図表－5　商品投下資本粗利益率と戦略タイプ例

小売業の戦略タイプ	粗利益率	商品投下資本回転率（商品回転率）	商品投下資本粗利益率	戦略タイプ例
商品回転率重視型	約15.4%	13.0回	200%	ローコスト薄利多売
粗利益率重視型	約40.0%	5.0回	200%	高付加価値サービス重視
均衡重視型	約28.6%	7.0回	200%	全方位平均

2　靴店の業績向上のヒント

1　靴店で重要な商品の在庫管理

　靴店の業績向上の重要なポイントの１つに，在庫管理の問題がある。小売業の業績アップの近道，それは，「環境変化に対応し，売れる商品を仕入れ，適切な価格で，迅速に売り切る」こと。シンプルだが，これが非常に難しい。

　企業経営においては，ヒト（人材），モノ（商品），カネ（資金），設備などの経営資源をいかに効率的，効果的に活用するかが重要である。また，これらの経営資源は投資の対象という側面をもっている。

　モノ（商品）を投資の対象と捉えた場合の在庫管理は，単に商品の在庫を減らして商品回転率を上げるのではなく，ターゲット顧客のニーズに適応しつつ，デッドストックや過剰在庫を減らすことがポイントである。売れ足の遅い商品を合理的に排除しながら，ターゲット顧客のニーズに適応する品揃えを維持し，しかも，売上高の減少や利益の減少を招かないように管理するのである。

　具体的に在庫管理を適切に行うための管理指標の１つとして，投下資本収益率（ROI）を応用した商品投下資本粗利益率がある。

　商品投下資本粗利益率は「粗利益率×商品回転率」で表され，次のように分解して考えることができる。

> 商品投下資本粗利益率＝粗利益率×商品回転率＝（粗利益額／売上高）×（売上高／平均在庫投資額）

　売上高，粗利益率，平均在庫投資額のうちの２つについて目標値を設定すれば目標粗利益率や目標商品投下資本回転率が決まる。

　例えば，商品投下資本粗利益率を一定と考えた場合，商品回転率重視型，粗利益率重視型，均衡重視型の３つのタイプがあり，それぞれのタイプは，ターゲット顧客，競合，品揃え，立地などで異なる戦略を考えることが必要である。

　当然だが，戦略に応じたストアオペレーションや品揃え，商品のカテゴリーごとの管理の考え方も異なる。

２　マネジメント，経営戦略面における業績改善のポイントと支援のヒント

　経営の方向性や戦略を定めたら，次は戦略の実効性をどのように担保するかがポイントとなる。その際は，モノを売るのではなく，コトを売る，コト・ソリューション（顧客の課題の解決）を提供するという発想が重要である。

　モノ・ソリューションではなくコト・ソリューションを提供することで，自店にとっての新規分野を開拓する。

　ライバル店と違ったものを提供するのではなく，ライバル店と同じことをしようとしている経営者が相変わらず多い。多店舗展開するナショナル・チェーンであれば許されるが，経営資源が不足しがちな中小規模の靴店では，同質化戦略では生き残りは困難である。

　ライバル店と同質化してしまう理由の１つは，顧客情報の不足にある。顧客情報が少ないと小売業の目線は売上全体の数値に集中しがちになる。肝心なのは，顧客の行動の裏にある真の理由を理解することである。

3 財務管理面からの業績改善のポイントと支援のヒント

　財務管理では，ターゲット市場や顧客のニーズに対応した戦略的な品揃えと商品管理に基づき，経営活動の過程で得られたデータをどのように改善に結びつけるのか，がポイントとなる。顧客の理解に基づいた業績管理を週次，日次単位で行い，分析数値をどのように経営の改善活動につなげるかが重要である。

　決算を週次，日次単位で行うことで，なぜ売れないのか，なぜ売れたのかを考え，仕入～販売，現金回収のサイクルタイムの向上をはかり，キャッシュフローを改善する。

4 マーケティング面における業績改善のポイントと支援のヒント

　ターゲットとする市場や顧客の区分としては，パーソナリティ，生活価値観，ライフスタイル，ブランド，ロイヤルティ，興味関心，製品関与・態度（ブランド選好）などの区分が重要である。品揃えに関しては顧客のこのような背景も考慮する。その上で，ワン・トゥー・ワンマーケティング，顧客の個別情報に基づく対応を重視する。

　加えて，生活シーンを想定した商品の提供も必要である。靴というモノ売るのではなく，どんな時に靴を履くかという使用シーン，コトを提供する。

　誰に対してどのようなサービスを提供するのか？自店が顧客に提供するサービスの本質は何か？この問いは業績改善のために不可欠である。例えば，顧客の「気持ちよく歩くこと」に焦点を当てるならば，高齢の顧客への対応のためにコンフォートシューズ（足の健康に良い履きやすい靴）の品揃えの強化や，シューフィッターなどの資格を取得する。

　中小規模の靴店では，特徴ある商品，品揃えやサービスの提供を行わないと生き残ることが難しい。求められているのは専門的な知識に裏付けされたコンサルティング・セールスである。

5 顧客とのリレーション向上による業績改善のポイントと支援のヒント

　価格が安いことだけではなく，価値，機能などとの相対的な割安感を消費者は求めており，単なる顧客リスト，住所録程度の情報でダイレクトメールを発送するような顧客管理システムでは，顧客のきめ細かいニーズに応えていくにはもはや不十分である。購買履歴のデータベース化など情報化のレベルを常に意識する。

　データベースとして必要な顧客情報は，氏名，住所，その他（生年月日，職業，趣味，定期購読誌などのパーソナルデータ），購買記録（購買内容（サイズ，色，デザイン等）や支払方法など），プロモーション活動の記録，顧客とのコミュニケーション（苦情，質問など）の記録などで，要は顧客と接して得た情報はすべて記録しておくということである。

　さらに，商品が売れた場合，その商品が売れた背景を考え仮説を立てる。顧客が何を考え，どのような行動をとろうとした結果，その商品を購入したのか？販売情報と顧客情報を結びつけて検証し，さまざまな改善活動にフィードバックする。

　小売業の場合，既存顧客の退出率は毎年概ね20〜30％程度といわれる。したがって既存客を失う前提で戦略を立てる必要があるが，現在の顧客を維持する活動と同時に，新規顧客を20％以上獲得するための魅力的な店舗運営が必要である。

III モデル企業T社の概要

1 T社のプロフィール

・創　業：昭和23年

- 資本金：300万円
- 法人化：昭和35年
- 事業内容：靴小売業
- 従業員5人（うちパート1人）
- 平成27年度期売上高：95,860千円
- 拠点数：店舗1，倉庫1
- 売場面積：約120㎡（1階及び2階合計，事務所スペース20㎡除く）
- 売上構成：婦人靴5：紳士靴2：その他3

　T社は，JR沿線の大都市商業地域近隣に立地する，普段履きから紳士，婦人ものの革靴まで取り揃えた地域密着型の総合靴小売店である。

　先代が終戦直後に創業し，地域住民に親しまれてきたが，20年程前から周辺部の開発が進みマンションの建設が目立つようになり，商圏人口の増大とともに順調に業績を伸ばしてきた。

2 T社の現状と課題

　平成10年にはコンフォートシューズブランドのメーカーとフランチャイズ契約し，店舗2階の倉庫を縮小し当該ブランドの売り場に改装。これが奏功し，業績を上積みした。

　ところが，ここ5〜6年の間に同一商業地域に大手チェーン系の店舗（150㎡）及びSMチェーンのインストア売場（80㎡）が相次いで出店。従来からある競合店（外国メーカーの注文調整靴の販売店，既成品紳士靴中心の販売店）と合わせ，半径1キロ程度の範囲内に5店舗が出店するようになり，事業環境が一変，競合が激化した。

　若年層の開拓も思うように進まず，新規顧客の獲得に苦戦し，売上の停滞，在庫増などでここ数年は営業損失となっている。

なお，フランチャイズ契約の売場部門については，フランチャイズ本部の指導のもと，短期的な販売計画や売上目標の設定はあるが，経営環境の変化を意識した中・長期的な経営計画などは策定していない。
　T社の現状と課題について，①マネジメント・経営戦略，②販売・サービスマーケティング戦略，③在庫管理面・財務管理，の3つの切り口で分析する。

1 マネジメント・経営戦略面の現状と課題

① 経営理念，時代環境の変化を意識した経営戦略が明確になっていない。顧客へ提供するサービスや技術のコンセプトも曖昧である。
② ターゲット顧客が明確でなく，成り行き管理的な経営に陥っている。中・長期の戦略的視点に立った計画的な経営が行われる必要がある。
③ ターゲット顧客の明確化による計画的なニーズ対応が行われてこなかった結果，競合店と比較した場合，品揃えやサービスに特色が見いだせない。
④ 顧客の高齢化，代替りの進展など，今後予想される商圏の変化に対応した次の収益の柱が育っていない。このため，将来を見据えた場合の新たな収益の柱が必要である。

2 販売・サービスマーケティング戦略の現状と課題

① 強みを訴求した販売・マーケティング戦略が行われていない。例えば，社員の半数がシューフィッターの資格を有しているが，店内には資格保有の表示は無い。顧客アンケートでも資格保有の事実を常連客も知らない状況である。
② ビジュアル的なサービス・技術内容の説明資料が不足している。フィッティングサービスの内容などが不明確なため，顧客ソリューション（課題解決）の視点からのサービスマーケティングが必要である。

③　現金販売が100％であり，クレジットカード利用客への対応ができていない。顧客の利便性を考慮した場合，クレジットカードの取扱いに取組む必要がある。

3　在庫管理・財務管理面の現状と課題

①　在庫統制ができていない。問屋など取引先からすすめられ，成行きで仕入れている感が否めない。商品回転率は業界水準の1/3程度ときわめて低く，適正在庫の観点から早急な見直しが必要な状況である。

②　m^2当たり売上高は業界水準の約2倍の3,603千円と効率性がきわめて高い。また，これまであまり価格競争に巻き込まれなかったこともあり，粗利益率は業界平均より2ポイント以上高い。

③　高い売上高対人件費率に加え，ポイントカード，特売用のチラシ

●図表－6　T社クロスSWOT分析

内部環境 ＼ 外部環境	機会（Opportunity） ・商圏内人口の増加 ・後背地に病院，学校，住宅地を抱える好立地 ・平均寿命の伸び ・エージレスな高齢者のウォーキングニーズの高まり ・インターネットの普及による消費者の購買行動の変化	脅威（Threats） ・アパレル等異業種の参入による競争激化 ・近隣への競合店の出店 ・既存顧客の高齢化による購買力の低下 ・顧客ニーズの多様化 ・インターネットの普及による消費者の購買行動の変化
強み（Strength） ・女性後継者の存在 ・リピーター顧客が多い ・地域に根ざして創業70年の信頼 ・社員の半分がシューフィッター資格を有する ・社長のITスキルの高さ	強みで事業機会を最大限に生かす ・顧客のコト・ソリューションの観点からの事業オペレーションの転換 ・シューフィッター資格を活かした，攻めのコンサルティングセールスの展開 ・顧客の詳細情報の整備による顧客との関係強化 ・社員のスキルアップのための，業界団体の外部研修の積極的な活用	強みで外部からの脅威を回避する ・経営ベクトルの統一とサービスコンセプトの確立 ・戦略策定と各種下位計画の裏打ちによる戦略の実行 ・整備された顧客情報に基づくきめ細かなアドバイス ・女性客取り込みのための接客技術向上によるコンサルティングサービスの展開 ・部品等の仕入先の新規開拓による仕入コストの低減
弱み（Weakness） ・企業的経営に脱却できていない ・競争激化による売上高の減少及び粗利益率の低下 ・明確なルールが存在しない組織運営 ・死蔵在庫の増加による業績低迷 ・競争激化による収益力の低下	弱みで事業機会を取り逃さない ・地域の新規顧客の開拓の徹底による地域密着型営業の強化 ・オリジナルサービスメニューの開発，提供による他店との差別化の徹底 ・接客サービスの向上による顧客満足度の向上	弱みと脅威で最悪の事態とならない ・家業型経営から顧客ソリューション解決型サービス業をコンセプトとした企業的経営への転換 ・データに基づく顧客管理の深化 ・フランチャイズチェーンなどへの加盟によるサービスやイメージの明確化

配布など広告宣伝費率が高く，ここ数年，売上高対営業利益率はマイナスである。広告効果の検証と他のプロモーション手段の検討も必要である。
④　競合激化による販売不振，売上高の低下により，1人当たり売上高などの生産性は業界水準の5割程度となっている。

Ⅳ　T社のモデル利益計画

❶　マネジメント・経営戦略面の新たな取組み

　経営理念の作成，理念を具現化するため実践目標として，自社を取り巻く環境の変化，自社の強みなどの分析を行った上で，中・長期の経営計画の策定及び翌期以降の事業目標の設定を行った。

　また，策定した経営計画は四半期別，月別，週別，日次レベルに目標をブレークダウンし，達成水準の明確化を図った。これにより，日次で計画と実行の差異状況を把握することが可能となり，どうやったら目標を達成できるか，社員を交えて話し合うことで，予実管理に基づく経営が可能となった。

　さらに，自社のストアコンセプトとは異なるため，現在の商圏では売上規模が望めない客層を新たにターゲットに設定した。具体的には，値頃感のあるパーティ用シューズなどイベント履き用シューズをネットショップで販売することとした。

❷　販売・サービスマーケティング戦略面の新たな取組み

　業績の向上と同時に新規出店のリスクを抑えるため，ネットショップ部門を開設し，インターネット販売への進出を図り，商圏，品揃えや店舗スペースの制約を克服しつつ，業績拡大を狙った。

　また，商圏内に立地する大規模病院の職員への割引サービスを行うなど，職域販売を強化。加えて，「気に入って購入した靴をいつまでも履いて欲しい」との経営者の思いを具現化するため，靴のクリーニ

ングとリペアの取次を始めた。

　この結果，顧客の来店頻度の向上につながり，売上にも貢献している。また，店内に足の計測器を設置し，シューフィッターの認定証を社員の顔写真とともに店内に掲示して，来店客に技術力をアピール。コミュニケーションのきっかけとし，販売促進に役立てた。

3 在庫管理・財務管理面からの取組み

　POSレジの販売データを活用し，商品カテゴリー，商品部門単位ごとの「粗利益管理表」と「在庫高表」を作成。さらに，販売スタッフから上がってきた日次の報告を合わせ，逐次，状況を把握し，日次の目標管理を開始した。目標の達成状況や売場効率を把握することで，例えば，売場のレイアウト変更などをデータに基づいて行うことが可能となった。

　また，ネット部門開設時にアウトレットセールを実施し，休眠在庫を50％〜70％オフで処分，在庫の大幅な圧縮を行った。このことで，計数管理による在庫管理の重要性を再認識することができ，改善に活かした。

　具体的には，ロス率をできるだけ抑えながら，段階的に売価の設定を下げ，季節商品はシーズン中に売り切ることを意識し，極力，翌期に在庫を持ちこさないようにした。

4 その他の新たな取組み

　朝礼を実施し，スタッフ間の意思の統一，コミュニケーションの向上を図った。朝礼では当日の連絡事項のほか，全社員から前日の気づきや，お客様からほめられたことなどの報告も行うようにした。

　また，事務室に自由に書きこめるホワイトボードを設置し，連絡事項の徹底，前日の来客状況の見える化を図った。これにより，顧客に対する注文品の入荷連絡ミスの解消や，顧客からの問い合わせに対する迅速な対応が可能になった。さらに，接客対応マニュアルを作成し，

顧客への対応水準の引き上げを行った。

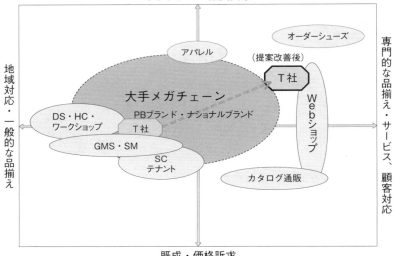

●図表－7　靴小売業Ｔ社ポジショニングMAP

●図表－8　Ｔ社比較損益計算書（簡易版）

区　　　分	改善前 金　額(千円)	改善後 金　額(千円)	改善前/改善後　比較 増減額(千円)	増減率(％)
売上高	73,499	85,380	11,881	16.2
売上原価	49,446	59,168	9,722	19.7
売上総利益	24,053	26,212	2,159	9.0
販売費・一般管理費	27,005	17,000	△10,005	△37.0
営業利益	△2,952	9,212	12,164	―

●図表－9　Ｔ社主要比率の比較　　　　　　（単位：％）

区　　　分		改善前	改前後
売上高対総利益率	(％)	32.7	30.7
販売・管理費率	(％)	36.7	22.7
売上高対営業利益率	(％)	△4.0	8.0
商品回転率	(回)	2.0	7.0
商品投下資本粗利益率	(％)	65.4	214.9

Ⅴ　T社の改善の効果

　Ⅳでの取組みは優先順位をつけた上で，実行可能なものから実施した。インターネット販売にも進出したことにより，売上が2割以上アップ。前年同期比較では4割アップの月もあり，現在の商圏，立地からは望めない新たな客層が顧客となるなど，成果を上げている。

Ⅵ　靴店の継続的な発展のために
　　－中・長期的視点からのアドバイスのポイント－

　最後に，靴店の経営上のアドバイスを行う際，中・長期的な視点でのポイントとなることを以下にまとめたので参考にしていただきたい。

①　eコマースに対応する

　eコマースとは，コンピュータのネットワーク上で行われる，電子商取引のこと。インターネットの普及により，消費者の購買行動がステルス化し，競争が目に見えないところで行われている。一見，お客が入っていない何の変哲もない店舗で，近隣店と比較して群を抜く業績を上げているところがある。

　総務省「通信利用動向調査」（平成30年版）では，インターネット利用者の利用動向では，商品・サービスの購入・取引が30代で約6割に迫り，60歳以上でも3割を超える。将来的には各年齢層でさらに増加することが見込まれることから，インターネット販売への早急な対応が重要であるが，その場合，新たな固定費の増加や情報セキュリティ上のリスクを回避するため，楽天やアマゾンなどのショッピングサイトへの出店が現実的かつ効果的である。

②　自社の業態を確立する

生き残るために，地域密着型や顧客密着型の業態を早急に確立することが求められる。業種や業態同士が限りなく近づき，取扱商品が重複している。このため，靴というモノ売るのではなく，どんな時に靴を履くのか，という顧客の生活シーンの提供の視点，モノ・ソリューションからコトを提供する，コト・ソリューションへの転換が不可欠。

　加えて，勝ち残るためには，①サービス業の視点からの経営，②サービス・技術力の強化，③数値目標・数値管理による経営，④後継者の確保，などの視点から，顧客からいかに継続的に選ばれるか，独自の業態，サービスコンセプトを確立することができるかがカギとなる。

　顧客情報が少ない場合，顧客管理ではなく商品管理や売上全体の数値にとらわれがちになるので，注意したい。顧客を知り，ライバルとの同質化を回避することを意識する。

　自社の内部にはコストしか存在しない。顧客がサービスや製品を購入し，代金を支払って初めて利益が生まれる。その顧客は一人ひとりが異なる存在である。重要なのは，顧客の購買行動の裏にある真の理由を理解することである。

■ おわりに

　小売業は時代の変化への対応業である。自社の置かれた環境の変化やその予兆を敏感に察知し，戦略的に考え行動する。靴店の戦国時代を勝ち残るためには，経験と勘のみに頼らず，仮説を立て，データ分析による検証を行い，計数管理に基づく適切な販売予測と適切な在庫高の調整などを継続的な改善活動が不可欠である。

　その結果，顧客が費やす時間，お金，努力などに対してより優れた価値と満足を提供できる事業者が勝ち残るだろう。

〔岡本　良彦〕

5 洋菓子店のモデル利益計画

I 業界の概要

1 洋菓子製造販売業を取り巻く環境

　経済が成熟していく過程において，洋菓子は消費者のゆとりや贅沢を反映するように，市場規模を拡大してきた。

　洋菓子は，生活における必需品ではないものの，家族や知人とのおしゃべりをするときに，頑張った自分へのご褒美に，食事の後のデザートにと，消費者それぞれのシチュエーションに合わせて，食する機会は増えてきている。

　一般的に洋菓子の製造販売は，①オーナー兼パティシエが切り盛りする個人店，②多店舗展開するチェーン店，③ホテルやレストランの3つの業態が挙げられる。

　それぞれ，屋号あるいはブランド名を掲げて，独自色の強い商品の販売を通じて消費者へ訴求していく競争環境にある。

　一方，昨今のコンビニエンスストアにおいて，廉価ながらも本格的な冷蔵の菓子が発売され人気を集めている。

　職人的な精巧さはないものの，味に関するレベルは驚くほど高くなってきており，洋菓子店にとって無視できない存在になりつつある。

　洋菓子の比較対象として常に挙がるのが和菓子である。洋菓子にするか，和菓子にするかの選択に迷う消費者も多く，菓子市場のパイを奪い合う形となっている。

　国内においては，和菓子の方が歴史は長く，いわゆる老舗と呼ばれる和菓子屋も多く存在する。

数年前までは，和菓子の売上げが低迷するなかで洋菓子の売上げが伸びていたことから，和菓子屋から洋菓子屋への業態変更や，新商品開発を通じて洋菓子に新規参入するようなケースが多く発生し，洋菓子業界の競争は激しさを増している。しかし，洋菓子店が和菓子に進出するといったケースはあまり耳にしない。

　洋菓子は若年層に受け，和菓子は年配層に受けるといった構図は今も続いているが，その傾向は依然ほど極端ではなくなりつつある。

　洋菓子製造にしても和菓子製造にしても，食品産業としてはめずらしく，職人的な要素が高い。

　競合が増えるにつれて環境は厳しさを増し，個人店のオーナーは，職人的な要素に加え，マーケティングや対外的な交渉といったビジネスセンスを必要とされてきている。

　モデル店とするのは，若いうちに洋菓子店で修業しパティシエとして独立して個人経営する洋菓子製造販売業である。

② 洋菓子製造販売業の事業構造

1 洋菓子製造販売業界の現状

　洋菓子製造販売業を大きく分類すると，①オーナー兼パティシエが単独で店を切り盛りし，地域に密着して営業する個人店と，②主に百貨店や繁華街を中心に多店舗展開する洋菓子チェーン店，③ホテルやレストランにおいてデザートメニューとしての提供や物販を行う業態の3つがある。

　多店舗チェーンをする事業者は，比較的大きな資本を有し，独自のブランドを持つ。

　欧米を中心に海外のブランドを国内でライセンス生産し展開する事業者も多く，人気を博している。

　ホテルやレストランでは，店内で消費するケースが主となり，消費

者が自宅に持ち帰って食するような販売は割合として少ない。

パティシエが中心となって店舗を運営する個人店は，狭い商圏の中で持ち帰りでの販売が中心となる。

洋菓子の需要期は，総じて秋から冬にかけてであり，夏場は売上げが落ち込む傾向にある。

クリスマス，バレンタイン，ハロウィン，イースターなどといった海外由来のイベントに需要が集中する。

また，誕生日や結婚記念日といった個人的に重要な日に購入されることが多い。

贈答市場も大きなウエイトを占める。日持ちのしない生菓子は対象とならないが，クッキーといった焼き菓子や高度な冷凍技術を活用した冷凍ケーキ，アイスクリームなどが中心となる。

中元や歳暮といった贈答マーケットは縮小傾向にあるものの，洋菓子関連の商材は比較的堅調であり，どの百貨店や大手量販店も力を入れている。

また，パーソナルギフト需要は伸びつつあり，多様な消費者ニーズへの対応を求められている。

一人前のパティシエとなるには，特別な資格は必要ないものの，専門的な技術を身に付けることが必要となる。製菓学校で基礎を学び，複数の店舗で経験を積むことが一般的であるが，早朝からの勤務が多いなど労働環境は厳しく，離職率も高い。

職人的な気質が残っており，今後は人材育成や労働環境の改善などといった業界全体の取組みが求められている。

2 市場規模

経済産業省の「平成28年経済センサス―活動調査」によると，菓子製造小売業（洋菓子・和菓子）の事業所数は24,860，従業員数は127,459人となっている。

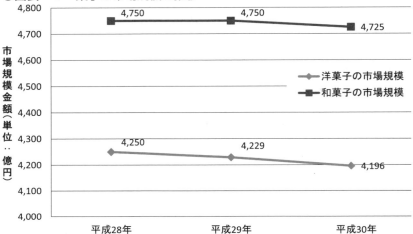

●図表－1　菓子の市場規模の推移

（出典）「全国菓子卸商業組合連合会」「全日本菓子協会」e-お菓子ねっと

　平成9年度の統計によると，菓子製造小売業の事業所数は32,107，従業員数は137,270人となっており，減少傾向にある。

　「全国菓子卸商業組合連合会」と「全日本菓子協会」が共同で設立した「e-お菓子ねっと」によると，平成30年の洋生菓子の生産数量は194,193トン，生産金額3,334億円，小売り金額は4,196億円と推定されている。

　参考までに，平成30年の和菓子は，生産数量が301,950トン，生産金額3,812億円，小売り金額は4,725億円と推定されており，洋菓子の方が市場規模が小さい。

　平成30年までの統計では，菓子業界の全体的な市場規模はわずかながら拡大する傾向にある。

❸　洋菓子製造販売業の収益構造

　洋菓子製造販売業における収益構造は，売上原価が売上げに対して大きな割合を占めるほか，家賃や人件費，販売促進費が主な支出項目となる。

昨今，小麦粉やチョコレートといった海外輸入品の原材料相場の高騰や円安の影響で上昇傾向にあり，洋菓子製造販売業における製造原価は上昇している。

　洋菓子製造販売業は，最終的に人の手を介することで仕上げられることや店頭での販売が中心になるため，人件費が占める割合は高い。

　店頭のショーケース内は，一定量を埋めておかねばならないことと，消費者の好みの多様化によって複数の商品を用意しなければならないため，売り切ることができなければロスにつながり，収益を圧迫することとなる。

　顧客の来店数と購入数量は蓋をあけてみないと分からないことから，どのタイミングでどれくらいの量を作るかといった生産のコントロールを行うことは難しい。

　原材料費は，素材にこだわるとその分単価が高くなるため，収益とのバランスを慎重に検討しなければならない。

　ブランド力に乏しいところは，単価を上げることが難しく，原価の高騰や消費税増税によって利益が圧迫されている。

II　モデル店の概要

1　A店の概要

　A店は，千葉県の西部で洋菓子の製造販売業を営む企業である。創業してから48年が経つ。

　パティシエ兼オーナーは，高校卒業後，東京都内の洋菓子店に入社し，菓子作りを学んだ。

　当時は高度成長期でもあったため，作れば作るだけ売れていく状況であり，若いながらも製造の現場を任されたこともあって早々に技術を身に付けることができた。

その後は，その腕を買われ複数の洋菓子屋を渡り歩き，昭和46年に独立するとともに，現在の場所に店を構えた。

　借りていた店舗の隣が空室になったことをきっかけに増床し，生産設備を整えた。

　もともと狭い店舗に生産と販売の現場があったため生産性が悪かったが，この増床によって解消することができた。

　従業員数は，販売員を含めて7人ほどであり，菓子職人を目指す若いスタッフも生産に携わっている。

```
＜A店の概要＞
創　　　業：昭和46年
組　　　織：株式会社
資　本　金：1,000万円
従　業　員：7人
主　要　設　備：工場
　　　　　　　冷凍倉庫
　　　　　　　オーブン
　　　　　　　スチームコンベクション
　　　　　　　ミキサー
　　　　　　　冷蔵ケース
```

② 取引状況

　A店は，駅から1.5kmほど離れた住宅街にある。駐車場を4台分完備し，主な顧客は同じ町内に住む住民である。

　周囲は古くからの住宅地であるが，新しいマンションの建設や土地が分割されて住宅が建つため人口は微増している。

品揃えは，チョコレートや生クリーム，フルーツを使った洋生菓子を中心とし，クッキーやバームクーヘンといった日持ちのする焼き菓子も取り扱っている。

　常時30種類程度の生菓子，40種類程度の焼菓子を常備している。

　開業して48年が経っていることもあり，地元での知名度は高く，商品の味や品質にも一定の評価を得ている。

　A店を代表する商品の1つに「バームクーヘン」がある。創業当初からオーナー自らが毎日焼き上げている。

　バームクーヘンを自動で焼く機械は市販されているが，A店はオーナーによる手焼きを継続しており，その絶妙な焼き加減や固さが好評を得ている。気温や湿度によっても焼き上がり方が異なるため，職人技を必要とする。

　創業当初から変わらぬ味のバームクーヘンには根強いファンがついている。

　誕生日用のデコレーションケーキを予約販売で承っており，誕生日当日には，店頭の掲示板に誕生日を迎えた子供の名前を掲載し，祝っている。

　ケーキを引取りに来た顧客は，その掲示板の前で子供の写真を撮ることが多く，毎年楽しみにしている顧客が多数いる。

　会員カードを発行しており，お買上げの1％がポイントとなり，1ポイント1円として利用することができる。

Ⅲ　A店の課題

　A店は，東日本大震災の影響を受けて一時期売上げが低迷し，営業利益ベースにおいて赤字を計上したものの，その後は回復基調にあった。

　しかし，3年前に最寄り駅に隣接する商業施設がリニューアルし，

そこに都内の有名デパートに出店している海外ブランドの洋菓子店が入ったことをきっかけに，売上げが落ち込むこととなった。

これまで，一定の固定客を抱えていることから売上げは比較的安定していたが，昨今の原材料費の高騰に加え，後継者の育成を含めたうえでの新たな人材の採用を進めており，利益が出にくい状況に陥っている。

洋菓子の主な原材料は，小麦粉，卵，牛乳，チョコレート，ナッツ，フルーツなどである。

特に小麦粉の使用量は多く，仕入業者からは度重なる値上げをされるが，原材料の値上げ分を商品に転嫁することはできていない。

幾度となく値上げを検討したものの，結局のところ定番品の価格は据え置き，季節限定商品のみを値上げすることとした。

値上げを踏みとどまった理由の1つに，先述した海外ブランドの洋菓子店の影響で来店客数が落ち込んでいることが挙げられる。

経営全般を見渡すと，生産現場における生産性の向上，原材料調達の見直し，廃棄ロスの減少，人材の育成といった課題があるが，まずは売上げの回復を目指し，競合に対抗するための策を打っていくこととした。

そこで，A店の抱える課題を以下の3点と整理した。

① 近隣以外の顧客の認知度向上
② 新しい商品開発
③ 固定客への情報発信

Ⅳ 課題の解決策

A店の戦略マップ

A店における主な強みは，
① バームクーヘンを中心としたこだわりのあるオリジナリティの高い商品及び商品開発力
② 地元での知名度と固定客の存在
③ POSレジと連動した顧客情報
の3点である。

これらの強みを鑑みながら，課題解決を図る道を模索したところ，以下の3つを実施することとなった。

1 催事出店を通じての認知度向上

新たな競合が出店した最寄り駅に隣接する商業施設内に，週替わりで業者が変わる催事コーナーがある。

商業施設からその催事コーナーへの出店のオファーがあった。

競合と正面からぶつかることとなるため，オーナーは出店を逡巡したものの，これまでA店の存在を知らない消費者と接点を持つには絶好の機会である。販売スペースは6尺（1,800㎜）の冷蔵ケースが1本であるが，特徴のある商品に絞り込むことでA店の魅力を十分アピールすることができる。

現在のA店の主要な顧客は，駅を境に東側の住民が中心となる。

最寄り駅の西側に住む人もこの商業施設を利用することから，新たな顧客を開拓することができる。

また，有名百貨店に入っている海外ブランドへの地域住民の関心も落ち着き始めている。

あえて同じ商業施設内に出店することでA店と競合店の品揃えや商品の味，品質を比べてもらい，改めてA店の良さを認識してもらうことを狙った。

●図表－2　A店の戦略マップ

A店利益向上戦略マップ	アクションプラン
財務の視点：売上向上／客数の向上／単価の向上	販売力の向上
	顧客情報の収集・整理
	新サービスの開発
顧客の視点：気になるお店の商品を食べたい／生菓子を贈りたい／特別なサービスの提供	情報発信ツールの作成
	配送の耐久テストの実施
	地域のイベント予定のチェック
業務プロセスの視点：催事出店による認知度の向上／配送できる商品の開発／顧客情報の活用	外販ノウハウの取得
	新商品の改善会議の開催
	顧客情報の精査
人材・改革の視点：ガトーショコラを焼き上げる技術／キャンペーンの考案	A店のアピールポイントの訴求力
	ガトーショコラの技術力向上講習会
	販促会議の開催

2　冷蔵で配送できる「ガトーショコラ」の新商品開発

　A店において贈答用として配送できるのはバームクーヘンやクッキーを中心とした焼き菓子であったが，ケーキ類で配送できるものはないかと顧客からの要望を多く受けていた。

　そこで，フランス製の高品質なチョコレートをふんだんに使ったガトーショコラを開発・販売することとした。

　要冷蔵の配送便を活用し，送料込みで3,000円とギフト需要で最も求められる価格帯に設定した。

　ギフト商品は，購入した商品を自分で消費することと違い，これまでA店を知らなかった方に贈られることで大きな宣伝効果を発揮することとなる。

3　顧客情報の新たな活用方法

　これまで顧客管理は，ポイント発行以外は積極的に行ってはこなかった。

　頻繁に来店する顧客とは顔なじみであるため，コミュニケーションをとることは可能であるが，全体の1割程度にすぎない。

　そこで，管理している顧客情報の内容を精査してみたところ，子供のバースデーケーキを注文する顧客ほど購入頻度が高いことが分かっ

た。

　季節的な商品案内を定期的にDMで発送することも必要だが，ターゲットや売りたい商品を絞り込んで，DMをA店らしい記載内容にして，提案色を強く出す方法はとれないかと検討することとした。

　A店の利益計画

1　競合が出店する商業施設での外販

　最寄り駅に隣接する商業施設内で行った催事によって得られた収穫は，ねらいどおり駅の西側に住む顧客が増えたことである。

　催事を実施後，平日の午前中に駐車場が埋まることが多く，ポイントカードを発行する際に顧客の住所を聞いたところ，駅の西側の住所を記載する顧客が半分以上を占めた。

　A店の名前を聞いたことはあるものの，わざわざ足を運ぶまでもないと考えていた顧客を，商業施設での催事によって取り込むことができ，リピーターになってもらうことができた。

　また，あえて競合が出店する商業施設で販売することで，顧客にA店と競合との違いを認識してもらうことができ，顧客にその時のニーズによって使い分けてもらうことを意識付けすることができた。

　きめ細かいサービスについては，A店の方に分があり，それを実感してもらうことができた。

2　配送可能商品による遠方客の獲得

　店頭での販売が中心であるA店にとって配送を使うことは販売領域が拡大することとなる。

　配送可能である新商品のガトーショコラには，商品の説明を記載したタグに加えてA店の概要と商品ラインナップが掲載されたリーフ

レットを同封する。

　A店はオンラインショップを通じて全国どこからでも購入してもらえる体制はすでにできていることから，さらなる顧客の拡大を目指す。

　そのために店頭にて新商品のガトーショコラの試食を積極的に行っていった。

　濃厚な味に仕上げているので，1cm角のサイコロ状にカットしたものでも，その風味を堪能してもらうことができた。

　ガトーショコラは，見た目は小さいが，一つ購入することで，家族構成で4人までは賄えることを伝え，販売に結び付けていった。

③ 地域の情報を入手しイベントに合わせた情報発信をする

　これまで積極的な顧客情報の活用を行ってきたことがなかったため，試験的に誕生日ケーキを申し込む顧客に絞り込んだ働きかけを行ってみた。

　5月に最寄りの小学校で運動会が開催される。運動会には，小学生の両親はもちろんのこと，祖父母も応援に来る家庭が少なくない。

　祖父母が遠くから来れば，そのまま帰すことは考えにくく，いったん家に招き入れる可能性が高い。

　そこで，顧客情報の中から小学生を持つ家庭を抽出し，「運動会後に家族そろってご家庭でケーキはいかがですか」と銘打ったDMを発送した。

　運動会をイメージできるデコレーションを施したホールケーキは予約制にしたところ，2,000円の単価で50個の予約を受けることができた。

　また，運動会当日を限定に，ハガキを持参しケーキを購入した人には焼き菓子の粗品をプレゼントする企画を実施したところ，前年同日に比べて3倍以上の売上げを記録した。

秋には最寄りの幼稚園で運動会が開催される予定である。それに合わせて同様のDM企画を実施することとした。

Ⅵ 競争の激しい洋菓子製造販売業界でどう生き残るべきか

洋菓子業界は、景気の回復に伴って売上げも回復基調となることが予想されている。

一方で、競争が激しく顧客のブランドスイッチも簡単に起こり得る。

洋菓子店経営は、大きく分けて2つの道がある。ブランドを確立し多店舗展開をしながら事業を拡大するか、もしくは、町の洋菓子店として徹底的な地域密着を図り、地域内のシェアを高めていくかである。

A店の場合、「地域密着型」を標榜しており、創業から48年の歳月をかけてその地位を築くことができたが、最寄り駅に競合が出店したことや、商品展開のマンネリ化から売上げが低迷していた。

大手の洋菓子ブランドは、季節ごとの商品開発、斬新なデザインの打ち出し、営業担当者と販売員の連携による販売の広域化を図ってきている。A店のような個人店が、大手の資本に正面から競争を挑んでも勝ち目はない。

では、地域密着型の洋菓子製造販売業としては、どのような道を目指していけばよいのか。

それは、何か1つ特徴のある商品を開発し、それを軸に集客を図るとともに、消費者に飽きさせないバラエティーに富んだ商品を展開することである。また、地域の情報に敏感になり、顧客ニーズを創造していくことである。

地域内で行われるイベントに関する情報は事前に入手することができる。そのイベントに合わせた商品企画、販促、告知方法を考え、ある程度時間をかけた中で計画的に販促活動を行っていく必要がある。

●図表－3　直近4期分と今期予想損益計算書　　　　　　　（単位：千円）

	平成27年 実績	構成比	平成28年 実績	構成比	平成29年 実績	構成比	平成30年 実績	構成比	令和元年 目標	構成比
売上	85,000	100%	72,000	100%	75,000	100%	80,000	100%	85,000	100%
(うち洋生菓子)	54,000	63.5%	42,000	58.3%	45,000	60.0%	50,000	62.5%	54,000	63.5%
(うち焼き菓子)	28,000	32.9%	25,000	34.7%	25,000	33.3%	26,000	32.5%	28,000	32.9%
(うちその他商品)	3,000	3.5%	5,000	6.9%	5,000	6.7%	4,000	5.0%	3,000	3.5%
売上原価	39,000	45.9%	34,000	47.2%	34,000	45.3%	38,000	47.5%	41,000	48.2%
(うち材料費)	12,000	14.1%	11,000	15.3%	12,000	16.0%	14,000	17.5%	15,000	17.6%
(うち労務費)	17,000	20.0%	16,000	22.2%	16,000	21.3%	17,000	21.3%	18,000	21.2%
(内経費)	10,000	11.8%	7,000	9.7%	6,000	8.0%	7,000	8.8%	8,000	9.4%
売上総利益	46,000	54.1%	38,000	52.8%	41,000	54.7%	42,000	52.5%	44,000	51.8%
販売費・一般管理費	40,000	47.1%	40,000	55.6%	40,000	53.3%	41,000	51.3%	41,000	48.2%
営業利益	6,000	7.1%	−2,000	−2.8%	1,000	1.3%	1,000	1.3%	3,000	3.5%
経常利益	7,500	8.8%	−3,000	−4.2%	0	0.0%	20	0.0%	2,400	2.8%
損益分岐点	76,905	90.5%	74,667	103.7%	73,684	98.2%	78,644	98.3%	80,887	95.2%

　地域密着型といえども，商圏を限定しては売上げを伸ばしていくことは難しい。インターネット販売が伸びているように，一定の商品力が備わっていれば，消費者が遠方からでも注文することは十分考えられることである。

　ただし，全く縁のない遠方から注文をもらうことは現実的に不可能であるため，送り手がいて受け手がいる贈答での販売を積極的に行うことで宣伝効果を発揮しながら顧客を拡大していく。

　このほかにも，工場内の生産性を向上させて原価を低減することや，商品を改廃することで調達する原材料の絞込みと廃棄ロスとのバランス，衛生面での徹底など，たくさんの課題を残す。

　特に，食品を取り扱うだけに，暑い時期の食中毒等には細心の注意を払わなければならない。

　今後は，高齢者，健康志向，個食化といったキーワードに合致する方向性を見極めていくことが必要となる。

〔栗田　剛志〕

6 中古車販売業のモデル利益計画

I 業界の概要

　日本標準産業分類によると，中古車販売業は「中古自動車小売業」に該当し，「主として中古自動車を小売りする事業所をいう」と定義されている。リサイクル事業としても位置付けられており，開業するには古物営業法の許可申請をする必要がある。

　また，中古車販売業を営んでいる事業者の多くは，自動車の修理・整備を行う整備工場を併設している。整備工場を併設していない販売店でも，車検や整備の認証工場と提携しており，販売後の整備・点検などのアフターケアや車検代行などで顧客の囲い込みを図るのが通常である。

1　中古車販売の市場動向

　国内の自動車の普及は高度経済成長とともに拡大を続け，それにともない中古車市場も活性化した。（一社）日本自動車販売協会連合会と（一社）全国軽自動車協会連合会の統計データによると平成9年には普通乗用車，小型乗用車，軽四輪乗用車の登録台数（軽四輪乗用車は販売台数）が600万台を突破し，その後は600～630万台前後で推移を続けた（図表－1参照）。平成20年（2008年）のリーマンショック以降は減少傾向にあったものの平成24年に持ち直し，以降560万台強で推移した後，直近2年では580万台まで増加した。

　また，近年では軽自動車の人気が高まっており，軽中古車の販売台数も増加傾向となっている。

● 図表－1　中古車登録・販売台数の推移

	普通乗用車	小型乗用車	軽四輪乗用車	合計
平成 2 年	304,193	3,945,086	304,782	4,554,061
平成 3 年	383,494	3,967,499	369,756	4,720,749
平成 4 年	510,703	4,021,302	448,164	4,980,169
平成 5 年	618,940	3,877,312	527,640	5,023,892
平成 6 年	776,717	3,837,308	608,988	5,223,013
平成 7 年	994,311	3,845,076	727,259	5,566,646
平成 8 年	1,233,553	3,750,582	836,474	5,820,609
平成 9 年	1,406,089	3,626,978	1,009,430	6,042,497
平成10年	1,493,744	3,309,426	1,111,282	5,914,452
平成11年	1,551,703	3,127,783	1,273,383	5,952,869
平成12年	1,742,786	3,050,087	1,448,546	6,241,419
平成13年	1,830,588	2,913,775	1,552,297	6,296,660
平成14年	1,861,694	2,744,604	1,714,827	6,321,125
平成15年	1,910,017	2,640,456	1,809,840	6,360,313
平成16年	1,984,562	2,524,764	1,777,866	6,287,192
平成17年	2,002,563	2,460,410	1,890,154	6,353,127
平成18年	1,959,739	2,304,226	2,033,569	6,297,534
平成19年	1,810,596	2,105,122	2,022,866	5,938,584
平成20年	1,728,090	1,944,766	1,995,333	5,668,189
平成21年	1,619,370	1,855,071	1,864,874	5,339,315
平成22年	1,592,110	1,816,696	1,873,466	5,282,272
平成23年	1,542,614	1,733,519	1,906,523	5,182,656
平成24年	1,688,606	1,826,335	2,133,725	5,648,666
平成25年	1,666,732	1,740,725	2,255,560	5,663,017
平成26年	1,630,421	1,653,214	2,367,235	5,650,870
平成27年	1,668,429	1,602,719	2,354,077	5,625,225
平成28年	1,729,194	1,564,982	2,322,533	5,616,709
平成29年	1,802,956	1,588,747	2,414,874	5,806,577
平成30年	1,834,306	1,523,537	2,449,940	5,807,783

（出典）（一社）日本自動車販売協会連合会HP，（一社）全国軽自動車協会連合会HPより作成　※軽四輪乗用車は販売台数

2 中古車販売業の業界動向

　中古車販売業者数における詳細な統計データはないが，経済産業省の資料では自動車小売業の事業所数が全国で約8万3,000事業所（平成28年経済センサス－基礎調査より）ある中で，中古車を専門的に扱っている事業者は約2万事業所とされている。

　近年では新車のディーラーや自動車整備業者，中古車買取店などによる中古車販売への参入が進み，従来の事業の枠を越えて競争が激化している。

Ⅱ　経営診断先企業の概要

```
A社の概要
創　　　業：1979年
組織形態：株式会社
資　本　金：2,000万円
従　業　員：9名
事業内容：中古車販売，車両整備，板金塗装
売　上　高：約240,000千円／年
```

　経営診断先のA社は，神奈川県横浜市内に店舗を構える中古車販売店である。自動車板金塗装工場として創業し，その後海外輸入車専門の整備・修理・アクセサリー装備などの専門店として事業を成長させ，現在では仕入れた中古車を熟練のメカニックの手によってよい状態に仕上げたうえで販売し，アフターサービスにも応じるといったトータルにサービスを提供できる体制を構築している。海外輸入車の特定の車名にこだわることでその専門性を高め，専門ショップとして存

在感を示してきた。

しかし近年は，正規ディーラーを含む輸入中古車の販売店との競争の激化や，自動車保有者の嗜好の多様化などにより，売上高の低迷が続いている。

このような中，Ａ社から売上高の増加を図る販売・サービス戦略について経営診断をしてほしいとの依頼があり，売上げ拡大のための未来戦略策定の支援を行った。

今回の診断においては，当社のサービスや販売促進方法を特に重点的に診断し，技術力に基づくサービスをブランド化したうえで，インターネットを主体とした販売促進方法の強化を未来戦略の柱とした。

① 輸入車の販売動向

診断先が輸入車専門の販売を行っていることもあり，輸入車の動向についても確認する。

図表－2は日本自動車輸入組合が発表した過去10年の輸入乗用車の登録台数の推移である。新車，中古車ともにリーマンショック後の落ち込みから現在では回復を見せている。

輸入車の車名別保有台数のシェアは図表－3のとおりである。メルセデス・ベンツのシェアが18.44％と最も高く，続いてBMWの14.19％，フォルクス・ワーゲンの13.92％となっている。

Ａ社が扱うのは，シェア3位のフォルクス・ワーゲンと4位のアウディである。アウディについては，デザイン刷新などによるブランディングが成功し，近年急激に販売数をのばしてきており，今後のさらなる増加にも期待が持てる。

② Ａ社の商圏

前述のようにＡ社はこれまでの事業内容の変遷により，板金塗装

●図表-2 輸入乗用車登録台数の推移

平成	輸入乗用車(新車)	対前年比	輸入乗用車(中古車)	対前年比
19年	262,996		427,164	
20年	206,278	78.4%	405,200	94.9%
21年	167,889	81.4%	383,462	94.6%
22年	213,283	127.0%	377,117	98.3%
23年	260,707	122.2%	377,897	100.2%
24年	300,594	115.3%	400,474	106.0%
25年	331,286	110.2%	400,539	100.0%
26年	319,677	96.5%	396,833	99.1%
27年	313,081	97.9%	405,962	102.3%
28年	327,607	104.6%	424,014	104.4%
29年	333,451	101.8%	448,708	105.8%
30年	342,770	102.8%	456,149	101.7%

（出典）　日本自動車輸入組合

●図表-3 輸入車の車名別国内登録台数（2018）

車名(ブランド)	登録台数(台)	シェア
Mercedes-Benz	67,554	18.44%
VW	51,961	14.19%
BMW	50,982	13.92%
Audi	26,473	7.23%
BMW MINI	25,984	7.09%
Toyota	22,978	6.27%
Volvo	17,805	4.86%
Honda	14,130	3.86%
Nissan	12,194	3.33%
Jeep	11,438	3.12%
Peugeot	9,881	2.70%
Renault	7,253	1.98%
Porsche	7,166	1.96%
Fiat	6,014	1.64%
その他	34,453	9.41%
合計	366,266	100.00%

（出典）　日本自動車輸入組合

や整備工場を併設する中古車販売業者である。店舗は横浜市の北部に位置しており，横浜市北部と川崎市南部が主な商圏となる。しかし，特定の車名に特化していることで，県内の他地域や県外からの問い合わせや来店もたびたび見受けられる。

商圏内にはA社が扱う車名の輸入車正規ディーラーが多数存在している。安心と信頼を前面に打ち出し，新車販売を中心にシェア争いをしている。A社が扱うのは中古車であるが，ディーラーにおいても中古車の取り扱いを広げており，A社は販売台数の増加に苦戦している状況である。

Ⅲ A社の現状と課題

経営診断の実施にあたりA社へのヒアリングを含めた現状認識を行ったところ，下記のような問題点や課題が抽出された。

1 商圏内の競合店とのシェア争い

前述のように，商圏内にはA社が専門的に扱っている車名の輸入車正規ディーラーが多数存在している。また，アウディなどの近年人気が急上昇している車名に目を付け，後発ながら専門性をコンセプトとする中古車販売店の存在も確認された。

輸入車正規ディーラーにおいては，広告媒体を通じての安心感・信頼感の訴求に努めるほか，ディーラー間の連携による中古車販売網の整備など販売力の強化に取り組んでいる。また，専門性の高い中古車販売店については，インターネットによるマーケティングに注力し集客力を高めている。

A社においても，これらの競合と対峙した際の優位性を確保していく，あるいは差別化を図っていくための方策を実施していくことが課題となる。

② 既存客の囲い込み

　A社は販売記録やメンテナンス記録などの顧客情報を蓄積しているものの、その顧客情報を有効に活用できていなかった。

　中古車販売に限らず、自動車の販売業では販売後のアフターケアや任意保険の手続き代行、車検や整備などのサービスを充実させ、次回の購入も自社で行ってもらえるように顧客を囲い込む戦略をとる。

　そのためには、メンテナンスや車検などの顧客の需要を自社サービス内で循環させる体制を整備するとともに、適切なタイミングと方法でそのサービス内容を顧客に伝えていく必要がある。

　A社は電話での定期的なコールなど、顧客への対応の標準化が徹底できておらず、顧客情報の効果的な活用が出来ていない状況だった。

③ 事業者目線のプロモーション

　A社は中古車販売が中心ではあるものの、その他にも車両整備や板金塗装など複数部門にわたって事業を展開している。事業ごとに異なるサービスブランドが混在しており、統一したブランドイメージがない状態だった。

　Webサイトを主な集客手段としているものの、複雑なサービスメニューや事業者目線での言葉遣いなど、サイトの訪問者には内容が理解しにくい状態となっていた。

④ 財務面の状況

　主に長期借り入れにより資金調達を行い、流動資産への運用が目立っており、固定資産への投資は比較的少ない状況となっていた。負債の構成比が高く、P/L上でも支払利息が収益を圧迫している状況だった。

⑤ 社内業務のオペレーション・接客

従業員へのヒアリングやお客様アンケートの結果などから，社内のオペレーションや従業員の接客対応にも問題があることが見えてきた。特に販売や整備などの部門間の連携の不備により，お客様に迷惑をかけたことがあるといった内容が目立った。

⑥ 従業員の参加意識

A社の社長は経営に対する意識が高く，整備付きの車両販売からアフターフォロー，車検や事故対応，保険代理機能までをワンストップで提供するといった明確な経営方針を持っている。これを実現するには，従業員が一丸となって顧客の要望に自発的かつ迅速に対応することが求められる。

しかし，A社では「ワンストップサービス」の遂行に向けた社長の意図が組織に対して十分に浸透されておらず，従業員は自身の業務の遂行のみに注力し，組織としての一体感が低い状態となっていた。

Ⅳ 経営課題の解決・達成策

① SWOT分析

A社経営課題の改善策の提示に向け，今後対応すべきA社の重要課題を抽出するため，外部環境・内部環境をふまえたうえでのSWOT分析を行った（図表－4参照）。

② ドメイン（事業領域）の再定義

続けて「顧客（誰をターゲットにするか）」「ニーズ（ターゲットは何を求めているか）「コアコンピタンス（どのような強みを活かして

●図表−4　A社のSWOT分析

	【強み】（Strength）	【弱み】（Weakness）
内部環境	・特定のブランドへの専門知識がある ・販売からアフターまでのワンストップ対応が可能 ・整備技術が高い ・蓄積された顧客データがある ・HPの検索順位が高い	・プロモーションが事業者目線となっている ・ホームページの内容がわかりにくい ・顧客データの活用が不十分 ・社内のオペレーションが非効率 ・従業員の参加意識が低い
	【機会】（Opportunity）	【脅威】（Threat）
外部環境	・取り扱い輸入車の人気が高まっている ・商圏内に輸入車を持つ富裕層が多く存在する ・消費者の環境意識の高まり ・低燃費化への需要の高まり ・ネットによるコミュニケーション手段の発展	・ディーラーによる顧客囲い込みが強まっている ・同様のブランドを扱う専門店が増えている ・競合店がホームページによる集客に注力している

対応するか）」という3つの視点からA社のドメイン（事業領域）を再定義した。

❶ 「顧客（誰をターゲットにするか）」

これまでと同様の特定の車名の購入希望者が主なターゲットであることに変わりはないが、安心感を求めてディーラーで購入を検討するライトユーザーの取り込みにも、今後は注力していく方針とした。

❷ 「ニーズ（ターゲットは何を求めているか）」

特定の車名における専門性の高い情報・サービスの提供や、中古車でも安心・快適に長く乗りたいというニーズに応える。

❸ 「コアコンピタンス（どのような強みを活かして対応するか）」

特定の車名に特化してきた歴史と実績による専門性の高い知識・技術や、購入後のアフターケアなどワンストップで対応できるサービス提供力を活かす。

3 重要成功要因の抽出

　新たなドメインを確立するうえで重要となる成功要因についてクロスSWOT分析を用いて抽出した（図表－5参照）。

1　A社（店舗）のブランド力を高める

　A社は高い技術や長い経験の蓄積を背景として，優良な車両やアフターサービスを提供できる力を持っているものの，現状ではそれをうまく消費者に訴求できていない。外部環境の変化により競争がますま

●図表－5　クロスSWOT分析

		機　会	脅　威
		・取り扱い輸入車の人気が高まっている ・商圏内に輸入車を持つ富裕層が多く存在する ・ネットによるコミュニケーション手段の発展	・ディーラーによる顧客囲い込みが強まっている ・同様のブランドを扱う専門店が増えている ・競合店がホームページによる集客に注力している
強み	・特定のブランドへの専門知識がある ・購入からアフターまでのワンストップ対応が可能 ・整備技術が高い	【強みを活かして機会をつかむ】 ✓　店舗のブランド力を高める ✓　インターネット・SNSを利用した集客を強化する	【強みで脅威を機会に変える】 ✓　新規顧客の獲得を強化する
弱み	・プロモーションが事業者目線となっている ・ホームページの内容がわかりにくい ・顧客データの活用が不十分 ・社内オペレーションが非効率 ・従業員の参加意識が低い	【弱みで機械を逃さない】 ✓　全員参加経営を目指す	【脅威と弱みによる最悪の事態を防ぐ】 ✓　既存顧客の囲い込みを図る ✓　おもてなし経営を実現する

す激しくなる中，Ａ社の販売店としてのブランド力を高めていく必要がある。

ブランド力を高めるにはまずブランドが持つミッションや価値観を簡潔な文で表現するブランドステートメントを定めることが有効となる。Ａ社の特定の車名に対する専門性の高い知識と技術力を活かし，優良な中古車を提供するといった趣旨のブランドステートメントを策定した。

また，ブランドとしての質を確保していくためには，スタッフの自社ブランドに対する意識を徹底し，誇りをもって顧客と対応させる必要がある。店内の見える位置にブランドステートメントを掲示し，毎朝の朝礼で唱和することとした。

2 既存顧客を囲い込む

消費者にとって比較的購入頻度の少ない自動車においても，新規獲得に比べてコスト負担の少ない既存顧客との取引の継続に積極的に取り組むことは重要な戦略であるといえる。

販売時や販売後のアフターサービスを手厚くし，顧客満足度を高めることで次回の購入時も当社を選んでもらえる可能性は高まることに加え，顧客を通じて口コミにより顧客の輪が広がる可能性もある。

顧客満足度向上のため，Ａ社では以下のことを行った。

・これまでの顧客データの整理。
・商談時の特徴的なコメントやバイイングポイントと思われる情報の蓄積。
・納車１か月後の御礼コールと６か月後の調子伺いコールの実施。
・購入後の１年点検や車検に向けて，３か月前のＤＭやフォローコールの徹底。
・ブレーキパッドなどの消耗品の目安交換時期の管理とコール。
・常日頃から親切丁寧な接客対応を心がける。

・電話だけではなく要望に応じてSNSのメール機能を活用するなど顧客とのコミュニケーション手段を多様化する。

3 インターネットを活用した集客を強化する

　A社の集客のメインはホームページであり，以前より力を入れてきた。しかし，入庫情報やサービスメニューの紹介など事業者目線の情報発信が中心となっていた。今後は顧客目線に立ち，訪問者が目的の場所にたどり着き，内容を理解できるようなホームページ作りやインターネットを活用した顧客とのコミュニケーションを強化することとした。まず，グローバルメニューやローカルメニューの整理，サイトマップやパンくずリストの設置など内部リンクを整備した。

　そして今後は取り扱う車種の魅力紹介や輸入車購入時のチェックポイント，購入後に自前で行えるメンテナンス，Q&Aなどターゲット層にとって役に立ちそうな情報発信にも注力することとした。

　また，Facebookページの設置やLINE公式アカウントの導入など，SNSの活用による双方向コミュニケーションを行うこととした。

4 新規顧客を獲得する

　輸入車ディーラーや他の販売店による顧客の囲い込みが進行する中，A社においても継続的に収益を増加させていくためには，新規顧客獲得の取り組みを強化する必要がある。新規顧客の獲得に向け下記のような取り組みを行うこととした。

・各種統計データをもとに，商圏内で富裕層の多いエリア，輸入車の登録台数の多いエリアなどを特定し，新規来店を促すチラシを配布する。
・オリジナルのキーケースやステッカーなど，来店客への特典を用意する。
・インターネットで発信した「自前で行うメンテナンス」などのお役立ち情報をもとに小冊子を作成し，ライトユーザーの取り込みに役

立てる。

5 おもてなし経営を実現する

顧客満足度を向上させ，車両販売やその後の継続利用につなげるためには，実際に来店した客に不要なストレスを感じさせることのないよう，店内オペレーションの効率化や接客対応力の向上を図る必要がある。

店内のオペレーションの効率化に向けて，従業員参加型のワークショップにより，事前に各自が考えた「業務上の要望・関心ごと」をもとに効率化への課題を抽出した。特にこれまであまり目を向けてこなかったフロントとメカニック間の連携などについて充分に議論した。

また，「女性がまた来たいと思う店づくり」というテーマにおいても議論を重ね，下記のような取り組みを行うこととした。

・トイレの改装
・店内の飾りつけ（花など）
・「お客さまの声」ボックスの設置
・店舗入り口への LED 外灯の設置
・接客スペースのじゅうたんの張替え
・お客さまへの声かけの徹底

6 全員参加の経営を目指す

今後，前述のような新たな施策を推進し，中古車販売台数の増加を実現していくためには，社長と従業員が一丸となって全員参加の経営に取り組む必要がある。全員参加経営を実現するために次のような取り組みを行うこととした。

・朝礼や定例会議などの場を利用して会社全体の方針や戦略を共有した。目指すべき方向性の理解をすすめたうえで，月々の売り上げや利益など業績に関わる情報の共有を行い経営に関する問題意識を高めた

- 会議の場では社長からのトップダウンの指示命令だけではなく，従業員によるボトムアップの意見を吸い上げるように心掛け，従業員の参画意識を醸成した
- 表計算ソフトで販売から整備に至るまでの売上高を個人の業績に紐づける仕組みを作り，月単位でグラフ化するなど個人業績の見える化を行った
- 事務的な朝礼や定例会議だけでなく，社長との個別の面談，非公式でのミーティングや懇親会などを開催し，社内でのコミュニケーションの機会を増加した
- ホームページに掲載するQ&Aなどのお役立ち情報について，従業員参加によるワークショップ形式でアイデアを出し合い，掲載内容をまとめた。また，その際，今後のターゲットとなるライトユーザーにもわかりやすい言葉遣いや表現にすることを意識した
- 目標管理シートにて数値目標や行動目標を従業員自身に設定させ，四半期ごとに振り返りを行うなど，PDCAサイクルを回し，継続的な業務改善を図ることのできる仕組みを構築した

Ⅴ 改善後の利益計画

　各施策に取り組むうえで重要となるのが，常に目的意識を持つということである。これから取り組むことは何のために行うのか，行った結果どのような変化が期待できるのかということを一人ひとりが意識しながら取り組むことで，モチベーションが維持され，能力を発揮しやすくなる。そのためにまずはそれぞれの施策の関連性を図式化（図表－6参照）し，改善に向けた全体像を把握することが有効となる。

　常に「目的とそれを達成するための手段」という関係性を意識しつつ，次にその「手段」を「目的」に置き換え，「それを達成するための手段」といった具合に掘り下げていく。最終的には施策ごとに明日

⑥ 中古車販売業のモデル利益計画

から着手できるレベルにまで手段を落とし込みたい。

　その全体図が完成すれば新たに定義した自社のドメイン（事業価値）を達成するための道のりが明確になり，まずは何に着手すればよいのかを理解することができる。社長や従業員がこれを共有することができれば，組織に一体感が生まれ全員参加型の経営が実現されることとなる。

　A社も新ドメインの達成への全体図を完成させ，重要成功要因ごとの優先順位を定めたうえで，すぐに対応すべき課題に取り組んだ。

　はじめに取り組んだ店内の改装や飾りつけ，接客対応の改善などに対して早い段階で既存の顧客がその変化に気づき，顧客からも積極的にコミュニケーションを図ろうとする場面が見られるようになった。「お客さまの声」にも良いコメントがあがるようになった。顧客からの良いフィードバックを受け従業員の改善の意識はさらに高まってい

●図表－6　図式化のイメージ（参考）

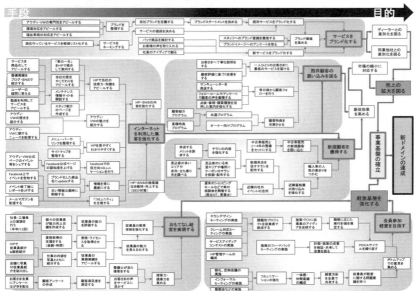

● 図表－7　モデル利益計画

(単位：千円)

	実績	1年後	3年後	5年後
売　上　高	241,300	262,300	297,300	325,300
売　上　原　価	190,600	207,200	234,900	257,000
売 上 総 利 益	50,700	55,100	62,400	68,300
人　件　費	16,000	16,000	18,500	21,000
賃　借　料	15,100	15,100	15,100	15,100
減価償却費	5,600	7,600	9,600	10,800
そ　の　他	3,600	4,600	4,800	5,000
営　業　利　益	10,400	11,800	14,400	16,400
当期純利益	150	1,600	3,600	5,200

った。

　定期点検や車検など，既存客への積極的なコールをきっかけに買い替えへとつなげることができ，販売面にも効果が出始めた。

　インターネットでの集客も，アクセスや問い合わせが徐々に増えるようになり，今後の新規客の取り込みにも期待が持てるようになった。

　何よりも店内や従業員の雰囲気がみるみる明るくなっていくのが目に見えて分かった。その要因は，それぞれのやるべきことが明確化されたことで，「他者から認められたい」（承認欲求）や「自分の能力をもっと引き出したい」（自己実現欲求）など，高次の欲求が刺激されているためと思われる。

　今後も抽出した重要成功要因の一つひとつに真摯に取り組み，振り返りと次回への修正のサイクルを回していけば，A社の成長と発展に大いに期待ができる。

〔川口　悠〕

7 自転車販売店のモデル利益計画

I 業界の概要

1 自転車業界の動向

　自転車販売店は，日本標準産業分類で，「卸売・小売業」（大分類），「機械器具小売業」（中分類），「自転車小売業」（細分類（5921））と分類されて，「主として自転車及びその部分品・附属品を小売する事業所」と定義されている。

　図表－1のとおり，日本の自転車販売業の事業所数・従業者数はともに昭和60（1985）年から3分の1以下に減少している。直近では，事業所数は減少を続けているが，従業者数は底を打って増加に転じている。

●図表－1　年度別事業所数・従業者数

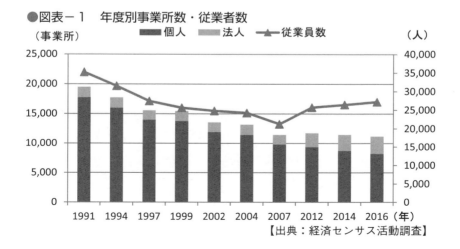

【出典：経済センサス活動調査】

分類の例示として，自転車店，リヤカー小売業，自転車・同部分品・附属品小売業，自転車タイヤ・チューブ小売業，中古自転車小売業が入っているが，貸自転車業，自転車修理（専）業は範囲外である。

　現在の自転車は，1817年にドイツで木製ながら，二輪・前輪の向きをハンドルで変える基本形が発明された。その後の200年間に，フランス・イギリスで走行の仕掛けが加わり，二輪（前輪操作，後輪駆動），サドル，ペダルとチェーン駆動，ゴムタイヤとチューブによる空気入りタイヤが19世紀後半に確立したことで，工業製品として飛躍的に生産力を伸ばした。その後も，フリーホイール機構・変速機・素材の軽量化・電動アシスト補助などの技術革新が進んでいる。

　日本においては，明治初期に横浜の居留地での輸入販売から始まったが，生産は刀鍛冶職人が国内生産を始めた。これが刃物の街，堺が自転車生産の街となった遠因である。明治後半には，ヨーロッパでセイフティ自転車が大量生産されるようになり，輸入・国内販売が増加し，全国普及のきっかけとなった。

　第１次世界大戦で主要生産国ヨーロッパからの輸入が激減したことから，国内生産が急増して大量供給され，価格が低下し庶民の足としての普及のきっかけとなった。昭和に入っても普及拡大が続いた。しかし，戦争準備のため昭和13（1938）年に戦争戦略以外の贅沢品としての製造が禁止され，生産資材も入手できず生産は急速に縮小した。

　第２次世界大戦後，復興の牽引として，自転車とリヤカー・乗車設備が急速に拡大した。戦後の自転車保有台数は図表－２のとおりである。この時代に作られた日本標準産業分類のため，リヤカー，部分品，タイヤ・チューブ等の小売業が例示されている。また，中古自転車販売業の位置づけが高かった。

　金額ベースの国内生産は，国内需要に加え，輸出にも注力し，大きく成長した。高度成長期には日本の自転車輸出は世界第１位の地位を

7 自転車販売店のモデル利益計画

●図表−2　国内自転車保有台数推移

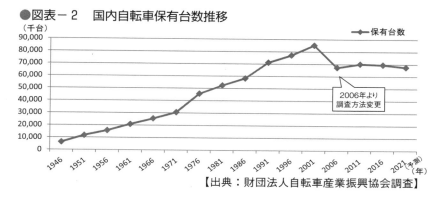

【出典：財団法人自転車産業振興協会調査】

●図表−3　国内市場と生産・輸入内訳推移

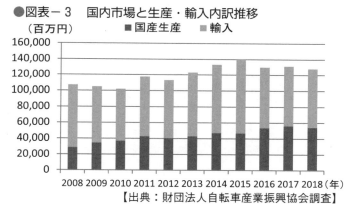

【出典：財団法人自転車産業振興協会調査】

確保した。しかし，国内移動手段の乗用車への転換に加え，プラザ合意による円高から，台湾・中国等の新興生産国の追上げにあい，急速に競争力を失った。平成3（1991）年をピークに国内組み立てメーカーの生産縮小と輸入の大幅な拡大に至り，平成14（2002）年には国内生産45,030百万円に対し輸入57,030百万円と輸入が生産を圧倒する事態を招いた。

　図表−3のとおり，金額でみると平成30（2018）年の市場規模は，128,134百万円／年，うち国内生産54,205百万円／年，輸入73,929百万円／年となっている。国内生産の過去の推移は平成26（2014）年か

ら増加に転じている。輸入は平成27（2015）年をピークに縮小に転じている。

　台数でみると，平成30（2018）年の国内市場規模は7,043千台／年，うち国内生産861千台／年，輸入6,182千台／年と国内生産比率は12.2％に留まっている。

　車種別生産台数推移は図表－4のとおりとなっている。平成30（2018）年現在，軽快車230千台，電動アシスト車553千台，その他78千台である。

　輸入の車種別台数推移は図表－5のとおりとなっている。平成30（2018）年現在，軽快車1,761千台，子供車1,414千台，幼児車457千台，MTB（マウンテンバイク）156千台，ミニサイクル238千台，その他2,156千台となっている。

　世界の年間自転車生産台数は，おおよそ1億台で，中国が半分の5,000万台，インドが1割の1,000万台と需要地に合った生産国の時代となっている。かつて自転車大国だったドイツ，イタリア，アメリカ，日本は輸入国に転じている。欧米のメーカーは付加価値の高い高性能な車種の生産で生き残ってきた。

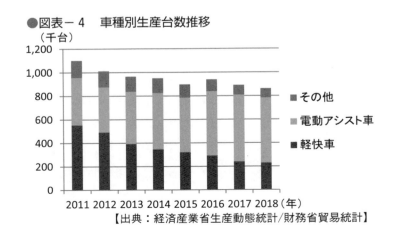

●図表－4　車種別生産台数推移
【出典：経済産業省生産動態統計／財務省貿易統計】

[7] 自転車販売店のモデル利益計画

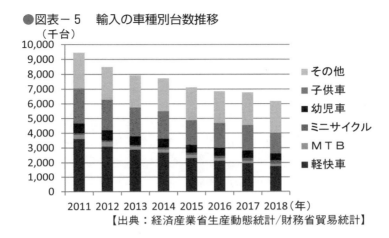

●図表－5　輸入の車種別台数推移
【出典：経済産業省生産動態統計／財務省貿易統計】

　日本の生産分野においては，電動アシスト自転車で独自の技術力を積み上げている。また，変速機・ブレーキなどの基幹部品メーカーが世界に直接打って出て，それぞれの分野で世界の圧倒的なシェアを確保している。組み立てメーカーにも，まだ成長が期待できる高付加価値分野で，活躍の余地は十分存在する。

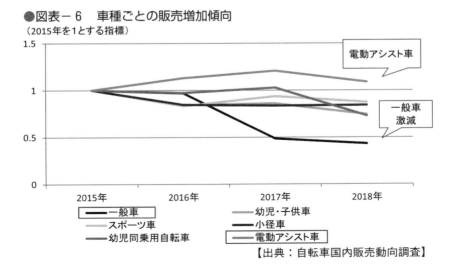

●図表－6　車種ごとの販売増加傾向
（2015年を1とする指標）
【出典：自転車国内販売動向調査】

車種別国内販売台数については，従来スポーツ車と電動アシスト車が拡大してきたが，図表－6のとおり，平成27（2015）年を基準にすると，電動アシスト車は継続して増加，スポーツ車は横ばい，一般車は激減している。小売店が目指すべき販売分野の方向性が示されている。

　今後の方向性として，自動車分野では，自動運転・電気自動車の拡大が明確になってきている。自転車分野でも，同様に新素材・AIやIoTを活用した，新しい機能をのせた製品が出てくることが期待される。特に，歩行者との交通事故対策に有効な技術開発・新製品提供が喫緊の課題となっている。

2　自転車販売店業界の現状

(1)　自転車販売店業界の概要

　国内流通は，一般的に完成品メーカー（輸入商社）⇒卸問屋⇒小売店⇒消費者と流れている。

　一般の小売店は，多様な品揃えのため，複数の卸と取引している。ただ，卸の小売店囲い込みの動きもあり，他の卸を使わない小売店もある。また，大手量販店は，逆に専門の問屋を使っている。中間卸を排除し，直接輸入して販売するディスカウントストアも出現している。そういった意味で，流通ルートの変動期にあるといえる。

　個店の業態としては，①新車・中古車・部品・修理のワンストップサービスを提供する一般的小売店，②オートバイ販売も手掛ける兼業店，③オートバイ販売が主力の複合店，④スポーツ車，輸入車など特定の車種に絞り込んだ専門店などがある。

　通学用を多く扱った店舗は，入学時期に売上げが偏っていたが，購買時期の分散化が進んでいる。

(2)　自転車販売店の勢力図

7 自転車販売店のモデル利益計画

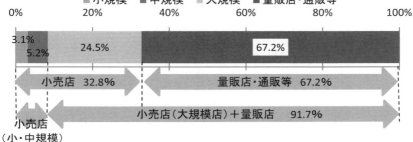

●図表－7　全国業態別自転車販売台数（推計）

【出典：一般財団法人自転車産業振興協会】

　国内自転車販売店の勢力図は，図表－7のとおり，量販店・ホームセンター・大規模小売店が92％を占め，かつて販売の中心であった街の中小小売店は8％までシェアを落としている。今後も大規模小売店の攻勢と，中小小売店の後継者不在から，この傾向は当面継続していくことが予想される。

(3)　営業収益構成

　業界団体より公開されている適当な指標はないが，中小小売店のおおよその傾向を示す。この業界は，かつて大きく儲け内部留保を蓄えた企業が多く，交通の要衝の地区に自社店舗を構えたところが多い。その後売上げが低迷したものの，少人数で安定した客層を抱え，黒字を確保している。

　平均的売上高150百万円，粗利率35％，人件費率15％で，若干の利益を稼いでいる。課題は後継者難で，高齢となった経営者が廃業を考える場面も多くなっている。

3　自転車販売店業界の今後の動向

(1)　自転車利用意思環境の多様化

　戦後，自転車利用は，乗客・貨物物資輸送用の実用車から始まり復

興に寄与してきた。経済の安定，バイク・自動車の普及により，利用目的は通学用・生活用に変化し，軽快車に利用の中心は変化していった。

21世紀に入り，少子化が進展し，全体の保有台数は増加しているものの，新規自転車購入需要は減少傾向をみせている。一方，都市部を中心に，娯楽・通勤用のスポーツ車利用が増加している。また，電動アシスト車も着実に積み上がって，1台当たりの単価は急速に上昇している。

マウンテンバイクやトライアスロン向けの専用自転車愛好家も増えているが，競技的色彩が強く，競技人口の爆発的な拡大は期待できない。

(2) **業績動向**

少子高齢化の進展により，幼児車・子供車は急激に減少することが予想される。周辺の立地を見極め，当面のターゲット・中長期的なターゲットを明確化し，安定した売上げを確保できるかが業績安定のカギとなる。

周辺の同業者は後継者不在から，安定した顧客層を持ちながら廃業を選択しているところもある。メーカー・卸の担当者，商工団体の指導員，金融機関の担当者・支店長，顧客との接触を密にして，**M&A**対象になる相手の売却情報入手に注力し，競争相手に持っていかれないことが，収益機会を拡大し，新分野進出の体力をつけていけるかのカギになる。

メーカー・卸・同業者と三つ巴の競争が迫っており，自らの強み・弱みを見直し，積極的に展開していくことが，業績の行方を左右するといえよう。

Ⅱ　モデル企業の概要

1　A社の概要

> 業　種：周辺中学校・高等学校・大学への通学用自転車販売並びに愛好者へのスポーツ車販売
> 創　業：1950（昭和25）年
> 経営者：B氏　　38歳
> 売上高：新たなサービス提供で漸増中
> 従業員：9名

　A社は，西日本の特例市を基盤とする，自転車販売店である。戦後の復興期の馬車輸送も残っている時代に，先々代兄弟が商店向け実用車とリヤカーを販売する目的で創業した。地域の発展に伴い，自動車修理業等に業容を急速に拡大し，無借金で本社ビルを建てることができた。

　市内中央部の私鉄の中核駅に近く，販売先の運送業務の自動車への転換があったが，近隣の事業者・通勤者・通学者相手の自転車販売店と近隣商店向け運送業・自動車修理タイヤ店に兄弟で分かれ，おのおの独立経営を実行してきた。私鉄の分岐駅郊外が学園研究地域となり，通勤・学生向け専用の自転車店を開設，学園の発展とともに，安定した売上げを維持してきた。

　2代目は，地元で学生時代を過ごし，堺の大手自転車メーカーで修業を積んだ。中国品の急増と円高による国産品の競争力低下の時には，大型店の参入で地獄の苦しみを味わったが，修行時代の取引先部品メーカー担当者のアドバイスや，子供時代からの人脈を生かし，高単価

車種への主要扱い品種の転換で無事乗り切った。

現社長は，地元で高校までを過ごし，関西の国立大学に進んだ。一時アフリカの支援活動に従事したが，自転車の仕事の楽しさに目覚め，堺の自動車部品メーカーで海外展開の仕事で修業を積み，現在学園都市の店舗を中心に新たな展開を進めている。

技術革新の速度は速く，上流・下流の別業態からの参入も予定されるため，経営の現状を把握し，改善策を整理した。

Ⅲ 利益計画の問題点

1 外部環境分析

A社を取り巻く外部環境の変化を，PEST分析で把握した。

政治的環境：少子高齢化対応で，さまざまな政策変更が予定されている。現在までは，大学の規制緩和と留学生の受け入れ拡大で，学生数は拡大を続けてきた。今後は，大学定員削減・大学の廃校など劇的な変化が予想されるので，安定した通学用自転車需要は続かないことを前提とした施策が求められている。

経済的環境：後期高齢者の増大で，タンス預金が消費に回る可能性もある。米国の金利上昇で，大幅な円安も間近にあると想定しておくことが必要。

社会的環境：高齢化の進展が，既存の社会の仕組みを大幅に変える。家庭内老々介護から地域老々介護へと重要な担い手変更になる。介護に自転車活用を促す，地域の具体的インフラ整備提言は自転車店の役目である。

技術的環境：自動車の自動運転進展により，自転車に流用できる安全技術も期待できる。電気自動車技術の進展で，電動アシスト自転車の充電器が改善し，プラグインステーションの増設が迫っている。

2 内部環境分析（強み）

　A社は，創業以来，社会貢献活動や，新規事業への積極的投資の継続で現在の成功に結びつけてきた。

① 業界事情に明るく，地元との交流範囲の広い経営者が経営している。従業員も，研究意欲が高く，全員が自転車組立整備士及び自転車技士資格を取得している。

② 代々社長の勤務した自転車メーカー・自転車部品メーカーとのネットワークがある。国内の競争環境の変化に関する情報の入手が可能であり，海外の組立メーカーの動きにもアンテナを張っている。

③ 代々経営者の収益重視経営の結果，安定した財務基盤を維持しつつ，新たな展開のための原資も確保している。

④ 今までは，多様かつ高品質なサービスを提供できたことから，顧客との繋がりが確保できている。また，高速道路の新設で，物流拠点として新たな事業所が設置され，若年人口も増えている。

⑤ 一定の販売量を確保していることから，卸との関係を，優位に保てている。結果として，顧客に対し満足できる商品提供を実現している。

3 内部環境分析（弱み）

　需要に見合った迅速な経営をしていると自負していたが，過去のアンケート結果を改めて見て内部環境分析を進めると，関係者の意見を聴く必要性など，補強すべき弱みも明らかになった。

① 安定した固定客の存在に安住し，これからもついて来ると思い込んでいた。フォローアップ体制が劣化気味である。

② 従業員に経営の意識は乏しく，地域イベントへの参加姿勢が受け身である。顧客にも，従業員は消極的とみられている。

③　スポーツ車について，来店客への説明が専門的すぎるとの声がある。一方電動アシスト車について，説明が物足りないとの声もある。
④　無借金のため，金融機関との取引は担当者任せとなっている。周辺の個人営業店の店主との意思疎通が欠けている。
⑤　次の稼ぐ分野が定まっていない。

Ⅳ　問題点と改善策

　先代・先々代の知見から，安定した経営基盤を引き継いできた。しかし，人口構成の変化，学生の減少・通勤者の増加など，今まで通りの活動では現在の経営水準を維持するには不十分である。

　社長は従業員を交え，経営理念を再確認し，長期計画をもって意識を共有して，今後の収益計画を固める必要がある。

　具体的な取組みとして急がれるのは，周辺同業者の経営者高齢化による廃業対策としての受入れ態勢不足である。

　今まで手薄であった，スポーツとしての自転車需要を拡大していくには担い手が不足している。地域創生の活動と連携していくことが求められている。

１　学習と成長の視点

　外部環境が読みにくい時代の経営改革の第一歩は，従業員との情報共有と意思決定過程の見える化にある。

　重要な決定は経営者が行ってきた結果，現在の好業績がある。しかし，ユーザーの意識変化や技術革新の進展は，会社一丸となって対策をたてることを求めている。

　アンケート結果を経営者が真剣に対応しておらず，顧客目線の施策実施が遅れてきた。クレームや要望は，企業発展のタネの宝庫である。アンケートの内容をよく読んで，対応について情報を共有していけば，

[7] 自転車販売店のモデル利益計画

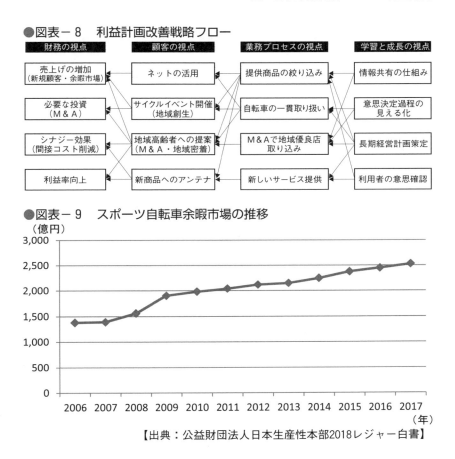

●図表－8　利益計画改善戦略フロー

●図表－9　スポーツ自転車余暇市場の推移

【出典：公益財団法人日本生産性本部2018レジャー白書】

経営者視点の確保につながる。

　また，幹部従業員との情報共有の場として，長期経営計画策定へ参加させることは良い機会となる。

　図表－9のスポーツ自転車余暇市場推移を見ると，スポーツ自転車の市場規模は，平成18(2006)年1,380億円から平成29(2017)年2,530億円に急拡大している。この市場を確保するため，スポーツ自転車利用者の意識を確認する必要がある。実際に顧客の意識を調査するほか，地区の地域創生イベントとして開催されている「サイクルフェスタ」

にスタッフとして参加することも有効な手段である。

②　業務プロセスの視点

　国内では，軽快車を中心とした安価品の市場は，量販店・ホームセンター・大規模小売店に占有されている。当社は顧客サービスとして品揃えはするものの，スポーツ車・電動アシスト車など高単価・高利益商品に特化する。

　地域に根差した小売店として，新車販売・修理・中古車買取までの一貫取り扱いを目指す。卸店の小売業界への参入は，その会社の経営方針次第では大きな脅威となるが，地域の事情に通じ品揃えの面で劣後しなければ，まだ競争優位にある。

　M&Aで地域の優良店を配下に収めることができれば，地域のシェア拡大で規模の利益を生かして，コスト削減・卸への発言力の拡大ができる。

　現在，他の事業者が手掛けている直接輸入の実施や，顧客からの意向聞き取りを生かした部品組み立てによる，世界に一台しかない自転車販売，ネットでの提供とラインやスカイプを使った国内相手の直接販売の仕組みも試行していくことで，顧客満足度向上を図る。

③　顧客の視点

　軽快車であれば，車種の選択の余地は少ないが，これから力を入れていくスポーツ車は，好みの差が大きいので，より顧客志向の商品提案が必要になる。仕入れルートから売れ筋を手に入れて，店舗で商品展示していくだけでなく，ネットへの写真掲示と販売員の説明が必要になってくる。

　地域密着型のサイクルイベントを開催し，招待するなど，顧客のロイヤルティを高めることが大切になってくる。他地区との交流イベン

ト開催で，サイクルスポーツ拡大に寄与していくことが，長期的な顧客層拡大につながる。

顧客の高齢化対策として，安全指導をしていくことで，高齢者にも優しい電動アシスト自転車・電動四輪車の提案も必要となってくる。また，交通事故防止の観点から，高齢者の特性を若い利用者に周知していく活動も求められる。

将来の提供商品に，小型電動乗用車が入ってくることも想定したサービス展開・仕入れ先確保も試みることが求められる。

地域創生の見地から，高齢化による廃業の受け皿として，サービス範囲の拡大・安定顧客基盤の取り込みを図る。

④ 財務の視点

過去のビジネスモデルで取りこぼしてきた分野を深耕することで，売上げを拡大する余地がある。新市場としては，高速道路の開通で新設された，全国を相手にする製造工場・物流関連事業所の従業員として他地区から転入してきた若年層を，通勤用・スポーツ用自転車の新たな顧客として取り込む。車種構成の変化で，利益率向上が実現する。

黒字であるのに後継者不在の同業他社をM&Aで傘下に収めることで，シナジー効果として規模の経済性，間接コストの削減を実現する。

Ⅴ 改善後の利益計画

当面は，安定した顧客を守っていけば，一定の黒字を確保できる状態にある。長期的には，外部環境が大きく変化していくことが必須であり，その対策を打ち出す良い段階である。

第1期から第3期までは，短期的課題を解決していくことで，収益基盤を確保していく。この活動で従業員の意欲を格段に上げていく。

並行して，同業者M&Aの準備・自転車を使った地域イベント開催

● 図表-10　経営改善後の利益計画

(単位：千円)

	直近	構成比	第1期	構成比	第2期	構成比	第3期	構成比
売上高	161,010	100%	164,874	100%	169,855	100%	172,949	100%
完成品・付属品	80,505	50%	82,920	50%	85,408	50%	87,965	51%
修理	48,303	30%	49,752	30%	51,245	30%	52,782	30%
中古他	32,202	20%	32,202	20%	32,202	20%	32,202	19%
売上原価	101,436	63%	103,871	63%	107,009	63%	108,958	63%
粗利益	59,574	37%	61,003	37%	62,846	37%	63,991	37%
（人件費）	(30,592)	19%	(31,326)	19%	32,272	19%	32,860	19%
営業損益	4,830	3%	4,946	3%	5,096	3%	5,188	3%

（注1）　完成品・付属品の粗利は30％、前期比3％増を計画
（注2）　修理の粗利は50％、前期比3％増を計画
（注3）　中古他の粗利は35％横ばいを計画

準備など将来の飯のタネをいくつか蒔いていく。

　今後地域密着型で生き残るには何をなすべきか、技術革新の波をいかにすれば摑むことができるか、一段の飛躍に向かって先行投資をしていくかがカギになる。

〔野﨑　芳信〕

8 家具小売業のモデル利益計画

I 業界の概要

　一般消費者にとって家具は身近な存在である。入学，一人暮らし，就業，結婚，引っ越し，住宅購入など，人生の節目が家具の購買につながることが多い。特に新築とブライダルの需要は大きく，長年，家具小売業を支えてきた経緯がある。

　しかし，中小の家具小売店にとっては，新たな外的な脅威が次々に現れ，経営環境は厳しさを増すばかりである。一昔前は百貨店やスーパーが家具類及び関連商品を扱い出し，ホームセンター，ディスカウントストア，生活雑貨専門店など，さまざまな業種業態が市場参入してきた。そして今ではニトリやIKEAのように超大型店が，低価格でファッション性の高い家具及び関連商品を提供している。ワンストップで購入できる店舗が消費者の支持を集めている。

　またライフスタイルの多様化やインテリアに関心の高い層が増え，デザインや機能を追求した高価格帯の商品の需要も高まっている。輸入高級家具を取り扱う大塚家具やデザイン性やコンセプトを特徴とした，アクタスやunicoなどのインテリアショップと呼ばれる新しい業態も台頭してきている。

　そして近年，伸びが著しいのが，インターネットや通信販売などの無店舗販売である。従来，家具をネットやカタログで購入する消費者は少なかったが，今や実店舗はショールーム化し，実際はネット購入する消費者が増えている。

　このような厳しい競争環境で生き残るために，家具小売店は経営に関して，大型化・総合化を進める方向性と，エリアや専門性を絞る方

向性の二極化が進んでいる。中規模以下の企業は後者に当てはまる場合が多い。自社の得意な分野に特化し，顧客関係の緊密化，マーケティング手法の改革，顧客のライフスタイルへのきめ細かな対応など，独自の強みを築いて磨き続けることが重要となっている。

① 家具小売業の現況

　家具小売業にとって経営環境は厳しいままだが，近年では底打ち感，増加傾向がみられる。経済産業省経済センサスによると，事業所数は平成28年度は6,128カ所であり，平成26年比較で109％，従業員数は同118％，年間商品販売額は同129.7％，と反転したが10年前と比べるとまだ回復には程遠い状況である（図表－1参照）。

② 家具小売業の業界動向

●図表－1　家具等小売業の事業所数・従業員数等

年次	事業所数（計）	従業員数（人）	年間商品販売額（百万円）	売場面積（㎡）
平成16年	12,312	71,574	1,527,666	6,316,612
平成19年	10,111	63,383	1,306,581	5,987,320
平成24年	5,588	39,257	826,400	4,351,722
平成26年	5,621	42,168	874,338	4,323,066
平成28年	6,128	49,741	1,133,597	4,669,258

（出典）　経済産業省「経済センサス－活動調査（平成28年）」より抜粋

●図表－2　1世帯当たり品目別年間支出金額の推移　　　　（単位：円）

分類	2014年	2015年	2016年	2017年	2018年
一般家具	5,554	4,781	5,030	5,360	4,650
室内装備・装飾品	8,469	8,047	7,847	7,754	6,529
寝具類	8,363	7,576	7,377	7,230	8,443
家事雑貨	21,645	21,810	21,442	21,571	21,615

（資料）　総務省統計局「家計調査報告　家計収支編　総世帯（2018年）」より作成

8 家具小売業のモデル利益計画

● 図表－3　家具小売業の商品販売形態別事業所数，年間商品販売額

商品販売形態 ―家具小売業	事業所数 （カ所）	年間商品販売額 （百万円）	構成比 （％）
店頭販売	5,742	1,150,890	89.5%
訪問販売	618	29,533	2.3%
通信カタログ販売	139	5,509	0.4%
インターネット販売	511	16,370	1.3%
自動販売機による販売	20	88	0.0%
その他	1,246	83,140	6.5%
小売合計	8,276	1,285,531	100.0%

（出典）　経済産業省「経済センサス　卸売業，小売業に関する集計―産業編（平成28年）」より抜粋

　総務省統計局「家計調査年報」によると，1世帯当たりの一般家具への年間支出額は，2018年で4,650円，前年比86.8%であり，大幅に減少した。家具と関連する室内装備・装飾品も下落しているものの，寝具類は大幅増加を示している。家事雑貨はほぼ横ばいである。寝具類は新しい付加価値を持つ商品（枕・マットレスなど）が底上げしたとみられるが，消費者の家具に関する支出は全体的に減少傾向がみられる。

　経済産業省「経済センサス　卸売業，小売業に関する集計―産業編（平成28年）」（図表－3）によると，家具小売業での商品販売形態別の内訳では，店頭販売がおよそ89.5%と大半を占め，インターネット販売は1.3%に過ぎない。この集計には百貨店，スーパー，ネット総合販売企業などの他業態は含まれないことから，家具小売企業は店頭販売が主体で，新しい販売形態への取組みはあまり進んでいないことが分かる。

Ⅱ 家具小売業の経営実態

1 販売形態

● 図表－4　家具小売業の従業者規模別年間商品販売額等

従業者規模	事業所数	従業者数 (人)	年間商品販売額 (百万円)	1事業所当たり年間商品販売額 (万円)	従業者1人当たり年間商品販売額（パート・アルバイトなどは8時間換算値で算出）(万円)	売場面積1㎡当たり年間商品販売額 (万円)
計	3,855	39,926	1,082,978	281	27	23
2人以下	818	574	24,160	30	42	12
3〜4人	983	2,350	51,616	53	22	14
5〜9人	1,154	6,352	149,487	130	24	19
10〜19人	402	4,881	122,613	305	25	17
20〜29人	148	3,484	91,909	621	26	19
30〜49人	170	6,452	174,701	1,028	27	23
50〜99人	153	10,634	286,075	1,870	27	×
100人以上	27	5,199	182,417	6,756	35	×

（出典）　経済産業省「経済センサス卸売業，小売業に関する集計―産業編(2018年)」より抜粋

　家具関連を取り扱う小売業は，百貨店，総合スーパー，ホームセンター，住関連専門店，インターネット総合販売企業など，広範囲にわたっているが，家具を専門として取り扱っている小売企業に関してもさまざまな販売形態がある。

① 　専門型：家具を専門として仕入販売している一般的な家具屋。
② 　卸売型：大口得意先を持ち卸売業の割合が高いが，自社店舗も展開している。
③ 　総合型：家具の豊富な品揃えのみならず，関連商品を含め総合的に取り扱う。
④ 　SPA型：製造から販売までを自社で統制し多店舗展開している。
⑤ 　ブランド型：自社ブランド又は有名ブランド家具を取り扱い販売している。
⑥ 　メーカー子会社型：家具や生活関連メーカーの子会社でアンテナショップの機能を持つ。
⑦ 　インテリアショップ型：デザイナーや建築家など自身の感性や経験を活かした品揃えが特徴の店舗販売をしている。

2 販売状況

　図表－4「家具小売業の従業者規模別年間商品販売額等（2018年）」によると，従業者数及び売場面積が大きいほど，1事業所当たり年間商品販売額，従業者1人当たり年間商品販売額，売場面積1m²当たり年間商品販売額も比例して高くなっている。零細・小規模の家具屋にとっては，非常に厳しい経営実態であることが推察される。

Ⅲ 家具小売業の経営改善手法

1 基本的な考え方

　小売業の基本方程式は，「売上高＝客数×客単価×継続率（リピート率）」である。

❶　客数の増加

「客数＝入店客数×買上率」

　客数は上記算式で表わすことができる。対策として下記が挙げられる。

・店舗イメージの改善
・広告看板の工夫
・品揃え・陳列・レイアウトの工夫
・接客技術の向上
・販売促進など

❷　客単価のアップ

「客単価＝買上点数×商品単価」

　客単価は上記算式で表わすことができる。対策として下記が挙げられる。

・関連陳列など陳列の工夫

・セット販売やコーディネート販売などの追加販売の工夫
・商品の高付加価値化
・高価格商品取り扱い
・サービス付加など

③ 継続率（リピート率）のアップ

　家具は，主に耐久消費財であり，比較的購入価格が高く，買替えサイクルが長期で，複数購入することは少ない，などの特徴がある。そのためリピーター対策を取っている中小の家具屋は少ないようである。

　ただし新築，引っ越し，ブライダルなど家具が売れやすいタイミングは予測できるため，個人別にデータ整理した顧客リストの活用は有効である。

② 財務視点から見た改善手法

「利益＝売上高－仕入れ－経費」

　一般的に家具小売業は製造をしていないため，上記算式が基本となる。

① 売上げアップ

　①で述べた売上げアップ策の他に，収益源を増やすことが考えられる。

・新商品・新分野の取り扱い
・HPやネットショップでのネット販売
・提携した住宅メーカーで販売委託するなどの販路拡大
・輸出・海外展開など

② 仕入れの改善

　単純に仕入れを削減すると，魅力のない売り場になりかねないため，品揃えのバランスをとりながら進めることが重要である。

　在庫量が過多の場合は，その適正化とともに，型遅れや長期在庫と

なっている売れる見込みのない商品の処分が有効である。

仕入価格及び仕入ロットの見直し，仕入先の開拓など地道な活動が望まれる。

❸ 経費削減

経費の削減は即，利益増加に結びつくため，ゼロベースで検討することが重要である。例えば，下記の経費などは，長年修正していないことが多いため，見直しの余地が多い。

・広告宣伝費：チラシの新聞折込みのポスティング化
・燃料・車両費：家具の自社配送を業者へ移管・共同配送，車両削減・低燃費車へ買替
・人件費：店舗シフトの見直し
・通信費：携帯・固定電話プラン見直し
・電気代：照明などLED化
・家賃・賃貸借費：家賃・駐車場代値下げ交渉
・IT化による作業（＝人件費）削減

3 増収増益を図るマーケティング手法と経営戦略の策定

家具小売店を取り巻く環境は変化が激しくより厳しいものとなっている。自店の特性を見極め，専門性や特長を絞り込んだ戦略を策定しないと生き残りは難しい。

❶ 基本調査のポイント

(1) 環境変化の把握

家具販売に関する環境変化として，大型店による寡占化，少子高齢化，晩婚・未婚化，単身世帯の増加，消費者の購買行動の変化，ネット購買の伸長，モノ所有からレンタル志向，クラウドの普及，環境意識・社会性の高まりなど，が挙げられる。

現時点だけでなく将来にわたって自社が受けるだろう影響をできる

だけ具体的に把握することが必要である。

　例えば，単身世帯が急増しているため，人口が減少するからといって世帯数も一律に減るわけではない。一般的な傾向ではなく，自店の商圏内での人口動態を実際に調査・把握して，対策を講じる必要がある。

(2) **自社・自店の現状把握**
① 売上高の構造を分析し対策を練る。
・商品分析：家具の分類別売上げ・利益推移，分類別売上げ・利益貢献度，ABC分析等。
・顧客分析：住所エリア，客層，用途，購買特性等。
・収益構造分析：他社・業界平均指標との比較，自社内の時系列比較，損益分岐点。
② ビジネスの構造を分析し対策を練る。
・ビジネスモデル分析：業務で関係する企業全ての関係性を一覧で示す。
・ビジネスプロセス分析：仕入れから販売まで業務の流れ，管理の仕方を一覧で示す。
・店舗面積・設備・広告看板等の把握。
③ 組織・人材を分析し対策を練る。
・組織体制を事業毎店舗ごとで示す。
・従業員のスキルを把握する。
・後継者の有無。
④ 財務を分析し対策を練る。
・資本関係・金融機関別借入金の確認。
・3期分のPL・BS・CF分析。
・在庫，商品回転率，坪効率，労働分配率等。
⑤ 競合状況の把握

●図表－5　SWOT分析

	好影響	悪影響
内部環境	強み（Strength） ・仕入ルート，販路，店舗を持つ ・家具の目利き・取扱いノウハウ ・地元・顧客とのつながり	弱み（Weekness） ・収益性の低さ，経費の高止まり ・商品，価格対応力の低さ ・顧客のリピート率の低さ
外部環境	機会（Opportunity） ・付加価値ニーズの高まり ・単身需要の高まり ・利用可能なIT環境の充実	脅威（Threat） ・少子高齢化による市場縮小 ・競争激化，ネット＆大企業拡大 ・消費者のし好＆購買行動の変化

・交通の利便性，商圏などの立地分析。

・商品の品揃え・価格等の商品戦略。

・店舗面積，看板，設備などの店舗戦略。

・対象顧客層・販促活動など販売戦略。

2　戦略策定のポイント

基本調査を踏まえて，自社の競争戦略を検討する。

(1) 経営理念の確認

社長の想い，企業の方向性について，考え方の軸を明確にする。

(2) 自社の経営資源の把握

自社の経営資源を，ヒト，モノ，カネ，技術情報の四つに分けて，整理する。自社の現状を正しく把握することで，実現可能な計画に結び付けることができる。

(3) SWOT分析による戦略方向性の検討

図表－5に内部環境として自社の強み・弱みを挙げ，外部環境として機会・脅威を挙げ，下記戦略の方向性を検討する。

・外部環境の機会に自社の強みを活かして成長発展できないか検討する。

・外部環境の機会を活かして自社の弱みを解決できないか検討する。

・自社の強みで外部環境の脅威の克服又は回避を検討する

●図表－6　差別化戦略

		顧客	
		従来の顧客	新規顧客
取扱い商品	従来の商品	浸透戦略 ・セット販売，関連商品販売 ・アウトレット品の取扱い ・ネット販売，情報発信 ・顧客リスト活用による購買促進	開拓戦略 ・不動産屋，地元住宅メーカーとの住まいとのセット企画販売 ・GIS，ポスティング，HPなどを利用した新しいマーケティング対策
	新しい商品	開発戦略 ・雑貨など関連商品の取扱い ・家具修理など付随サービス開発 ・家具メーカーと組み，特長を出したオリジナル商品の開発 ・輸出入品の取扱い	多角化戦略 ・ブランドを持つ企業とのタイアップ企画・商品の開発 ・健康，環境，人生などを切り口にした，生活サービス業への進化 ・異業種の企業との連携

(4) 差別化戦略の検討

　家具小売業における他企業との差別化ポイントを図表－6に挙げた。
・浸透戦略：従来の商品を従来の顧客にさらに買っていただくための戦略。最初に検討するべき戦略。売手発想ではなく，顧客視点でニーズの深掘りが重要である。
・開発戦略：従来の顧客層に新しい商品を提案する戦略。関連商品及びサービスをまず検討する。新商品開発コストや在庫リスクなどをよく検討すること。
・開拓戦略：従来の商品を新しい顧客へ販売する戦略。新しいマーケティング手法は費用対効果を事前に検討すること。地元企業との連携や協業で，商品，ノウハウ，販路，営業力を手間なく効率的に入手することができる。
・多角化戦略：新しい商品を新規顧客に販売する戦略。最も難しい戦略。

3 収益増加対策例

(1) 関連商品の取扱い

雑貨など関連商品及びサービスの取扱い。テーブルクロス，食器，照明など，家具と一緒に購入していただける商品の取扱い。

(2) **異業種企業との連携**

住宅メーカーや不動産屋と連携して，あらかじめ部屋に合うようコーディネートした家具を新規入居者に勧めてもらう。

(3) **モノ消費からコト消費へ**

商品を売るのではなく，顧客のライフスタイルやし好に合った空間やイメージを提供する。インテリアコーディネーターによる部屋づくりアドバイスなど。

(4) **専門性の絞り込み，強化**

例えば，学習机の品揃えが全国 No.1 など，ニッチな分野に集中する。

(5) **地域密着**

自店を中心にした商圏内で，きめ細かく対応し，地元の企業として愛されるよう認知度，品揃え，サービスなどを高める。

(6) **ネット販売**

HPやネットショップなどで販売するなど，販路を拡大する。

Ⅳ A家具小売企業の利益改善計画

1 A社の概要

具体例として，A家具小売店の経営実態及び経営改善の取組みを示す。

A社は大型ショッピングセンター内に1店舗，郊外にアウトレット店を1店舗運営している。本社は私鉄駅から車で20分ほどの場所に倉庫兼事務所（店舗なし）を構えている。

創　　　業	：昭和49年
組　　　織	：同族会社
資　本　金	：1,000万円
従　業　員	：21名
年　　　商	：2億1,100万円

② 不振店及び不振事業の撤退

　百貨店，駅ビル，ショッピングセンターなどから出店の打診があると，採算や運営面だけの検討をして出店を決めていた。商圏分析を自らしたことがなく，会社としての出店戦略も立てていなかった。特に自社よりも知名度がある家具店の退店跡への出店もよく検討せずに出店し，結局売上げ不振店となり3年前に撤退した。

　また雑貨事業からも2年前に撤退した。雑貨事業は8年前に始めた。センスの良い品揃えと販促ができる専任担当者により順調に業績を伸ばした。しかしその担当者が退社してから，売れる商品の仕入れができず売れない在庫が膨らみ，財務が悪化した。

③ 経営戦略及び中期計画の策定

　A社はもともと家具卸売がメインだったが，主要取引先の倒産を機に徐々に卸売業は縮小し，現在では小売店2店舗のみが収益源である。卸売業撤退と駅前デパートへの出店失敗，そして雑貨販売不振，ここ10年でいくつもの大きな試練を乗り越えてきた。どの対策に関しても，戦略を立てることなく，無計画に実施してきたことを反省し，本年度は基本戦略と中期計画を初めて策定した。

④ 人員体制の見直し

　従来の店舗での勤務シフトは繁閑の区別なく，従業員，パート任せであった。ピークの時間帯や繁閑の曜日特性や季節変動を反映させたシフトに見直した。同時に作業割当業務を明確にし，やるべきことを「見える化」した。ピーク時やイベントでは，本社や他店から計画的な応援体制を組むことができた。

⑤ 新マーケティング手法の導入

　従来のA社の広告宣伝手法は，四半期に一度，チラシを新聞折込みで各家庭に配布することであった。しかし，集客効果が目に見えて薄くなってきたため，本年度より新聞折込みからポスティングに切り替えた。

　総務省統計局が開発し無料で使用できるGIS（地理情報システム）を活用し，ターゲットを明確にして配布エリアを絞り込むことで一度に配付する枚数を大幅に削減することができた。その分，配布頻度を増やし，現在ではほぼ毎月配布している。それでも前年度よりコストは低い。また，対象を絞ったエリア選定（30～40代夫婦子供ありなど）や効果測定することができるようになったため，データを蓄積しながらより効率的な配布方法の改善に努めている。

⑥ ITによる店舗運営及びサービスの強化

　通信機能を持つタブレットを導入した。従来の店舗間やり取りは，電話かFAXが主体で，月に1回程度，社長か幹部社員が店舗を巡回していたが，店舗や従業員指導など店長に任せっ放しとなっていた。タブレット導入により，運営面，サービス面で強化が図れた。

　具体的には，運営面では，ビデオ機能で本社にいながら売場チェッ

●図表－7　A家具小売店の利益計画

		直前期		本年度	
		金額(千円)	構成比(%)	金額(千円)	構成比(%)
Ⅰ	売上高	195,000	100.0%	211,000	100.0%
	1．店舗	127,000	65.1%	130,000	61.6%
	2．アウトレット店	68,000	34.9%	81,000	38.4%
Ⅱ	売上原価	116,000	59.5%	125,000	59.2%
Ⅲ	売上総利益	79,000	40.5%	86,000	40.8%
Ⅳ	販管費	78,100	40.1%	76,400	36.2%
	1．人件費	38,000	19.5%	37,000	17.5%
	2．賃借料	11,600	5.9%	11,600	5.5%
	3．広告宣伝費	4,000	2.1%	3,000	1.4%
	4．運送費	3,000	1.5%	2,000	0.9%
	5．減価償却費	2,500	1.3%	2,800	1.3%
	6．雑費その他	19,000	9.7%	20,000	9.5%
Ⅴ	営業利益	900	0.5%	9,600	4.5%

ク，他店からの在庫確認，日報・業績管理表などの提出，業務マニュアルの閲覧などで貢献している。サービス面では，カタログ及びイメージ図の掲載，価格表の確認，店員で対応できない顧客質問に本社ベテランが画像を見ながら説明し，使わないときはイメージ映像の映写などで活用している。

7　新商品群の導入

　A社は卸売業をやっていたため，全国に仕入先を持っている。アウトレット品が好調なため，通常店舗でも特設コーナーで取り扱ったところ，売上げが伸びたため，常設することとなった。通常品（新品）の売上げには影響が見られないため，アウトレット商品の拡充を今後も図っていく。

　また，中高年齢者を対象に，「健康と睡眠」をテーマとして，ベッドを中心とした関連商品を充実させ，体験及び相談コーナーを設置した。高齢者の健康への関心は高く，ニーズがある。ベッド自体の単価

は高く，基本的に1人に1台の購入であり，紹介も見込める。また関連商品の寝具や枕，マットレスの需要も高い。専門性が求められるが，昔からの取引先であるメーカーの協力を得られた。消費者はいろんなタイプのベッドを試すことができ，納得して購入できる家具店は商圏内にはない。取引銀行の紹介で，地元の枕専門店及び羽毛布団メーカーと提携の話が進んでいる。

今後は，社員が睡眠アドバイザーなどの資格を取るなど，顧客サービスのレベルアップに努める計画である。

8 経営管理体制の構築

従来は売上高，粗利のみを確認していたが，昨年度からは毎月の試算表を出し，事業ごと，店舗ごと，商品カテゴリーごとに業績管理している。経費計上も基本的に毎日処理できるようになり，日々の経費削減に努めている。

自社所有のトラックを1台のみとし，1台を処分した。対象エリア以外の配送は宅急便若しくは外部依頼にすることで運送費・燃料品の削減が可能となった。

本部経費を共通費として各店に配賦できるようになり，利益管理がより正確となった。

図表－7のとおり，A社は改善に向け取り組み中であり，業績回復の兆しが現れている。

〔神吉　耕二〕

9 薬局のモデル利益計画

I 業界の概要

1 薬局の区分

　日本の医療制度は国民皆保険が基本となっており，全ての国民が医療保険に加入し保険診療を受けることができる。

　一般市民にとっては，平等に医療サービスを受けられる制度となっている。これが「国民皆保険制度」といわれる。この公的保険制度に基づく医師の処方せんに従って，健康保険を使った薬の調剤・処方を行うことができる薬局を「保険薬局」と呼んでいる。通常，我々が「薬局」として思い浮かぶのがこの「保険薬局」である。

　この「保険薬局」以外に「調剤薬局」と呼ばれる薬局がある。

　詳しい販売許可業態については，図表－1を参照してほしい。

　以下では図表－1の薬局，店舗販売業を薬局として取り扱って解説していく。

■ 保険薬局と調剤薬局

　薬局は調剤の面から「調剤薬局」と「保険薬局」に大きく分類され

●図表－1　薬局・医薬品販売業　販売許可業態について

薬局	薬剤師が販売又は授与の目的で調剤の業務を行う場所をいう。ただし，病院もしくは診療所又は家畜診療施設の調剤所は含まない。
店舗販売業	店舗において一般医薬品を販売又は授与することができる販売業。
配置販売業	一般医薬品のうち，経年変化が起こりにくい等に適合するものを家庭等に配置することにより販売することができる医薬品の販売業。
卸売販売業	専ら薬局開設者，医薬品販売業者，医薬品製造販売業者，医薬品製造業者，医療機関の開設者等にのみ医薬品を販売できる販売業。

　（出典）　神奈川県HPより抜粋

る。

　「保険薬局」は前述のとおりだが，一方の「調剤薬局」とは，その名のとおり「調剤を行うことが出来る薬局」を意味する。しかしこれは，法律上の正式な名称ではなく一般的な名称とされ，次のように捉えられている。

　医療機関から発行される処方せんにより，医療用医薬品を調剤し，患者に提供する薬局。具体的には調剤室を備え，法で定められた必要な施設基準を満たしており，決められた人数の薬剤師が常駐していて，調剤を行うことが可能な薬局のこと。調剤業務以外にも一般用医薬品（以下 OTC），トイレタリー，化粧品等の販売も行うことができる。

2　調剤薬局の営業形態

　一般的に調剤薬局には以下の営業形態が存在している。

(1)　門前薬局

　総合病院のような大病院の近くに立地し，その病院の処方せんにより調剤する薬局。一般的に大病院は総合科目のため処方せんの枚数も多く，薬の種類も多く取り扱う。

(2)　マンツーマン薬局

　診療所のような比較的中堅規模の医療機関の近くに立地しており，大部分がこの医療機関からの処方せんのため，薬の種類が限られ，在庫が少なくてすむ。

(3)　面分業薬局

　主に駅前及び住宅密集市街地に立地し，特定の医療機関とは関係な

●図表－2　従業員数別調剤薬局軒数推移　　　　　　　　　　（単位：店舗数）

	計	2人以下	3〜4人	5〜9人	10〜19人	20〜29人	30〜49人	50〜99人	100人以上
平成19年	36,610	5,438	11,038	15,662	3,898	419	122	32	1
平成26年	36,082	4,673	10,467	16,049	4,334	405	106	40	8
増減	−528	−765	−571	387	436	−14	−16	8	7

（出典）　経済産業省「商業統計」より著者作成

く，多様な医療機関の処方せんに対応する。ランダムで多数の医療機関からの処方せんを取り扱うので薬の種類も多く，また在庫も多く確保しておく必要がある。

　（注）　調剤薬局の規模別軒数については図表－2を参照のこと。

3　ドラッグストアとの違い

　ドラッグストアは，前述の調剤薬局と同様に法律上の正式な名称ではなく一般的な名称である。

　「医薬品医療機器等法」（旧薬事法）上，薬剤師が店舗に居ないと扱えないOTCもあり，薬剤師不在の時間帯は販売できない等の制約がある。

　ドラッグストアで調剤業務を行う店舗は「薬局」としての申請，それ以外では「店舗販売業」の申請が必要となる。

2　薬局の市場環境

　この数年間で，薬局の置かれている市場環境は激変している。従来より医薬品を販売，授与又はこれらの目的で貯蔵する場合には，薬事法の規制により許可が必要であったが，平成26年この根拠法が薬事法から「医薬品，医療機器等の品質，有効性及び安全性の確保等に関する法律」（医薬品医療機器等法）へと変更となった。以下，大まかに分析していこう。

1　新しい医薬品販売制度について

　平成25年12月に公布された「薬事法及び薬剤師法の一部を改正する法律」により，平成26年6月より新しい医薬品販売制度が施行された（図表－3）。

　その主な内容は以下のとおりである。

(1)　一般用の医薬品の区分を見直し，特に注意が必要な一部の一般用医薬品（スイッチ直後品目，劇薬等）を「要指導医薬品」という新

● 図表－3　新旧　医薬品販売制度

改正前：
一般用医薬品
- スイッチ直後品目 劇薬
- 第1類 対面販売
- 第2類 対面販売
- 第3類 ネット販売可

改正後：
- 要指導医薬品 対面販売
- 一般用医薬品
  - 第1類 ネット販売可
  - 第2類 ネット販売可
  - 第3類 ネット販売可

（出典）　神奈川県 HP より抜粋

たな区分に位置付けた。

(2) これまでは，一般用医薬品のうち第3類医薬品だけ，インターネットでの販売を認めていたが，改正後は一般用医薬品は，一定の条件の下，インターネットなどで販売できるようになった。

2 進む医薬分業化

平成26年度から平成30年度までの処方せん枚数，調剤点数の実績を見てみると共にほぼ毎年増加しており5年間でそれぞれ4.7%，4.8%増となっている。これは毎年，処方せん枚数，調剤点数が共に約1%づつ増加していることとなる（図表－4）。

医薬分業化については1997年に当時の厚生省（現厚生労働省）が37

● 図表－4　投薬件数・処方せん枚数・調剤点数推移

	投薬対象数（千件）	対前年比	処方せん枚数（千枚）	対前年比	調剤点数（百万点）	対前年比
平26年	1,128,926		775,585		681,205	
平27年	1,125,758	99.7%	788,183	101.6%	738,469	108.4%
平28年	1,115,074	99.1%	799,291	101.4%	717,211	97.1%
平29年	1,103,849	99.0%	803,855	100.6%	729,077	101.7%
平30年	1,098,002	99.5%	812,288	101.0%	713,919	97.9%

（出典）　公益財団法人日本薬剤師会 HP　各種資料より著者作成

●図表－5　院外処方せん受取率

	処方せん枚数／投薬対象数 処方箋受取率（％）	調剤点数／投薬対象数 1枚当たりの調剤点数
平26年	68.7%	837
平27年	70.0%	656
平28年	71.7%	643
平29年	72.8%	660
平30年	74.0%	650

（出典）　公益財団法人日本薬剤師会HP　各種資料より著者作成

のモデル国立病院に対して完全分業（院外処方せん受取率70％以上）を指示したが，平成30年度には74.0％となっている（図表－5）。

3　かかりつけ薬局への対応

全国には約5万9,000の薬局があり，その数は年々増加している（図表－6）。

また，処方せんの枚数は8億1,228万枚にもなる（図表－4）。現在この処方せんにより調剤薬局で対応してもらえるが，平成27年5月，厚生労働省より「かかりつけ薬局」への推奨がなされた。

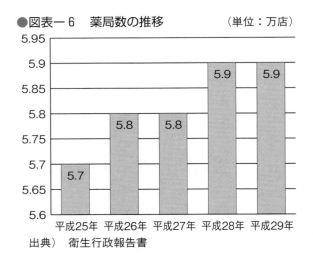

●図表－6　薬局数の推移　　（単位：万店）

出典）　衛生行政報告書

3 薬局を取り巻く現状

1 深刻化する薬剤師不足

従来，薬科大，薬学部の履修期間は4年であったが，平成18年より2年長い6年となった。

平成22年と平成28年度を比較すると薬局数は11.3％増加しているにもかかわらず，薬剤師数はわずかに8.6％しか増加しておらず，ここ数年の状況を見ても薬剤師不足は顕著である（図表－6及び7参照）。

なお，厚生労働省の調査によると平成25年度における1薬局当たりの薬剤師数は2.7名となっている。

2 後発医薬品のへ対応

いわゆるジェネリック品といわれる医薬品のことで，平成20年4月からは，よほどの事情がないかぎり，後発医薬品が処方される仕組みとなった。これにより，医薬品の種類が多くなり在庫の負担増を招いている。

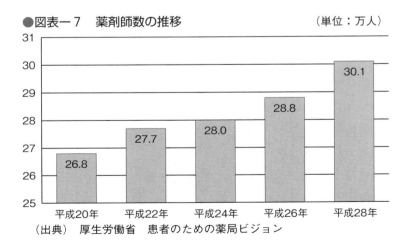

●図表－7　薬剤師数の推移　　（単位：万人）

（出典）厚生労働省　患者のための薬局ビジョン

Ⅱ モデル店A社の概要

1 A社の概要と沿革

- 創業：1926年（大正15年）
- 組織形態：株式会社
- 資本金：5,000万円
- 従業員：9人（うち薬剤師6名）
- 店舗数：1店舗
- 年間売上高：1億7,000万円

　A社は，都内城西地区のJR線駅前（1日の乗降客数は5万人前後）で都内有数のアーケード商店街の入り口付近に立地している。

　周辺には総合病院，クリニック，内科医院等の医療機関，区役所，区民センター，図書館等の公共施設が多く，その周りには閑静な住宅地が広がっている。

　住民は古くから在住している人が多い一方で，最近駅周辺に建設されたタワーマンションを購入した比較的若い住民も多数在住しており，年齢構成はバランス良く分散している。

　立地しているアーケード商店街は戦後に設立され，今では年間を通じて，音楽祭，七夕まつり，ハロウィン仮装コンテストなどさまざまのイベントが行われている。

　来街者は，平日であれば近隣の住民，土日ならJR線沿線の居住者などが広域から足を運ぶ。

　A社の創業は大正15年，今年で90周年を迎える。現社長は3代目にあたり創業者は祖父である。

初代社長は当初，別の場所で薬局を営んでいたが，関東大震災の影響で移転を余儀なくされたため現在の場所で新たに開業した。

戦後，薬局が開業している商店街にアーケードが設置され，都内でも有数の来街者が多い商店街となった。

A社は商店街のイベントにも積極的に参加し，数年前までは現社長が商店街の会長を務めるなど，地域に密着した，近隣の住民にはなくてはならない薬局となっている。また，ボランティアとして2校の中学校に学校薬剤師の派遣を行っている。

競合会社は同じ商店街に大手ドラッグストアが3店舗，A社と同じ個人経営の薬局が3店舗ある。

2 A社の損益状況

A社の売上げはここ数年ほぼ横ばいで推移している。A社の前期の決算は図表－8のとおりである。

●図表－8　A社　前期損益計算書
（単位：千円）

	前期実績	構成比
売上高	170,000	100.0%
売上原価	98,600	58.0%
売上総利益	71,400	42.0%
人件費	42,500	25.0%
広告宣伝費	18,000	10.6%
一般管理費	4,000	2.4%
その他	3,000	1.8%
営業利益	3,900	2.3%

3 バランススコアカードを利用したA社のSWOT分析

図表－9のA社のSWOT分析を見ると，内部環境の顧客の視点の強みが多いことが分かる（次頁参照）。

● 図表-9　A社のSWOT分析

<table>
<tr><td colspan="2"></td><th>機　会</th><th>脅　威</th></tr>
<tr><td colspan="2">外部環境</td><td>・健康ブーム
・商圏内人口の増加
・少子高齢化
・アベノミクスによる景気の回復</td><td>・大手ドラッグストアの参入
・薬剤師の確保難
・消費者の倹約志向の高まり</td></tr>
<tr><td colspan="2"></td><th>強　み</th><th>弱　み</th></tr>
<tr><td rowspan="4">内部環境</td><td>財務の視点</td><td>・無借金経営
・財務構造の安定性</td><td>・単価の低減化
・仕入れ価格の上昇傾向
・売上高の停滞
・利益率の低下</td></tr>
<tr><td>顧客の視点</td><td>・近隣地区での認知率の高さ
・健康管理のノウハウが豊富
・薬の知識の蓄積が多い
・駅から近く好アクセス
・固定客の存在
・リピーターが多い顧客構造
・おもてなしの精神
・地元のイベントへの参加
・固定客からの信頼感
・歴史と伝統</td><td>・新規顧客の取り込みの弱さ
・建物の老朽化</td></tr>
<tr><td>業務プロセスの視点</td><td>・地元の情報に精通している
・地域の病院の情報の豊富さ
・他店では購入できない商品の仕入
・ベテランの薬剤師の存在</td><td>・曜日によって繁閑が大きい
・大手と比較した情報化の遅れ
・営業力の弱さ
・在庫管理の精度が低い</td></tr>
<tr><td>学習と成長の視点</td><td>・定期的な研修の実施
・後継者の存在</td><td>・ITリテラシーの低さ</td></tr>
</table>

　前述のとおりA社は今年創業90年を迎え，地元に密着した経営を現在も行っている。立地する商店街では年間に数々のイベントを行っているが，A社は常にその中心的存在であり，他の商店街の会員からも頼りにされている存在である。

Ⅲ　A社の問題点と課題

1　大手ドラックストアの参入

　前述のとおり，ここ数年の間に商店街にドラックストアの上位3社

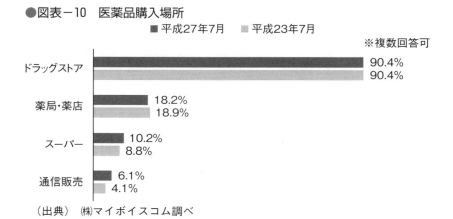

が出店した。このことにより，価格競争が激化している。

　一般的に消費者の90％以上は医薬品をドラックストアで購入している。さらに平成23年と平成27年を比較するとドラックストアでの購入は横ばい，スーパーでの購入が1.4％，通信販売（インターネットでの購買を含む）では2.0％とそれぞれ増加しているが，薬局・薬店での購入は0.7％減少している（図表－10）。

2 売上単価の低減と利益率の低下

　前述のとおり，A社の売上げはここ数年ほぼ横ばいで推移している。
　一方，売上高営業利益率は2.3％で，ここ数年間若干低減している。㈱マイボイスコムの消費者アンケートによると，ドラッグストアなどでの医薬品の購入理由の上位には，「安い価格で購入できる」，「ポイントが貯まる」がきている。
　いずれも営業利益の低減の要因となり，A社の売上単価と利益率の低減を招くことになる（図表－11参照）。

●図表−11 医薬品購入のポイント

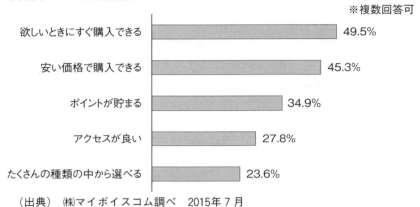

（出典）㈱マイボイスコム調べ　2015年7月

●図表−12 調剤薬局選定時の重視点

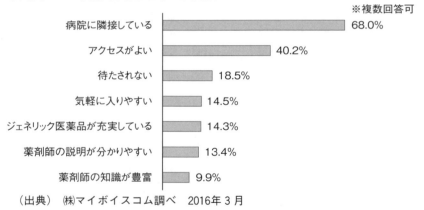

（出典）㈱マイボイスコム調べ　2016年3月

③ 薬剤師の能力のバラツキ

　A社は現在6名の薬剤師が社員として勤務している。しかし，そのキャリアはバラバラで，個人差があり必ずしも患者のニーズに応えているとは限らず，満足度も高くはない。

④ プロモーション活動の消極性

　A社のプロモーション活動は，主に商店街のイベント時に配布される合同チラシである。また，ホームページはあるが，1年以上も更新されておらず，集客には役立っていない。

Ⅳ　A店の問題点改善策

　国民レベルでの健康への関心が高まる中，セルフメディテーション，アンチエージング，ビューティケア，ファーマシューティカルケアが新たなキーワードとなっている。

　また，少子高齢化，商圏内の人口の増加等，外部環境はA社にとっては追い風の傾向となっている。

　ドラッカーが述べているとおり，企業の目的は「顧客の創造」である。もちろんこの言葉は，薬局を営むA社にも当てはまることはいうまでもない。

　患者の調剤薬局選定時の重視点は図表－12のとおりである。上位2点は立地の問題であり，A社はすでに満たしているが，3位以下では，「待たされない」，「気軽に入りやすい」，「薬剤師の説明が分かりやすい」，「薬剤師の知識が豊富」とサービスのカテゴリーとなっている。

　薬局の売上げは患者数に比例している。新規の患者を増加させ，その上で継続して来店してもらうための改善策を以下に述べる。

① マーチャンダイジングの見直し

　A社が早急に解決しなくてはならない課題は売上単価の低減と利益率の低下である。

　図表－8のとおり営業利益率は2.3％と薬局としてはきわめて低い水準にある。この主たる要因は58％という高い原価率に起因すると考

えられる。マーチャンダイジング（商品政策）の見直しを早急に行わなくてはならない。具体的には現在，A社の売上構成比は調剤が60％，その他OTC，化粧品等が40％である。

原価率の高いOTC，化粧品の構成比を低下させ，調剤の構成比を上昇させるマーチャンダイジングを行うべきである。

また，大手ドラックストアも取り扱っている化粧品等は価格競争に巻き込まれるので取り扱いを中止することも選択肢に入れる。

２　新たな価値創造への取組み

今後，わが国の社会保障制度を考える上で，薬局の果たす使命は大きい。特に国民皆保険制度を維持していくにあたっては効果的な社会保険料の配分が求められる。

具体的には，平成28年4月の診療報酬改訂に当たり，これまで厚生労働省が推奨していた「かかりつけ薬局」から一歩進んだ「かかりつけ薬剤師制度」が新設された。

この制度は，患者自身が信頼できる薬剤師を選び，契約を結ぶことで薬の服用・管理のみならず体調や食事の管理など健康全般について

●図表－13　Ａ社の戦略フロー

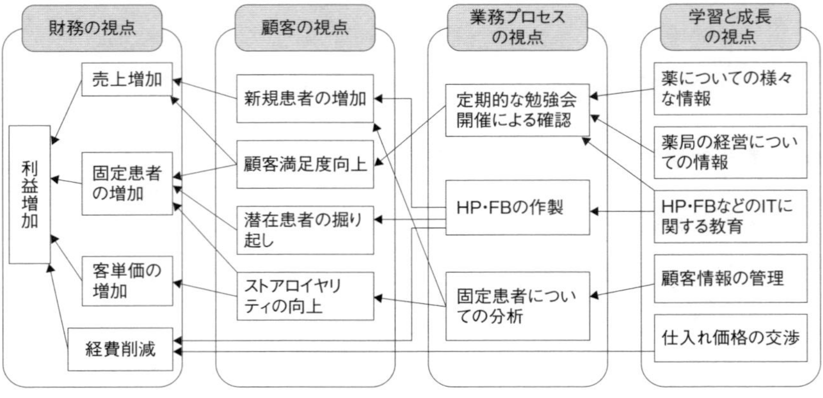

も相談が可能になる制度である。

制度の目的は、医療費削減と医療の質向上の両立である。日本製薬工業協会が平成27年6月に実施したインターネット調査によると、処方された薬を医師や薬剤師の「指示通り飲んでいる」のは59％に過ぎない。飲まれない薬は残薬として家庭での在庫となってしまう。

この制度では、「残薬への対応」及び「24時間対応」も含まれている。また、サプリメントを含めた幅広い知識が求められる。

しかし、A社には90年に及ぶ薬についてのノウハウが蓄積されており、チャンスであると考えられる。

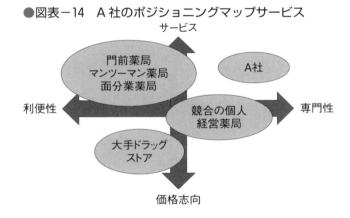

●図表－14　A社のポジショニングマップサービス

●図表－15　A社の改善後モデル利益計画　　　　　　　（単位：千円）

	前期実績	構成比	1年目	構成比	2年目	構成比	3年目	構成比
売上高	170,000	100.0%	165,000	100.0%	170,000	100.0%	180,000	100.0%
売上原価	98,600	58.0%	94,000	57.0%	96,000	56.5%	97,000	53.9%
売上総利益	71,400	42.0%	71,000	43.0%	74,000	43.5%	83,000	46.1%
人件費	42,500	25.0%	42,500	25.8%	42,500	25.0%	42,500	23.6%
広告宣伝費	18,000	10.6%	16,000	9.7%	16,000	9.4%	16,000	8.9%
一般管理費	4,000	2.4%	3,000	1.8%	3,000	1.8%	3,000	1.7%
その他	3,000	1.8%	3,000	1.8%	3,000	1.8%	3,000	1.7%
営業利益	3,900	2.3%	6,500	3.9%	9,500	5.6%	18,500	10.3%

以上の解決策をまとめたA社の戦略マップは図表－13のとおりである。また，A社の目指すべきポジショニングマップは図表－14となる。

Ⅴ　改善後のモデル利益計画

　これらの改善策をもとにした3か年の利益計画が図表－15である。1年目は化粧品の取り扱いを中止したため，売上げが前年を下回るが，2年目以降はカプセル・オブラート等のいわゆる薬周りの商品を充実させ，また糖尿病検査薬等，大手ドラッグストアが取り扱わない商品を導入することにより，化粧品の売上げの穴埋めを行う。

　今後もA社は地元に密着した"地域のための薬局"を目指して地域に貢献していく姿勢を大切にすべきである。

〔林　啓史〕

10 ガソリンスタンドの モデル利益計画

I 業界の概要

　ガソリンスタンド業界は，少子高齢化，省エネルギーの技術革新の進展と後継者難の三重苦に見舞われている。その結果，事業者の約半数が赤字経営に陥っている。しかしながら，ガソリンスタンド業界は，人々の生活を支えるライフラインとして維持・強化しなければならない。

1 三重苦のガソリンスタンド業界

1 少子高齢化の進展

　ガソリンスタンド業界への人口面からの影響は，人口の絶対数より年齢構成の変化をより注目したい。平成12年より平成29年までの人口年齢構成の変化は，図表－1の通りである。

　人生のライフサイクルの内で，最も活動的な15歳から64歳の就業年齢層が，68％から60％へと8ポイント減少し，活動が鈍くなる65歳以上が17％から28％へと11ポイント増加している。

　高齢者ドライバーの著しい増加に加えて，重大運転事故の多発によ

●図表－1　年齢別人口構成比率の推移

	H12	H17	H22	H27	H28	H29	H12〜H29
0〜14歳	15%	14%	13%	13%	12%	12%	－3%
15〜64歳	68%	66%	64%	61%	60%	60%	－8%
65歳以上	17%	20%	23%	27%	27%	28%	11%
合計	100%	100%	100%	100%	100%	100%	0%

（出典）　総務省統計局「国勢調査結果」「人口推計」

●図表-2　運転免許証交付件数

	新規	失効新規	併記	更新	再交付	合計	比率
H26	1,213	240	583	18,241	644	21,100	100%
H27	1,216	241	563	19,280	630	21,930	104%
H28	1,217	237	540	18,343	612	20,949	99%
H29	1,216	235	522	17,937	601	20,511	97%
H30	1,184	232	522	17,335	581	19,584	93%

（出典）　警察庁　運転免許証統計　H30年度版

り，運転免許証の返納が増加の一途を辿っている。若年層の減少・高齢者比率の増加・高齢者の運転免許証返納の増加などの要因により，運転免許証の平成30年の交付件数は，平成26年と比較して7ポイント減少している。

高齢ドライバーは，走行距離は伸びず，免許証返納予備軍であり，ガソリンスタンド業界にとり脅威である。

2　省エネルギー技術革新

省エネルギー技術には，ハード面とソフト面のからのアプローチがある。環境意識の向上と環境基準の規制強化から，省エネエンジンが強化され，平成29年には，ハイブリッド車のシェアは31％まで高まっ

●図表-3　EV・HEV等販売台数

年度		H24	H25	H26	H27	H28	H29
EV	乗用車	11,705	14,494	14,649	12,794	13,056	23,634
	その他	18	19	372	897	354	68
	軽自動車	4,719	2,283	1,786	1,042	407	455
PHV	乗用車	13,178	12,972	14,714	14,997	13,847	34,102
FCV	乗用車	0	0	102	494	1,204	661
	合計	29,620	29,768	31,623	30,224	28,868	58,920
HEV	乗用車	857,240	1,015,356	1,005,099	1,144,528	1,335,085	1,380,133
	その他	2,399	2,154	1,675	1,636	2,412	2,303
	合計	859,639	1,017,510	1,006,774	1,146,164	1,337,497	1,382,436

（出典）　次世代自動車振興センター　EV等販売台数統計

ている。

　EVやHEV等の省エネルギー車の増加は，地球環境の保全面には歓迎すべき傾向であるが，ガソリンスタンド業界にとり経営面からは脅威になる。

3　後 継 者 難

　中小企業の後継者難は，業種を問わず緊急の課題であるが，ガソリンスタンド業界は特に顕著に表れている。平成19年から29年までの10年間で，ガソリンスタンドの数は30％減少している。その内訳はフルサービスのスタンドは44％減少し，セルフサービスのスタンドは41％増加している。

　10年間に，給油所数は30％減少した。減少の理由には，業界全体の構造的な問題もあるが，経営規模間格差による中小・零細企業の経営難が背景にある。

　平成29年は，23年連続でガソリンスタンドの数は減少したが，売上高は3年ぶりに前年比7.2％増加した。しかし，増収・横這い・減収の比率は，経営規模により下記の通り，規模間格差が生じている。

　業界全体で7.2％の増収であるが，年商1億円未満企業の増収企業は，15.5％，1億円から10億円未満企業は31.6％に過ぎない。増収が

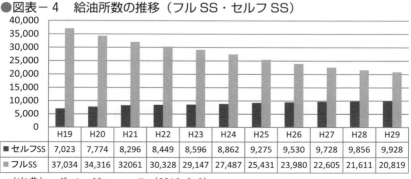

●図表−4　給油所数の推移（フルSS・セルフSS）

	H19	H20	H21	H22	H23	H24	H25	H26	H27	H28	H29
■セルフSS	7,023	7,774	8,296	8,449	8,596	8,862	9,275	9,530	9,728	9,856	9,928
■フルSS	37,034	34,316	32061	30,328	29,147	27,487	25,431	23,980	22,605	21,611	20,819

（出典）　ガベージニュース（2018.8.9）

●図表－5　規模別増収減収（H29年商規模）

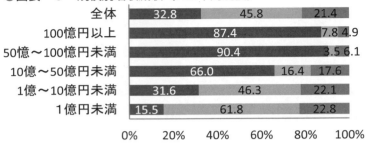

（出典）　ガソリンスタンド経営業者の実態調査（2018.9.28）

●図表－6　廃業者数

	25年度末	26年度末	27年度末	28年度末	29年度末
業者数	17,203	16,429	15,574	15,078	14,612
減少数	1,066	774	855	496	466
倒産数	52	52	37	33	28
自主廃業	1,014	722	818	463	438

（出典）　資源エネルギー庁　揮発油販売業者数
　　　　　東京商工リサーチ　2018ガソリンスタンド倒産状況

50％未満の年商10億円未満の企業は，調査対象企業数の88.2％を占め，大部分の零細企業は，売上増加の恩恵を受けていない。

その反面，年商10億～50億円未満企業は66.0％，50億～100億円未満企業は90.4％，100億円以上企業は87.4％が増収となっている。規模間格差は広がる傾向にあり，調査企業の22.2％を占める年商1億円未満企業の潜在的後継者にとり，事業承継は魅力のないものとなり，「倒産（法的整理・私的整理）」に至る前に，自発的な「休廃業・解散」が増加している。

4　ガソリンスタンドの減少

その結果，ガソリンスタンド数はピークだった平成6年の60.421ヵ所から，25年後の平成29年には30,747ヵ所へと半減している。

5　売上高利益率

　このようなガソリンスタンド業界を取り巻く環境を反映して，対売上高に対する営業利益率と経常利益率は低水準のまま推移している。

　平成24年から平成29年までの5年間は，利益率に変動はあるが，低水準ながら利益を計上している。しかし，中小企業と大企業を比較すると，経費構造に大きな違いがみられる。

　中小企業は，大企業と比較して粗利益率は高いが販管費率，特に人件費率が高く，営業利益率段階で大企業の半分に落ちている。中小企業は，フルサービスや配達サービス等で付加価値を高めている。大企業は中小企業と比較して，規模の経営を活かした効率経営をしている。

　人材不足が深刻化している現在，フルサービスのガソリンスタンドが減少し，セルフサービスのガソリンスタンドが継続的に増加している。

6　自動車保有台数の推移

●図表－7　対売上高比率

		平成24年度	平成25年度	平成26年度	平成27年度	平成28年度	平成29年度
粗利率	中小企業	12.7	12.3	13.2	16.5	17.1	15.8
	大企業	10.4	11.7	10.3	15	14.6	14.5
販管費率	中小企業	12	11.8	12.5	15.1	16	14.9
	大企業	9	9.8	8.7	12.6	13	12.7
うち人件費率	中小企業	6.5	6.3	6.5	8	8.6	8.1
	大企業	4.9	5	4.5	6.7	6.9	6.1
営業利益率	中小企業	0.7	0.5	0.7	1.4	1.1	0.9
	大企業	1.3	1.9	1.5	2.4	1.6	1.8
営業外利益率	中小企業	0.2	0.3	0.4	0.4	0.4	0.5
	大企業	0	▲0.1	0.2	0.1	0.1	0.3
経常利益率	中小企業	0.9	0.8	1.1	1.8	1.6	1.4
	大企業	1.4	1.8	1.7	2.4	1.7	2.1

（出典）　全国石油協会　石油製品販売業経営実態調査

ガソリンや軽油の消費量増減の目安の1つが自動車の保有台数推移である。乗用車の普及率はすでにピークに達しており、平成16年から平成26年までの10年間で、保有台数は8パーセントの増加に過ぎない。

　その内訳をみると、ガソリン消費量の少ない軽四輪車が58％の伸びを記録し、排気量の少ない小型四輪車は17％減少している。乗用車全体としては、軽四輪車の比率が急上昇している。

　トラック部門では、ドライバーの労働生産性の視点から、相対的に大型化が進展している。しかし、過去10年間で普通トラックでも7％

● 図表－8　自動車保有台数の推移　　　　　　　　　　　　　（千台）

	乗用車				トラック			
	普通車	小型四輪車	軽四輪車	計	普通車	小型四輪車	軽四輪車	計
H16	16,296	26,401	13,297	55,994	2,465	4,695	9,621	16,781
H18	16,715	25,698	15,108	57,521	2,466	4,431	9,602	16,499
H20	16,748	24,356	16,760	57,864	2,386	4,103	9,408	15,897
H22	16,890	23,471	17,987	58,348	2,282	3,826	9,177	15,285
H24	17,294	22,869	19,258	59,421	2,267	3,673	8,896	14,836
H26	17,714	21,975	20,978	60,667	2,294	3,582	8,749	14,625
H26／H16	109％	83％	158％	108％	93％	76％	91％	87％

（出典）　ジュンツウネット21

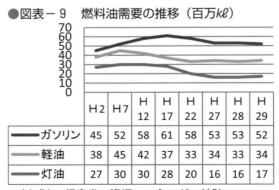

● 図表－9　燃料油需要の推移（百万kℓ）

	H2	H7	H12	H17	H22	H27	H28	H29
ガソリン	45	52	58	61	58	53	53	52
軽油	38	45	42	37	33	34	33	34
灯油	27	30	30	28	20	16	16	17

（出典）　経産省　資源・エネルギー統計

減少し，全体で13％減少している。

7 燃料油需要の減少

人口構成の高齢化による走行距離の短縮化，技術革新による燃費の向上，車輛の小型化，による排気量の減少，エアコンの高い普及率（90％超）などにより，燃料油消費量は，減少の一途を辿っている。ピークに比べ平成2年から平成29年までの間に，ガソリンで15％，軽油で24％，灯油で43％減少している。

ガソリンスタンド数の減少，低い営業利益率，後継者難は結果であり，その真因は燃料油需要の長期的な減少傾向にある。

II A社の概要

1 A社のビジネスモデル俯瞰図

1 農地転用で低コスト経営

現経営者の祖父は，篤農家で離農する農家から長年にわたり農地を

●図表－10　ビジネスモデル俯瞰図

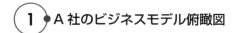

本社SS	セルフ	5.5億
1丁目SS	セルフ	5.0億
2丁目SS	フル	4.5億

3丁目	貸地(飲食)	500万
4丁目	貸地(飲食)	600万
5丁目	貸地(CVS)	400万

洗車		
油外物販		500万

株式会社A	北関東中核都市
年商	15.2億円
従業員	15人
業歴	50年
経営者	50歳　2代目

仕入先	
燃料油	B 石油
油外商品	C 商事

買い集め，中堅農家に成長した。拡大した農地を充分に活用すべく努力したが，働き過ぎで体調を壊し50歳台後半で世を去った。

30歳台で農業を引き継いだ現社長は，都市化の進展とマイカーブーム，ロードサイドビジネスに商機を読み取り，自社所有の土地の有効活用としてガソリンスタンド業に進出した。1号店の成功と石油元売りの勧めもあり，2号店・3号店を開店し成功をおさめた。その後，ファミリーレストランに2店舗分とコンビニエンスストア1店舗分の土地を貸出，現在に至っている。

リーマンショックを体験した現経営者は，堅実な経営に徹し高級車や派手な交際を避け，着実に黒字経営を維持し現在に至っている。

Ⅲ 利益計画の問題点

1 外部マクロ環境分析

マクロ環境の変化を，PEST分析の手法で分析する。

❶　政治的環境の変化
・乗用車の燃費基準の策定
・新車販売の電動化率の策定
・省エネ車への補助金支給
・石油元売各社への公正取引委員会の監視強化

❷　経済的環境変化
・若者の相対的貧困化・車離れ
・軽四輪車の登録シェアの上昇

❸　社会的環境変化
・環境意識の向上
・高齢者比率の増加
・若者の車離れ

- 高齢者運転免許証返納の増加
- シェア自動車の増加機運

4 技術的環境変化
- ガソリンエンジンの燃費向上
- ハイブリッド車シェア拡大
- 電気自動車の技術革新
- 燃料電池車の技術革新
- 自動運転車の技術革新

2 外部ミクロ環境分析

ミクロ環境をファイブフォース分析で説明する。

1 既存同業者の競争力

図表－11の通り，一般特約店がシェアを落とし石油元売り系列の直営店がシェアを拡大している。その原因は，資本力の差と差別的仕入価格にある。不公正競争として，公正取引委員会が監視の目を光らせているが根本的な解決の道があるかは見通せない。
当社は，一般特約店であるが，自社所有の農地の転用と堅実な経営で

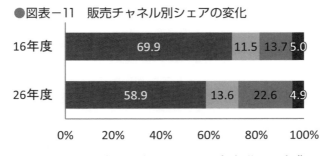

●図表－11　販売チャネル別シェアの変化

（出典）　資源エネルギー庁年度別ガソリン国内販売実績
自動車分のみ

黒字経営を維持している。

2 売手の交渉力

仕入先は，大手の石油元売会社であり仕入価格の交渉力はない。石油元売各社は，過剰設備を抱えシェア争いは厳しいが，当社にとり仕入先変更は容易でない。

3 販売先の交渉力

燃料油は，商品に差別性がなく，どのガソリンスタンドで購入しても変わりはない。顧客は移動性に優れた車のドライバーで，多少遠くても価格の安さを優先する。トラック運送業者は，共同仕入れグループを組織して，バイイングパワーを発揮しており，当社の交渉力は弱い。

4 新規参入の脅威

給油所数は，平成元年から平成29年までの間で半減した。直近8年間で，廃止数は新設数の7倍に達し，新規参入の脅威より残存者利益をいかに確保するかが課題である。

5 代替品の脅威

ガソリン車やディーゼル車に対するガソリンや軽油の代替品ではなく，上記車種が電気自動車や燃料電池車に代替された場合の電気や水素が代替品になる。

●図表－12 給油所の新設・廃止

	新設	廃止
平成21	308	2,041
平成23	146	1,180
平成25	235	1,878
平成24	202	1,379
平成29	126	846

（出典） 揮発油販売業者数 資源エネルギー庁

充電スタンドは18,080ヵ所（平成31年5月現在），水素ステーションは107ヵ所に留まっている。充電スタンドは30分以上を要し，水素ステーションは絶対数が不足している。技術革新と低コスト化によるインフラ整備が実現すると脅威が現実化する。

③ 内部環境分析

堅実な経営を長年にわたり維持してきたが，黒字経営は血のにじむような努力の結果ではなく，レストラン2店舗とコンビニエンス1店舗への土地の賃貸の安定収入が大きく寄与してきたことにある。その結果，経営者の経営についての甘えが生じ，従業員も危機感を持たずに現在に至っている。

1 清潔感の欠如

建物・設備の垢は，永年の蓄積であり，徐々に進行するため，当事者は気づかないのが一般的である。従業員にとっては，日常的に見慣れた光景であるが，他のガソリンスタンドを知るドライバーには，快適さが感じられず，抵抗感がある。

2 接客技術の低さ

立地産業であるガソリンスタンドは，幹線道路沿いの店舗を除き，地域密着型経営に強みを発揮している。当社の本社店舗は，幹線道路から1km離れた住宅地にあり，地元ドライバーを固定客としている。親しい間柄のリピート客であり問題は少ないが，新規顧客にも友人同士のような態度で接し，接客サービスとしての問題に気付いていない。最近は，人手不足で，来店客とゆっくり談笑する時間的余裕がない。

3 危機意識の欠如

近隣店舗の閉鎖があり，その顧客の一部が流れてきたことにより，需要減少の環境にもかかわらず，来店客数を維持している。そのため，従業員は危機意識に欠け，ムダ取りの意識が薄く，少し油断すると赤

字転落の恐れがある。

4 地域密着型経営の自覚の欠如

　住宅地立地であり，近隣住民は「近くて便利」なガソリンスタンドだけの理由で来店する。その結果，お客様は当然に来店するものとの意識が定着している。いつも来店するので，顔見知りではあるが。名前はうろ覚えである。現金払いの優良顧客であり，名前を知らないまま，現在に至っている。攻めの営業はできないし，する意欲もない。セルフサービスの2店舗は，さらに顧客との人情味のある接客に欠ける。

5 乱雑な休憩室

　開店当時は，近隣に住宅は少なく，近所の寄り合い場所的な雰囲気があった。当時は，和やかに談笑する場所として，十分に機能していた。休憩室は，車関連商品の陳列と事務所を兼ねた給油や洗車時間の待合場所であった。

　しかし，近隣の新設された店舗は，豪華でなくても小奇麗なしゃれた店舗が増えている。経営者と従業員は，他社の動きに気付かないまま，乱雑な店舗で接客している。

6 定めのない休憩時間

　従業員は，交代制の昼食時間を除き，休憩時間は決められていない。夏は暑く冬は寒い，屋外での立ち仕事である。フルサービスの顧客への心からの笑顔での対応が求められる。接客姿勢を向上させるのは，教育や精神論だけでなく，環境を整えることが経営者の務めである。

7 金額管理では実態を把握できない

　最終的な経営管理は，売上金額と経費の差額で利益を把握することである。商品価格が安定し管理可能であれば，売上額の動きだけで，経営を管理できる。しかし，仕入金額や販売価格は，他律的に変動し管理不能である。売上金額が高まっても，原油価格の高騰が原因であ

れば仕入金額も増加し，利益には直結しない。経営管理の基本は，数量管理である。

8　フルサービス店舗存続の是非

フルサービスの2丁目店は，敷地が狭くセルフサービス店舗への転換は困難である。最低賃金の上昇や人手不足で人件費は上昇し，存続の危機にあるが，前述の改善策を確実に実行して，周辺のセルフサービス店の増加を逆手に取り，セルフサービスの利点を生かして，集客の増加と付加価値の改善を図る。

9　営業時間帯のムダ

顧客サービスと経営効率をどのように調和させるかは，経営判断の重要なポイントである。当社は，開店当初より営業時間を6：00より21：00として来た。長時間営業を顧客サービスの原点として理解して

●図表－13　SWOT分析

		機会	脅威
		石油元売り各社への公取委の調査 同業者の廃業増加・M&Aの可能性 石油元売りの供給力過多	燃費基準の強化 新車販売電動車比率制定の動き 省エネ車への補助金 若者の車離れ 軽四輪車登録シェアの上昇 高齢者の免許証返納の増加 ハイブリッド車のシェア拡大 電気自動車・燃料電池車の技術革新
強み	健全な財務基盤 安定した土地賃貸料収入 地域密着型経営・固定客の存在	・フルサービス店の高齢者・主婦向けサービスの強化 ・廃業予定店を買収し，経営規模拡大・バイイングパワー強化 ・整理・整頓・清掃を強化してフルサービス店への顧客誘導の強化 ・接客技術に磨きをかけて，顧客フレンドリーな店舗にする	
弱み	仕入価格交渉力なし 清潔感の欠如 経営者・従業員の危機意識の欠如 燃料油の数量管理の欠如 フルサービス店の赤字化 長時間営業のムダ 老朽化した休憩室	・経営の現状をオープンにして，従業員の危機意識・コスト意識を喚起する ・地域密着型経営を強化して，地元固定客を確実にする ・従業員休憩室を改装して，従業員満足を向上し顧客満足を充実する ・洗車声かけ運動で洗車売上強化 ・曜日別・時間帯別来客数把握で，従業員の勤務時間・休憩時間の効率化 ・油種別の売上金額・数量管理で経営力強化	

いる。

しかし，人手不足により，販売志向か経営効率化志向への転換を検討せざるを得ない時期に来ている。

Ⅳ 問題点の改善策

ガソリンスタンド業界は，人手不足対策としてのセルフサービス化，配送効率化対策としてのタンクローリーの大型化＝店舗の大型化が進展している。

1 小型・フルサービス店舗の閉鎖

長期戦略として，赤字体質のフルサービス店は，フルサービスの長所を活かして，高齢者・女性の来店を促す。フルサービス店の採算を改善することで，財務力を強化し，M&A の機会到来に備える

2 廃業予定店舗を買収する

隣町で２店舗を経営する同業者が，後継者不在と経営者の高齢化を理由に，廃業を予定している。事業引継ぎセンターに間に立っていただき，事業引継ぎを打診し好意的な反応を頂いている。（図表－５参照）

3 店舗環境を清潔にする

店舗内外の清潔は顧客サービスの重要な要素である。通りすがりのドライバーに対しては，道路から見える店舗に清潔感が入店の誘因となる。

整理・整頓・清掃は，単に美観を維持するだけでなく，ムダの排除（コストカット）と作業効率の向上にも役立ち，利益体質を強化する。隣接地との仕切り壁・建物の壁面・敷地のコンクリートは，高圧洗浄機で定期的に洗浄する。ペンキ塗り替えも，定期的に行う。

4 乱雑な休憩室の整理・整頓

休憩室は，来店客がアメニティを実感できる重要ポイントである。

不要なものを捨て，必要なものは仕事が効率的でできるように再配置する。顧客はドライブの疲れを癒せるように，バックグランドミュージックを流す。

5 接客技術に磨きをかける

「笑顔」は付加価値，「あいさつ」は付加価値を合言葉に，接客技術に磨きをかける。外部研修を受けることに加えて，日常生活で身に着けるため，毎月全員で「高接客人」投票を行い，切磋琢磨で全員の接客レベル向上に努める。

6 コスト意識を向上させる

仕入原価の低減は経営者の守備範囲であるが，販管費の削減は一般従業員の意識次第で左右される。従業員の意識としては，販売管理費は会社の負担であり節約志向は弱い。毎月一人1件改善提案を出させ，全員投票で採用した提案は実行し，謝金を追加することで，コスト意識を高める。

7 地域密着型経営に徹する

最も大きな問題は，「近くて便利」だけの理由で来店する顧客を固定客として誤解していることである。フルサービス店は，立地の関係で飛び込み客は少ない。近隣住民は，日々の生活に車を利用し，走行距離が伸びない。

来店客に油外商品の販売や洗車サービス利用の一声をかける運動をする。洗車時間中の待ち時間を有効に活用するのが休憩室の役割である。

8 従業員は休憩室で顧客と会話する

電気自動車への充電サービスを開始すると，快適な休憩室の役割はさらに高まる。充電時間が永く，その時間を退屈させないで待たせるかが課題である。休憩室での会話を通して，顔なじみになるのも，リピート客を増やすことになる。

●図表－14　バランススコアカード

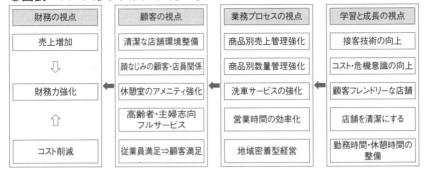

　従業員は交代で休憩を取ることで，従業員満足を高めると同時に，笑顔の接客で顧客満足をも向上させる一石二鳥の休憩にする。

9　数量管理で経営の実態を把握する

　価格振幅の大きい油種販売では，販売金額の増減だけで経営成績を判断することは危険である。油種ごとのリッター数や洗車の台数で経営管理をする。曜日別や時間帯別の変動を把握して，従業員の配置を行い業務量の平準化を図る。

10　油種別・サービス別に売上を管理する

　選択と集中は，経営効率化の基本である。油種別・サービス別にPLを作成するのが理想的であるが，売上金額・売上数量を週別・曜日別に把握して，販売戦略や価格戦略に活用する。
油種の価格は最もオープンで，差異化は困難である。フルサービスは，油種価格でセルフサービスに対抗できない。サービスの質の充実が，差別化の要因である。

Ⅴ　改善前と改善後の利益計画

　石油元売り各社は，燃料油の需要減少傾向に対応して経営統合が進み，JXTGと出光グループで80％のシェアを占める寡占業界となった。

10 ガソリンスタンドのモデル利益計画

●図表－15　利益計画

	0期	第1期	第2期	第3期
売上高	1,520,000	1,530,000	2,530,000	2,540,000
売上原価	1,261,600	1,269,900	2,099,900	2,108,200
売上総利益	258,400	260,100	430,100	431,800
販管費	228,000	229,500	354,200	355,600
営業利益	30,400	30,600	75,900	76,200

（注）　第2期に2店舗買収，5店舗体制に消費税抜き

　経営統合を進めることで，過剰設備の解消が進み，稼働率維持のための乱売合戦は落ち着きを取り戻しつつある。

　一方，ガソリンスタンド業界も，倒産は減少傾向にあるが，後継者難による黒字廃業が進み，M&Aによる企業規模拡大の傾向にある。当社も，第2期に近隣の2店舗体制の事業譲渡を受け，不十分ではあるが5店舗体制にした。規模拡大により，仕入交渉力を高めて売上原価率を低め，販管費の効率化で営業利益率を高めることに成功した。

　長期目標は，最低限10店舗体制を目指し。残存者利益を追求する。

〔長谷川　勇〕

11 おもちゃ屋のモデル利益計画

I 業界の概要

1 玩具業界とその歴史

　おもちゃの歴史は古く，その語源は手にもって遊ぶということで，「持て遊び」が平安時代には「持ち遊び」さらに「もちゃそび」と訛り，「もちゃ」と略され，それが「おもちゃ」となったとされている。そして玩具や人形が一般に売買されるようになったのは近世，商工業が発達して以降のことになる。江戸時代のはじめはまだ生産も消費も京都・大阪中心だったが，元禄時代には江戸は上方以上の賑わいとなり，江戸が生産と消費の中心となった。

　上方の「下りもの」も隅田川を使って河岸に届き，その河岸が今の浅草橋付近にあった。

　その頃から日本橋，浅草橋，蔵前の玩具・人形問屋が隆盛となり，このあたりが日本の玩具・人形の流通と販売の中心となった。

　日本のおもちゃは寺社の門前市の土産物として育ち，当時世界一の人口を有した江戸の市場を背景に一大産業として発展していった。

　この時代には既に今のヨーヨーに似た「手車」などが流行し，火事の多い江戸のヒーローである町火消の道具を模した「火消し玩具」などが作られた。流行やヒーロー人気はこの時代からある。

　「玩具」ということばは明治時代からのものである。現在の玩具業界のベースは明治時代のブリキ製金属玩具などの欧米玩具の輸入にある。その欧米玩具とともにトランプ，教育玩具などが広まっていくが，江戸時代から続く竹や木製の玩具，花火また節句人形なども玩具業界

が扱うようになった。

　大正時代には玩具は輸入産業から輸出産業になった。金属玩具，セルロイド製玩具などが出現し，昭和に入るとそれらは驚異的に発展していった。

　第2次世界大戦後も1985年までは輸出産業であったが，為替の変動相場制（プラザ合意）以降，円高で価格が合わなくなり，輸出から国内需要への転換が計られた。

　1983年にファミコンが発売され，玩具業界にゲームの時代が到来した。バブル景気の時代には玩具メーカー上位三社が上場するなど，玩具・ゲーム業界は時代の寵児となった。

　そのため異業種からのメーカー，小売りへの参入が始まった。郊外型玩具店の出店，アメリカの大型玩具店「トイザらス」も日本に進出し，どちらも多店舗展開していく。

　しかしバブルが崩壊すると2000年からは郊外型玩具店の倒産，大手小売・問屋の破綻などが続き，さらにメーカーの合併など激動の時代となった。一方でGMS，家電量販店での玩具取扱いが拡大し，さらに大手通販も玩具の取り扱いを始めることとなる。

　他業界同様リーマンショック後に市場規模が底となり，東日本大震災を経て，現在は玩具市場は回復傾向にある。

2 おもちゃ屋（玩具店）とその歴史

　おもちゃ屋（＝玩具店）は日本標準産業分類においては，「その他の小売業」うち「スポーツ用品・玩具・娯楽用品・楽器小売業」に分類される。さらにそのなかの「玩具・娯楽用品小売業」として商業統計にデータがある。

　江戸時代には手作りの伝承玩具や郷土玩具などが小間物屋，荒物屋，駄菓子屋などで売られていた。唯一玩具専門店は浅草の仲見世であっ

たといえるかもしれない。

　海外の玩具が輸入され，明治20年頃には玩具店が独立した小売商として扱われるようになっている。

　セルロイド製，ブリキ製の玩具の時代，そして玩具の輸出産業が大きくなっても，国内は駄菓子屋で売られる小物玩具が中心であった。戦後，商店街が復興すると高度経済成長とともにどの商店街にも玩具店は出店され，玩具のギフトは百貨店の玩具売場で購入されるようになった。

　小売業が百貨店からスーパーマーケット中心になっていくなか，玩具もその波にのまれていく。特に「家庭用テレビゲーム」が登場すると，流通にも異業種からの参入が始まる。1985年には靴の流通チェーン2社が「ハローマック」「BANBAN」の名前で郊外型玩具店を出店した。ファミコンの流行，車社会，バブル経済により，郊外型玩具店は売上を伸長し，専門店の雄，キディランドグループの売上を凌ぐようになる。最盛期の1996年には両店で900店となった。

　アメリカの玩具小売最大手，「トイザらス」の第一号店は1992年にオープン，売場面積4,000m^2の超大型玩具専門店が出現した。以来2000年までに100店がオープンした。

　この黒船の全国展開は玩具流通を根底から覆した。全国500店の「ハローマック」は2000年に消滅，百貨店の玩具売場は縮小，業態転換した店以外，玩具店は倒産，廃業の憂き目を見た。その結果玩具問屋も激減し，以後大型小売チェーン店が中心となり，メーカーの合併大型化と問屋のメーカー系列問屋への収斂が進んだ。

　GMSではジャスコがこども関連商品を集積したキッズワールド構想をすすめ，「キッズ共和国」さらに現在では「キッズリパブリック」としてワンストップショッピングのできる大型売場を展開している。

そのほか特筆すべきなのは大阪のベビー用品や玩具などの現金問屋であった「赤ちゃん本舗」である。問屋から小売りに転換し，各地に進出している。現在はセブン＆アイホールディングス傘下である。

また2000年以降，ビッグカメラは大型店を出店すると玩具を展開しているが，ヤマダ電機，ヨドバシカメラなど家電量販店の大型店での玩具の取り扱いが拡大している。

そして2004年にはネット販売大手のアマゾンが「おもちゃ＆ホビーストア」をオープンした。現在では他業界同様，玩具業界での売上構成が大きくなり，メーカー直接取引も増加している。

こういった流れの中で多くの玩具小売，小売チェーン，問屋の倒産や廃業が続いている。

Ⅱ 玩具業界の動向と市場規模

１ 玩具業界の需要動向

１ 少子化と玩具需要

我が国の総人口は，平成30年（2018）年の国勢調査によれば，１億2,644万人であった。国立社会保障・人口問題研究所による日本の将来推計人口によれば，この総人口はすでに８年連続で減少し，今後も減少が予想される。年齢３区分別人口で玩具の対象である年少（０〜14歳）人口および構成比をみると，出生数が昭和48（1973）年の209万人から平成27（2015）年の101万人まで減少してきた影響で，年少人口も1980年代初めの2,700万人規模から平成30（2018）年国勢調査の1,542万人まで減少した。出生率中位推計の結果によると，年少人口は令和３（2021）年に1,400万人台へと減少する。その後も減少が続き，令和38（2056）年には1,000万人を割り，令和47（2065）年には898万人の規模になるものと推計される。

このように玩具の主要ターゲットである年少人口の減少が続き，玩具業界に明日はないようにも感じられるが，売上規模は縮小しているわけではない。6ポケットといわれ1人の子供に対する父母，祖父母によるギフト需要，テレビゲーム以降大人のゲーム需要が増えたこと，そのゲームキャラクター，アイドル，アニメ関連商品の拡大などが玩具市場をけん引している。

2　玩具業界の売上規模

　国内玩具市場の売上推移は図表－1のようになっている。少子化のなかで，玩具業界の売上規模は縮小しているわけではない。リーマンショック後の2009年を底に既に回復傾向であったが，2011年の東日本大震災後の2012年に再び減少した。しかしその後は回復し8,000億円台を維持している。

　商品分類別の売上の推移が図表－2になる。金額が大きく，安定しているのが教育・知育玩具である。カードゲーム，男児玩具，女児玩具なども安定している。トレンド，キャラクター，季節ものはヒット商品の有無，天候等に左右される。

●図表－1　日本国内の玩具市場規模及び15歳未満人口の推移（2001～2018年）

（単位：百万円／千人）

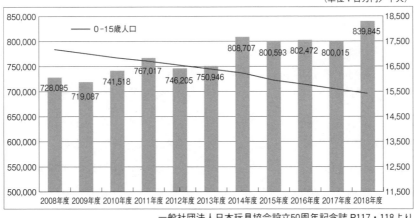

一般社団法人日本玩具協会設立50周年記念誌 P117・118より

[11] おもちゃ屋のモデル利益計画

● 図表－2　国内玩具市場規模の推移

単位：百万円，上代ベース　　　　　　　　　（単位：百万円）

分類	主な商品	2016年度	2017年度	2018年度	2017vs2018	構成比
01 ゲーム	一般ゲーム（含 ミニ電子ゲーム），立体パズル，その他（含 パーティ，ジョーク，手品）	16,131	18,209	17,782	97.7%	2.1%
02 カードゲーム，トレーディングカー		104,564	87,611	108,580	123.9%	12.9%
03 ジグソーパズル		10,605	9,851	10,071	102.2%	1.2%
04 ハイテク系トレンドトイ	インタラクティブトイ，ロボット，カメラ・パソコン関連，アプリ系	4,767	7,374	7,162	97.1%	0.9%
05 男児キャラクター		72,666	74,304	75,928	102.2%	9.1%
06 男児玩具	ミニカー，レールトイ，トイR/C，電動，その他（レーシング，ゼンマイ，金属玩具ほか	49,451	50,230	50,550	100.6%	6.0%
07 女児玩具	着せ替え（人形，ハウス），ままごと，女児ホビー，女児キャラクター，女児コレクション，抱き人形，その他（含 アクセサリー，女児化粧品	58,601	62,036	70,847	114.2%	8.4%
08 ぬいぐるみ	キャラクターぬいぐるみ，ノンキャラクターぬいぐるみ	22,619	24,999	26,269	105.1%	3.1%
09 知育・教育	ブロック，木製，プリスクール，幼児キャラクター，ベビー（ベビートイ，バストイ，ベビー用品），乗用（含 ベビーカー，チャイルドシート，三輪車），その他（含 楽器，電話，絵本，遊具，キッズビデオ，電動動物）	169,856	169,548	172,992	102.0%	20.6%
10 季節商品	玩具花火，サマートイ，サマーグッズ，小物玩具，スポーツトイ，スポーツ用品，アウトドア	53,989	51,635	51,493	99.7%	6.1%
11 雑貨	バラエティ，ギフト，インテリア，ハウスウェア，ステーショナリー，アパレル，その他	95,003	98,326	96,766	98.4%	11.5%
12 ホビー		132,535	132,720	138,324	104.2%	16.5%
13 その他		12,357	13,172	13,081	99.3%	1.6%
合計		803,144	800,015	839,845	105.0%	100.0%

一般社団法人日本玩具協会設立50周年記念誌 P117・118より

① 各年度はそれぞれ4月1日〜3月31日までを当該期間としています。
② 玩具市場の範囲は以下の通りです。
・原則として（一社）日本玩具協会の会員企業（傘下団体の会員企業）ならびに東京おもちゃショーに出展している企業のオリジナル商品，自社ブランド商品が創出する市場で流通は問いません。
・ただし「知育・教育」の中のベビー，乗用は独自の市場を築いている面もあり，ドラッグストア流通などは除外してあります。
・ホビーは模型流通も含まれます。
③ 金額は上代価格（メーカー希望小売価格ベース）です。

2　おもちゃ屋の現状と動向

1　事業所数

　事業所数は平成3年をピークに減少を続けており，ピーク時の42%以下になっている。特に個人事業所は一貫して減少しており，昭和63年に10,000軒以上あったものが平成26年には3,000軒以下になっている。一方法人事業所は平成11年までは増加して6,800軒近くまでいったが，その後急激に減少し，平成26年には半減している。（図表－3参照）

　これは郊外型玩具チェーン店の急速な拡大と倒産，閉店等がもたら

●図表-3 がん具・娯楽用品小売業 年次別の事業所数（法人・個人），従業者数，年間商品販売額，商品手持額及び売場面積

年　次	事業所数 計	法人	個人	従業者数（人）	年間商品販売額（百万円）	商品手持額（百万円）	売場面積（㎡）
昭和63年	14,335	4,333	10,002	40,049	518,316	118,369	1,065,773
平成3年	15,243	5,781	9,462	43,873	714,657	159,360	1,223,176
（平成3年再集計）	(15,243)	(5,780)	(9,463)	(43,975)	(717,553)	(159,672)	(1,224,864)
平成6年	14,540	6,378	8,162	46,949	905,708	186,472	1,473,466
平成9年	13,634	6,608	7,026	49,880	992,638	207,484	1,673,549
平成11年	13,406	6,776	6,630	55,537	996,324	—	1,732,765
平成14年	11,898	6,109	5,789	59,879	1,008,083	202,198	1,971,768
平成16年	10,486	5,378	5,108	52,791	864,305	—	1,829,540
平成19年	9,664	5,358	4,306	58,797	922,557	186,175	2,125,077
平成24年	7,240	4,141	3,099	42,046	507,652	91,003	1,193,401
平成26年	6,364	3,687	2,677	33,151	455,948	—	1,076,464

商業統計表（経済産業省HPより）

●図表-4 がん具・娯楽用品小売業 法人組織の事業所と個人経営の事業所の合計

売場面積規模	事業所数 計	法人	個人	従業者数 計（人）	法人（人）	個人（人）	年間商品販売額（百万円）	売場面積（㎡）
計	4,543	2,598	1,945	24,594	20,894	3,700	455,948	1,076,464
10㎡未満	80	21	59	146	61	85	1,184	497
10㎡以上　20㎡未満	293	62	231	546	186	360	2,979	4,164
20㎡以上　30㎡未満	366	100	266	718	300	418	4,527	8,583
30㎡以上　50㎡未満	755	219	536	1,626	718	908	12,425	27,757
50㎡以上　100㎡未満	1,029	483	546	2,995	1,929	1,066	33,637	71,172
100㎡以上　250㎡未満	1,014	780	234	4,227	3,616	611	72,625	155,160
250㎡以上　500㎡未満	459	410	49	3,296	3,115	181	81,281	160,554
500㎡以上　1,000㎡未満	196	190	6	2,239	2,215	24	51,022	132,683
1,000㎡以上　1,500㎡未満	32	32	—	642	642	—	19,917	39,568
1,500㎡以上　3,000㎡未満	188	188	—	6,776	6,776	—	148,066	444,212
3,000㎡以上　6,000㎡未満	9	9	—	454	454	—	13,287	32,114
6,000㎡以上	—	—	—	—	—	—	—	—
不詳	122	104	18	929	882	47	14,997	

商業統計表（経済産業省HPより）

したものである。さらに「トイザらス」の出店，拡大，「赤ちゃん本舗」の小売参入などにより，玩具売場は大型店舗が中心となっている。

図表－4で売場面積から見ると，店舗数が多いのは50㎡から250㎡未満だが，年間商品販売額は1,500㎡から3,000㎡未満の店舗で32%を占めており，この統計からも玩具の売上は大型店舗中心であることが明らかである。

2　玩具主力販売店の変化

年末年始の玩具販売は業界の年間売上の大きな部分を占め，最も重要な時期となる。

クリスマスプレゼントやお年玉での購入は子供たちにとっては最大の楽しみでもある。かつてはギフトということで，その中心は百貨店のおもちゃ売場であった。そしてスーパーストアが続いていた。郊外型玩具店チェーンや「トイザらス」など，安売りを標榜する店が増加すると，この構図が崩れ，百貨店のおもちゃ売場は縮小していく。さらにテレビゲームやコンピュータなど電子機器によるゲームが台頭してくると，売場が電気，カメラ等の大型チェーン店に拡大して，従来型の玩具小売店が減少，スーパーストアなども玩具の品揃えは弱含みとなり，その構成比率が減少していった。

現在ではアマゾンジャパンを筆頭にネット通販が台頭し，既存大型店もその影響をうけている。しかし少子化のなか，「家族・子供」をテーマに新しい売場構成の戦略を進めるイオングループのキッズリパブリックの展開など，ネットと実店舗の共存を意図する売場も拡大している。

3　玩具メーカーと問屋の動向

バンダイ，タカラ，トミーという古くからの玩具メーカーが中心であった時代から，LSIゲーム・テレビゲームが出現すると，任天堂，セガ，ソニーといったメーカーが，売上の中心を担うようになる。

● 図表－5　玩具業界売上高ランキング（平成27－28年）

順位	企業名	売上高（億円）
1	ソニー	14,797
2	バンダイナムコ HD	5,755
3	任天堂	5,044
4	セガサミー HD	3,479
5	コナミ HD	2,499
6	スクウェア・エニックス HD	2,141
7	ハピネット	1,872
8	タカラトミー	1,630
9	ピジョン	922
10	カプコン	770

業界動向サーチ COM

　現在では玩具業界売上上位の会社ではバンダイナムコ HD，タカラトミー，ピジョン，ピープルなどが玩具メーカーである。ハピネットはメーカー系列問屋でそれ以外はテレビゲームとソフトの会社が多い。サンリオやエスケイジャパン，ウィズなどはキャラクターグッズ中心のメーカーである（図表－5）。

Ⅲ　おもちゃ屋 A 社の概要

1　A 社の事業概要

　A 社は玩具問屋に務めていた B 社長の父が駅前商店街に開業した地域一番の玩具店である。1980年代には同じ商店街の中にファンシーショップを出店，さらに隣駅には玩具とファンシーの店も展開していた。

創　　　業：昭和31年5月
組 織 形 態：株式会社

11　おもちゃ屋のモデル利益計画

```
資　本　金：1,000万円
従　業　員：8名
事 業 内 容：玩具販売店
年間売上高：2億円
立　　　地：駅前商店街
```

　しかし郊外の国道沿いにGMSができて，商店街への来客が減り，さらに郊外型玩具店ができると1990年代には売上が激減し，隣駅の店を閉め，さらにファンシーショップも閉店した。敷地，建物などは社所有であり，店舗運営を家族中心に切り替え，売上の波が小さい幼児玩具，教育玩具の品ぞろえを充実させ，父の時代からの店員で会ったO氏を中心に活動しているおもちゃ病院は継続させ，玩具店は維持してきた。

2 A社の課題・問題点

　図表－6のA社のSWOT分析を見てみる。外部環境的には脅威のほうが大きい。玩具のターゲットである子供たちが減っていくのは明らかである。またトイザらス，GMS，家電量販店の参入といった競争から，アマゾンなどネット通販，そしてテレビゲームでは販売店を必要としないダウンロードによるソフトの供給，さらにスマホゲームへの移行が進んでいる。

　一方，機会としては，少子化が進むなかでも1人の子供への投資額は増加している。子育て世代への優遇制度，補助金等もあり，市場規模が収縮しているわけではない。

　A社は玩具の中では安定して，規模の大きい分野である幼児玩具，知育玩具を得意としている。また後継者を得て，その知見で先見性を持った取り組みが可能である。

●図表－6　A社のSWOT分析

	機会	脅威
外部環境	・6ポケットの存在と子供に対する投資熱の高さ ・少子化対策による育児世代への補助の拡大 ・ロボットプログラミング等教育玩具周辺商品の注目度上昇 ・若者対象のアイドル，アニメ関連イベント拡大	・少子化による対象顧客の減少 ・アマゾンなどネット通販の拡大 ・商店街のさらなる地盤沈下 ・GMS，子供衣料，家電量販店の出店 ・ゲームのスマホアプリ移行
	強み	弱み
内部環境	・経営者が経営コンサルタントの知識と資格，能力，人脈を持つ ・商店街振興の中核を担う。 ・次男が専務として経営をになう，後継者問題をクリア，アニメ関係への造詣が深い ・次男の友人のWEBマーケティングの専門家がサポートしてくれている ・WEBマーケティング，イベント集客による顧客情報の収集ができ会員制度でリピーターが増加している。	・店の顔でもあるおもちゃクリニックの専門家が高齢化，後継者を育成できていない。 ・商店街振興に時間がとられ，自分の店があとまわしになる。 ・イベント開催による集客はできているが，経費増で利益に貢献していない ・従業員の確保が難しく，経営者，家族従業員の残業・休日出勤が多くなっている。

　古くから地域一番の玩具店であり，おもちゃ病院としての知名度を生かして，子育て世代の相談窓口，遊び場，イベント発信基地として来店促進できる。

　家族的経営に収斂して維持してきた店ではあるが，後継者となった次男家族のために，売上を拡大し，家族に依存しすぎない経営への転換が望まれている。

③ A社の現状と利益構造

　図表－7のA社の前期実績を見ると，WEB通販とイベントが売上として切り分けることができるぐらいまで来ている。店頭売上の大幅な増加を見込めない現状ではこの2つの売上を増加させる施策が必要になる。

[11] おもちゃ屋のモデル利益計画

● 図表－7　A社の利益構造（前期）

損益計算書から				構成比	
売上	WEB通販		8,000,000	3.9%	
	店頭販売		189,000,000	93.1%	
	イベント		5,000,000	2.5%	
	その他		1,000,000	0.5%	
	計		203,000,000	100%	
仕入	仕入れ1	一般玩具	64,025,000	65%	平均仕入率
	仕入れ2	メディア	73,875,000	75%	平均仕入率
	仕入れ3	イベント	3,200,000	80%	平均仕入率
	計		141,100,000	69.5%	
売上総利益			61,900,000	30.5%	
販売費・一般管理費	販売費	広告宣伝費	8,000,000	3.9%	
		その他	12,600,000	6.2%	
		計	20,600,000	10.1%	
	一般管理費	役員人件費（2名）	10,000,000	4.9%	
		役員外人件費（平均6名）	20,000,000	8.0%	
		原価償却	3,000,000	1.5%	
		その他	12,000,000	5.9%	
		計	35,000,000	17.2%	
	計		55,600,000	27.4%	
営業利益			6,300,000	3.1%	
営業外収益			3,200,000	1.6%	
営業外費用			3,000,000	1.5%	
経常利益			6,500,000	3.2%	
特別損益			−200,000	−0.1%	
税引き前当期純利益			6,300,000	3.1%	

● 図表－8　A社の現状と利益計画

項目	前期実績		今期			
	金額	構成比	今期計画	構成比	今期見込	構成比
売上高	203,000	100.0%	220,000	100.0%	210,000	100.0%
売上原価	141,100	69.5%	150,000	68.2%	145,500	69.3%
売上総利益	61,900	30.5%	70,000	31.8%	64,500	30.7%
販売費・一般管理費	55,600	27.4%	58,000	26.4%	58,000	27.6%
営業利益	6,300	3.1%	12,000	5.5%	6,500	3.1%
営業外収益・費用	0	0.0%	0	0.0%	200	0.1%
経常利益	6,300	3.1%	12,000	5.5%	6,700	3.2%

165

図表－8の前期実績，今期目標と実績見込みを見てみる。残念ながら目標数値には達していないが，売上の積み上げはできている。WEB通販がもう少し伸長すると計画したが，ゲームソフトの予約受注は予想外に店頭受取が多く，店売にカウントされることとなった。またイベントは様々な費用が必要になり，利益率が悪い。WEBサイトリニューアル，WEB受注システム，個人情報漏洩対策等の費用などの販管費は予算を使い切る予定である。

　「任天堂スイッチ」ブームのために原価の高いメディア（テレビゲーム・ソフトウェア関連）の売上構成比が高いのが利益率を低くしている。

Ⅳ　モデル利益計画

1　WEBマーケティング

　A社はC専務が加わった3年前から，インターネットによる受注，予約受付，通販を開始した。人気ソフトなど入荷が限られる商品の発売日に，前日から並ぶ若者等について学校や商店街でも問題になっていたため，インターネットによる申込みと抽選で販売する方法に変更した。

　これは地域にも顧客にも歓迎され，人気商品が欲しい場合，まずはA社のインターネットでの事前抽選申込をするという流れになっている。売上確保，メーカーとの交渉にも有利に作用している。

　また会員制度も浸透してきているなかで，乳幼児向けカタログの送付，メールマガジンでの情報提供に反応する親が増えてきている。育児情報，与えるべき玩具とその時期などの問い合わせも多く，来店促進にもつながっている。パッケージの大きな玩具，乗用玩具などは，通販による自宅配送依頼も増えている。

② イベント関連売上

　一昨年実施したC専務の趣味が高じたアニメキャラクターのイベント集客が予想以上であり，これを商店街のイベントに拡大してはどうかという提案が通り実施したところ，夏の酉の市より賑わいをみせて，今後も同様のイベント企画を依頼されている。

③ モデル利益計画

　図表−9では今期の実績予測から来期のモデル利益計画を示した。従来型の店頭売りは売上維持が限度であるが，通販売上とイベント関連売上を1,000万上乗せする。またテレビゲームやソフトなどの売上は現状維持として，幼児・教育玩具の構成比を高めて原価率を低減させる。

　SEO対策などWEBマーケティング費用や顧問料，業務委託費，アルバイト人件費が必要であり，販管費は大目に予算組みする。

　営業利益率5％を目標にしたいところだが，まだWEBマーケティングへの投資，イベントの試行錯誤の必要があり，投資を先行させる。

●図表−9　A社のモデル利益計画

（千円／％）

項目	今期見込み 金額	今期見込み 構成比	来期計画 金額	来期計画 構成比
売上高	210,000	100.0%	220,000	100.0%
売上原価	145,500	69.3%	150,500	68.4%
売上総利益	64,500	30.7%	69,500	31.6%
販売費・一般管理費	58,000	27.6%	60,000	27.3%
営業利益	6,500	3.1%	9,500	4.3%
営業外収益・費用	200	0.1%	0	0.0%
経常利益	6,700	3.2%	9,500	4.3%

Ⅴ 今後の課題

1 売上構成とイメージ戦略

　A社の場合は次男のC専務が後継者となり，その知見で新しい方向性も見出しつつある。しかし店売りでの売上を拡大するのは非常に難しい環境である。郊外型玩具店は撤退したが，郊外型立地の玩具も扱う子供服の店，テレビゲームとソフトを扱う家電量販店などが進出してきている。

　地域一番店として，特に社長の時代に充実させた幼児・教育玩具の扱い品数は誇れるものがある。いままでもベビーカーや抱っこひもなど，安心安全な利用方法についての講習会，幼児教育のイベントなどを開催してきた。

　今後は「SAFE KIDS JAPAN」などと連携して，子供の事故防止などの情報を店舗並びにホームページ，メールマガジンなどで発信していくと良いと思われる。

　子供のことならA社が安心とのイメージ戦略と父母向けイベントによる来店促進，会員化による囲い込みを実施すべきであろう。

2 会員管理・拡大

　従来のA社会員制度は，会員カードにお買い上げ金額ごとのスタンプを押し，その数で割引があるというものであった。名簿から幼児向けのチラシ送付，年末年始カタログの送付を実施していた。

　C専務の友人D氏に会員管理システムを依頼し，属性による抽出，宛名シール作成，メールマガジン送付システムの構築，データ流出のリスク排除等を進めてもらっている。

　WEBでの会員登録を推進し，ネットまたは店頭での購入履歴によ

るお勧めなどができるようなシステムを構築すべきである。

アニメキャラクターイベント参加者も会員化し，ネット上でのイベント告知やサークル活動的な場所の提供も考える必要がある。

③ 販売促進

❶ WEBマーケティング

D氏のおかげでホームページや顧客管理システムが整ってきた。メールマガジンの発行，会員登録による割引，特典付与も販売促進ツールとして試行できている。

今後もホームページ更新，SEO対策，WEBプロモーションについてD氏に依頼していく予定だが，今後は正式に契約書をかわして報酬を支払う必要がある。相談中ではあるが，D氏が会社を設立するのであれば委託契約とし，設立が難しければD氏との顧問契約を交わして参画してもらうとの事である。

❷ 商店街振興

商店街の活性化の中心をになし、賑わいを演出していかなければならない立場でもある。先代も商店街連合会の会長を務めていたが，B社長も今年からに商店街連合会の会長となることが決まっている。これまでも商店街振興にかかわってきたが，アニメキャラクターイベントで中心となった専務の世代の企画力と推進力を後押しする体制の構築が重要になる。

空き店舗の増加，後継者のいない店舗の諦め，顧客も店側も少子高齢化している現状など商店街も問題は山積みだが，イベント開催の拡大や商店街ポイントの簡易化，スマホでのポイント連携などを進めていく必要がある。

④ 人材育成と連携

1　おもちゃ病院

　おもちゃ病院を取り仕切っているＦ氏は80歳を越えている。ボランティア的に活動してきてもらったので，経費は少なくて済んだ。

　残念ながらおもちゃの修理はあまり売上利益には貢献しない。しかし当社のおもちゃを扱う上での原点は「おもちゃはいつまでも友達」である。「おもちゃ病院」をなくすことは現社長も専務も考えていない。そこで後継者として定年退職した元玩具メーカー社員とコンタクトを取り，交渉中である。Ａ社の社員としての雇用は経営的に難しいので，業務委託契約を提案している。

2　WEB マーケティング

　Ｄ氏にはシステム構築や全体のデザインはお願いできるが，日頃からWEB情報更新，情報発信する必要があるため，そのための人材育成が必要である。店員のＥさんが文章を書くのを苦にしないタイプなので，メールマガジンやSNS情報発信をまかせ，店舗の仕事を減らす方向で考えている。

3　イベント展開

　アニメキャラクターイベントはＣ専務の得意とするところではあるが，準備や実施の手間を考えるとＣ専務が中心になって活動するのでは売上利益に結び付かない。そこでサークルのイベントに協賛するという形態で企画の実施を試みる。店舗スペースをサークルに使わせ，WEB上で参加を募る場所やイベント企画を練る場所を提供する。また賞品提供も充実させる予定である。

　沿線の始発駅が人気アニメの舞台となった。最近では聖地巡礼といわれ，その土地を訪れるファンも多い。このアニメテーマのスタンプラリー企画を手始めに集客と経費，商品の販売への結び付け，商店街との連動など，一つ一つ課題をクリアして売上利益に貢献できるイベントの事業モデルを構築する必要がある。

〔佐藤　裕二〕

12 アウトドアショップの利益計画

Ⅰ 業界の概要

　自然の中でアウトドアライフを楽しむスタイルが多様化している。これまでのように春から秋にかけてのシーズンだけでなく,「冬キャンプ」を楽しむというものや, 一人で気ままに「ソロキャンプ」を味わうというものなどスタイルが広がっている。都会の喧騒や生活空間を抜け出して, 澄み切った空気や心地よい日差しを感じながら, 楽しいひと時を過ごすことは気持ちよいものである。このような楽しみを持つ人たちの多くは, スマートフォンやデジタルカメラを使って画像を取り入れ, Line や Facebook, インスタグラムなどの SNS や YouTube に公開して, 大自然の中で捉えた美しい景色や感動を伝え合い, アウトドアライフを満喫している。

　これまでピクニックやキャンプなどのアウトドアライフは, 経済的でコストパフォーマンスの高い活動と考えられてきた。しかし, 近年「グランピング」と言われる豪華で高級志向のキャンプが支持されている。これは,「グラマラス（Glamorous）」と「キャンピング（Camping）」を組み合わせた言葉で, イベント業社だけでなく飲食業やホテル業などもこのサービスを展開するところが増えている。

　また, 定年退職を迎えた中高年層の方々のセカンドライフや健康増進のための活動の一環として, ウォーキングや登山などを楽しむというライフスタイルを見かけるケースが増えている。レクリエーションやコミュニケーションを通じてネットワークを形成し, 定期的に活動を行っている。1人ではなかなか行動しづらいアウトドア活動も, 仲

間で取り組むことで参加しやすくなる。

　一方，若い世代でも子育て世代を中心に，週末を利用して公園や河原でのバーベキューを楽しむ姿も多く見られる。行動派で音楽の趣味を持つ人々の中には「野外フェス」と呼ばれる屋外の音楽イベントに泊まり込みで参加するなど活発にアウトドアライフを楽しむ人もいる。

　さらに，平日はビジネスで活躍し，土日は山登りや天体観測などとともにファッションを楽しむライフスタイルの「山ガール」といわれる女性が注目を集めており，雑誌やテレビ番組で取り上げられるケースも増えている。このような消費者に対し，商品販売を通じてさまざまな情報提供を行うのがアウトドアショップである。

① アウトドアショップとは

　アウトドアの辞書的意味は，屋外や野外であり，アウトドアスポーツやアウトドアライフを楽しむ場のことである。アウトドアの反対語はインドアであるが，主な日常生活の場であるインドア空間を抜け出して，大自然の中で光や空気を満喫できる場がアウトドアである。アウトドアの具体的な活動は，キャンプやハイキング，登山，釣り，川遊び，サイクリングなど非日常のライフスタイルであるため，開放感などの格別の楽しみがある。

　アウトドアショップとは，アウトドアライフを楽しむための道具や関連するさまざまな商品を扱う小売業であり，その取扱品目は非常に多い。多くの顧客に支持されて販売していくためには豊富な商品知識と経験が求められる。例えばバーベキューを楽しむためには木炭に火をつけることが必要で，火のおこし方を具体的に説明できることが必要である。また，スモークチーズやスモークサーモンなどの燻製には，冷燻・温燻・熱燻などの種類があり，木の種類によって風味も異なるため，素材・用途に合わせた道具や使い方の知識が必要である。

2 豊富な商品の種類と商品知識

　アウトドアショップは，スポーツ用品小売業のうち，特にキャンプやハイキング，登山，トレッキングなどのアウトドアレジャーに関連する商品を幅広く取り扱う小売業である。

　具体的な取り扱い商品として，ウエア，シューズ，バッグ，テント・タープ，キャンピング用品，アウトドア・ファニチャー，釣り具，トレッキング用品，フーズなどがある。サイズや色・柄を取りそろえるためには，多くの在庫量を保有する必要がある。

　さらにアメリカ，フランス，イギリスなどの高機能・高品質で比較的単価の高い海外ブランド品などの種類も多く，品揃えを充実させるためには，在庫金額も大きな負担となり販売効率も悪くなる。

　顧客にこれらの商品を説明し購買に繋ぐためには，それぞれの特徴や機能・性能，使い方などについて熟知し，商品知識や経験を備えておくことが不可欠である。さらに，四季折々の海や山，キャンプ場や野外イベント，交通機関などの行楽地に関する幅広い情報をつかんでおくことが必要である。ユーザー視点でアドバイスや情報を提供することができれば，ユーザーからの店に対する信頼も高まるのである。

3 立地条件

　アウトドアショップに適した立地は，駅前などの交通アクセス性が高い場所である。商圏の広い首都圏などの都市型商業地で，比較購買のできる同業者の密集した地域が好立地である。テントやテーブル，椅子などのアウトドア・ファニチャー及びバーベキューコンロなどの大型商品を取り扱うため，その展示のための広い売り場面積が必要である。また，中にはサイズが大きく持ち帰りの困難な商品もあるので，宅配サービスが不可欠である。

商品の種類も多く，比較検討をするため店舗におけるユーザーの滞在時間は長い。さらに自動車での来店に対応するため近隣に駐車場も必要である。

Ⅱ アウトドアショップを取り巻く環境変化

アウトドアショップの市場環境は，さまざまな年代において拡大してきている。

バーベキューでは，公園などの施設でバーベキューコンロやテーブル，椅子などを借りることができ，肉や野菜などの食材までも準備してもらえ，気軽に楽しむことができるというところもある。重い荷物の運搬や後片付けの手間が省け，ユーザーの負担が少ないので，利用が増えている。

従来のバーベキューやキャンプの主役となっていた薪や木炭などの燃料や付帯設備はレンタルで解決させて，所有するのはより手軽なガス器具や電化製品にシフトしている。

アウトドアウエアは，ビギナーが経験を重ねていくうちに徐々に本格的な機能や品質を求める傾向が強くなり，買増し・買替え需要が膨らんでくる。トレッキングウエアでも本来の機能だけでなく，ファッション性に重点が置かれたものの人気が高い。

山ガールが求めるコーディネートには，天候や気温の変わりやすい山の環境に合わせて，ウエアを組み合わせることが必要である。これにカラフルな色や柄などの要素を上手く取り入れて，ファッションとして楽しんでいる。レイヤリングと呼ばれる重ね着と組み合わせ方法は，ファッション性と機能性の両方を実現できる。アウターレイヤーは，防湿性の機能主に雨風霧雪などの天候から身を守る。ミドルレイヤーは，通気性と保温性を調整することが重要である。ベースレイヤーは，アンダーウエアや肌着などの肌に近い衣類で，汗を吸いとり皮

12　アウトドアショップの利益計画

膚の表面をドライな状態に保つことができる。

　さらに，屋外におけるスポーツイベントとして，2007年から毎年東京マラソンが開催され，多くの参加者を集め，ランニングブームが定着している。市民マラソン大会は全国的に広がり，それに伴ってランナー人口も増加した。同時にサイクリング人気も高まっている。ランニングやサイクリングのためのウエアやシューズには，汗を蒸発させたり姿勢を強制したりする機能を持ったものが次々と開発され，ユーザーの支持を受けている。体力強化・健康増進を目的とした活動を通じて参加者の定着が進んでいると考えられる。

1 アウトドア活動への参加状況と費用の変化

　2011年から2017年までの6年間における「ピクニック，ハイキング，野外散歩」，「登山」，「オートキャンプ」の参加状況の推移を示したものが図表－1である。これによると全体としては，家族ぐるみで手軽に参加できる「ピクニック，ハイキング，野外散歩」の割合が高く，15％以上の人が何らかのアウトドア活動を楽しんだことが分かる。

　また，「登山」，「オートキャンプ」も6.5％程度の人が参加している。「ピクニック，ハイキング，野外散歩」について2011年には，22％く

●図表－1　年別活動別参加率の推移　　　　　　　　　（単位：％）

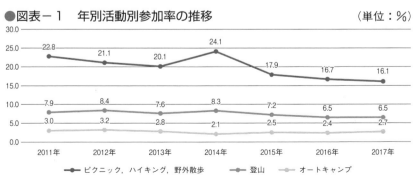

（出展）「レジャー白書2018」（公財）日本生産性本部より作成

175

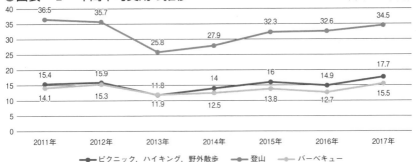

（出展）「レジャー白書2018」（公財）日本生産性本部より作成

らいの参加状況であったが，2017年には17％を下回っている（図表－1）。

　同じ6年間の「ピクニック，ハイキング，野外散歩」，「登山」，「オートキャンプ」の平均費用の推移を示したものが図表－2である。最も参加率の高い「ピクニック，ハイキング，野外散歩」の2017年の年間平均費用は，17,700円で月平均では約1,450円である。高額な費用がかからないことも手軽に参加できる要因である。より本格的な「登山」，「オートキャンプ」には，それぞれ3万円から5万円かけており，専用の道具や移動及び宿泊に高額な費用をかけている。しかし，この二つは景気や規制・制度の影響を受けやすく，2011年の東日本大震災後の「自粛」の影響を受けて「登山」の費用が減少した。ところが，2013年の富士山の世界遺産登録を追い風に，土曜・日曜を利用して登山やキャンプに出かけて楽しむ人が増加し，それにかかる費用も増えている（図表－2）。

2　顧客の変化

　現在は，アウトドアライフの多様化とともに徐々にアウトドアブームが浸透してきている。野外フェスティバルへの参加や「山ガール」

に加えて,「グランピング」や「ソロキャンプ」,「冬キャンプ」といわれる新しいライフスタイルが広がってきた。

さらに定年を迎えた中高年層の登山や街歩きなどは,グループ活動としても定着しつつある。1950年代の第1次アウトドアブーム及び1990年代の第2次アウトドアブームを経て,洗練された第3の波が押し寄せ,さらに進化している。

第2次アウトドアブームでは,欧米風の豪華なバーベキュースタイルをイメージし,大きな期待を持ったビギナーが取り組んだ。受け皿であるキャンプ・サイトの整備も不十分で,高額であるにもかかわらず,多くのキャンパーがキャンプ場に詰めかけるなどの混乱も見られた。バーベキューは基本的な道具さえ揃えれば,費用が安く済み,経済的と考えられたが,総合的には手間がかかる上,食材を多く買い過ぎたり,品質の高い食材を購入したりするなどして費用もかかってしまうこともあった。道具の使い方や火の起こし方も知らないまま購入し,現地で使うことができないなどの問題も発生した。

3 購買力と余暇時間の変化

これまで我が国の平均労働時間は,諸外国に比べて多いといわれてきた。しかし,2008年のリーマン・ショックによる景気後退や2018年の安倍内閣による働き方改革関連法の影響により,月平均の労働時間は減少し,2018年はこの15年間で最も短い141.4時間であった(図表-3)。労働時間が減少することによって,余暇に費やすことのできる時間が増えると考えられるのである。

2008年から2017年までの9年間の平均実収入・可処分所得の推移をみると,ともに回復してきたことが分かる。2008年の月平均実収入は,53万3,302円であったが,2011年には50万9,973円まで減少したのち,緩やかに増加し,2017年には53万3,936円となり,2008年のレベルを

●図表－3　月間実労働時間の推移

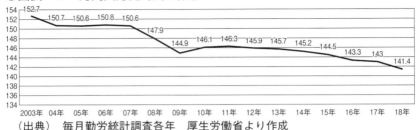

（出典）　毎月勤労統計調査各年　厚生労働省より作成

●図表－4　実収入・可処分所得の推移（月平均）　　　（単位：円）

（出展）「レジャー白書2018」（公財）日本生産性本部より作成

上回った。

　同様に可処分所得についても回復しているものの，2008年のレベルには届いていない（図表－4）。そのため，バブル経済崩壊後は，収入や所得が減少する中で節約や消費の工夫をするなどしている国民の堅実な暮らしぶりが浸透している様子が窺える。

Ⅲ　アウトドアショップ A 社の概要

設 立 年：昭和38年
組織形態：株式会社
資 本 金：1,000万円
従 業 員：17人
事業内容：アウトドア用品・スポーツ用品の小売販売

12 アウトドアショップの利益計画

> 年間売上高：3億5,580万円

　アウトドアショップA社は，社長であるO氏を中心として，専務である弟のP氏と常務である娘婿のQ氏3人の経営者の下で，14人の従業員の合計17人で運営している。

　首都圏の中心地にある本店と近郊の駅前の2つの支店は，いずれも好立地にある。定休日は，毎週水曜日である。

　A社は，もともとO氏の祖父が1950年に始めた食料品小売業であり，物不足と戦後復興の経済発展の影響を受け，事業を拡大していった。商店街の中心に立地しており，勤勉な性格の祖父は薄利多売をモットーとしていたことからも地元の支持を受け，地域一番店としての地位を確保した。高度成長の波に乗って順調に発展していたところでさらに，1965年になると車で10分の距離のところに工業団地が造成され，十数社の工場が相次いで創業した。工場勤務者を中心に近隣の市や町からも多くの人が流入し，店も人口増加の影響を受け，売上げも年々増加を続けていった。

　1967年にO氏の誕生を機に，O氏の父親が店の経営を引き継いだ。そして1970年には，株式会社に組織変更した。高度成長の波に乗り，順調に売上げを伸ばしていった。1973年には車で15分のところに，1976年には反対方向に10分のところにそれぞれ支店を開店，事業を拡大させた。

　しかし，1985年になると近隣に食品スーパーマーケットチェーンやコンビニエンスストアが相次いで出店し，価格面では大型店の大量仕入れに対抗することができず，利便性の面でも長時間営業を行う競合店に勝てなかったため，売上げは低迷を続けた。

　当時スポーツ店に勤務していたO氏は，両親の勧めもあり，実家の食料品店の経営に参加することにした。O氏は，先輩店員たちの指

導を受けながら，食料品店に従事していたが，厳しい競争環境の中で業績を伸ばすことが困難であるという現実を踏まえて，将来を考えると全く新しい分野への事業展開が必要であると考えるようになった。スポーツ店時代の友人たちとも定期的に連絡を取り合うなどよい関係を続けていた。

　そして1987年になると好景気に伴うゴルフブームが到来したことから，事業の多角化の一環として従来の食料品店とは別にゴルフを扱うスポーツ用品店をオープンさせた。開店以降O氏の人柄の良さから，多くの顧客を集め，順調に売上げを伸ばしていった。

　一方の食料品店は，大手ディスカウンターや郊外型の大型スーパーマーケットチェーンの出店の影響を受け，さらに業績が悪化した。そのため，1990年当時，社長であったO氏の父親は，食料品店を閉店するという苦渋の決断をした。

　バブル経済の崩壊以降，ゴルフブームも終わり，客離れが進んだことで，A社は品揃えを大きく変更し，アウトドアスポーツをサポートする総合ショップに業態を変えていった。1993年に店舗改装を行い，キャンプやトレッキング，登山，釣りなどのアウトドアレジャーを主体としたアウトドアショップとして生まれ変わった。1995年と1998年には，それぞれ支店を開店させた。この頃は，団塊の世代が定年を迎え，旅行やハイキングを楽しむ中高年層の支持を受け，徐々に売上げを伸ばしていった。第3次アウトドアブームの波に乗り，自動車を使ったオートキャンプ客が増加し，売り上げも順調に伸びていった。

　A社では社員を増員して対応し業績を伸ばしたが，ホームセンターや大手スーパーマーケットでもアウトドア用品の品揃えを強化したため，低価格競争が進み年々売り上げは減少していった。

●図表－5　A社のSWOT分析

		強み	弱み
内部経営環境	財　務	・規模が小さいもののスリムな経営体質。 ・独自の仕入れルートがある。	・商品回転率が低い。 ・規模が小さくバイイングパワーが弱い。 ・色・柄・サイズなど種類が多いため，在庫負担が大きい。
	労　務	・スポーツ経験豊富な販売員の商品知識。	・教育が進まず，能力面で個人差がある。 ・人材が不足している。
	販　売	・店員のアウトドアに関する知識が豊富。 ・スポーツ経験豊富な販売員の商品説明。 ・接客技術の質が高い。 ・商品やファッションの知識が豊富。	・接客技術にばらつきがある。 ・価格面で競争力が弱い。 ・品揃えに特長が出し切れていない。
	情報発信	・豊富な知識の基づく高い接客技術がある。 ・広範なキャンプ情報が共有されている。 ・最新のメーカー情報を取り入れている。	・ウェブサイトの整備が十分ではない。 ・一部の社員の個人的な活動に依存している。

		機会	脅威
外部経営環境	市場環境	・中高年層の健康志向による関心の高まり。 ・ランニングブーム。 ・市民マラソン大会の増加。	・少子化・人口減少傾向。 ・可処分所得の減少。
	顧　客	・中高年層顧客の増加。 ・防災意識の高まり。	・来店客数の減少。 ・若年層の顧客が増えない。
	競　合	・大型店には難しい個別顧客への対応ができる。 ・独自イベントによる集客と定着。	・大型スポーツ店による低価格PB商品の拡大。
	情　報	・メールマガジンによるイベント情報発信。 ・SNSを使った情報交流。	・インターネット通信販売の浸透。 ・価格比較ウェブサイトによる低価格志向の進展。

Ⅳ　A社を取り巻く環境と問題点

1　競争の激化

　大型スポーツ用品店などの競合に加え，インターネット通販のアマゾンや楽天市場をはじめとするイーコマースに取り組む企業が増加し，店頭販売以外での競争も激化している。イーコマースではこれまでの

業種業界の垣根を越えて，家電小売業や卸売業者が出店しており，それぞれのサイト内でも価格競争に繋がっている。

　アウトドア用品のユーザーの多くは，パソコンやスマートフォンを上手に使いこなし，新商品情報やイベント情報をタイムリーにつかんでいる。そのような情報を活かしながら，自分の感性に合ったこだわった商品を見つけている。そのため，購買の決定のためには店頭で実際に商品を手にとって確かめたいという意識も働く。商品を買うかどうかを決めた後で，インターネット上の価格比較サイトを使って販売価格の最も安いところを探すという，商品決定場所と購買場所が一致しないということも起こっている。

　アウトドア用品は，テントやバーベキューコンロをはじめ，比較的大型商品が多いため，自宅や目的地まで宅配便で届けてもらえるインターネット通販の利便性もユーザーにとっては魅力である。すでに競合店である大型スポーツ専門店の多くが，インターネット販売を実施しており，ユーザーの選択肢はますます広がっている。このような競争環境の中，A社の売上げは低迷していた。

2　売上げの停滞

　店舗の来店客数は，1店舗当たり1日平均約100人であるが，土曜日曜祝日には，約300人が訪れている。折込広告や店頭パンフレット，ダイレクトメールを活用して集客に取り組んでいる。特にハイシーズンである5月のゴールデンウィーク期間は，来店客数も増えて賑わいがある。そのほか，7月の在庫一掃バーゲンセールや10月の創業祭などのイベントには，500人を超える人数を集めていた。しかし，その効果も年々低下し，売上高も来店客数も減少していた。

　また，円高による影響が出ており，低価格競争が激化し，商品単価が下がることにより総売上高が伸び悩んでいる。これは，多くの商品

において生産拠点の中国シフトが進んだことによるものであるが，単に安いだけではなく，品質向上と低価格化が両立できている。

その背景には，中国における生産加工技術の向上があり，安価な人件費で高品質な製品を生産している。これまで品質にこだわってきた日本製製品との差が小さくなっている。

③ 客数の減少

来店客数の減少は，ユーザーが店に感じる魅力が低下していることを意味している。つまり，店の存在意義の減少を示している。A社は，価格面でも品揃え面でも特徴を出しにくくなってきている。

競合他社に価格面で対抗しても，仕入れルートや取引条件では弱い立場にあり，限界がある。上位商品と下位商品の差が縮まり，商品が均質化する中で「品質に差がなければ，低価格を求める」というユーザーの合理的な考え方が支配的となってきていた。

各店の店長は，自分でもさまざまなアウトドアスポーツを楽しみ，豊富な知識や豊かな経験を持っているものの，店長業務が忙しく，社員教育までは手が回っていない。店長の中には，時には常連客を誘って，キャンプや釣りに出かける者もあったが，個人的な付き合いの域

●図表－6　スポーツ用品小売業の経営指標（平均値）

	スポーツ用品小売業平均	単位
総資本経常利益率	△1.0	％
売上高総利益率	34.6	％
売上高営業利益率	△1.4	％
売上高経常利益率	△1.2	％
商品回転期間	2.3	月
従業員1人当たり年間売上高	27,402	千円
流動比率	272.2	％
損益分岐点比率	120.8	％

（出展）　日本政策金融公庫　小企業の経営指標より作成

●図表－7　A社の改善の方向性（戦略マップ）

経営目標	・年間売上高4億円を目指す。 ・スリムな経営体質を実現する

↑

財務の視点	利益額の増加
	・売上絶対額の増加 ・粗利益率の改善

↑

顧客の視点	顧客満足度の向上
	・アウトドア情報の充実 ・商品情報の充実

↑

業務改革の視点	接客技術の向上
	・接客技術のさらなる改善 ・商品知識の充実
	情報発信
	・商品情報の発信 ・行楽地情報の共有
	イベントの拡充
	・ツアーへの参加 ・ウォーキングイベントの実施

学習と成長の視点	販売技術の向上
	・新商品の発掘 ・新たなイベントへの取組み ・販売員教育
	体験学習
	・ツアーへの参加 ・ウォーキングイベントの実施 ・バーベキュー大会

を超えることはなかった。他の店員も，ハイキングやサイクリングなどの趣味を持ち，休日を利用して楽しむ者もいるものの，それを販売に活かすことはできていない状態であった。

Ⅴ　A社の利益計画

① 商品展開の変更

　A社でこれまで売上げに大きく貢献してきたのは，上級者向けの高機能で品質にこだわった商品であった。顧客の多くが，他店では取扱いの少ないこれらの商品を求めて来店していた。

　しかし，これらは購買頻度も低く，単品としての販売効率が良いとはいえなかった。これらの中には，長い間滞留し，不良在庫となっている商品もあることが問題であると分かった。そこで，思い切って品揃えを見直し，売れ筋商品を残して7月のバーゲンや創業祭などのタイミングを利用して大幅に値下げをして売却し，在庫を削減することができた。

　ビギナー向けの低価格商品の売れ行きが良いことから，アイテムを絞って大量集中販売を心がけ，商品を積み上げて展示するボリューム陳列を行った。価格面でも値ごろ感を出せるよう，価格帯別に売れ筋商品を組み込むようにした。売れ筋商品に絞った品揃えに変更し，在庫効率を改善することができた。

　ファッション性にも配慮し，特に若い女性も楽しめるよう，新商品や流行品を積極的に採用するとともに，色・柄の種類を増やすなど品揃えを充実させた。そうすることで店内の印象もカラフルになり，イメージアップに繋がっている。

② 販売技術の改善

　特殊な商品を説明する場合，その良さや使い方，キャンプやハイキング，登山などに出かけた先の情報や知識もユーザーに提供できることが必要である。自身でも積極的に海や山に出かけ，アウトドアを楽

しんでいる販売員は，店の中でも特に人気が高く，他の店員に良い影響を与えている。このような販売員が中心となり，店内会議の場を利用して道具の利用方法やウエアの着こなしのアドバイス，行楽地情報，キャンプ場情報を持ち合い，レクチャーし合うという取組みを始めた。これにより，店の全員の情報が深まり，商品知識が充実していった。こうして得た知識や情報をユーザーとの会話の中に盛り込むことで，相手の反応が違ってくるという事を実感できるようになってきた。

情報や知識が身に付いてくると接客にも自信が持てるようになり，ユーザーとの会話も積極的に行うようになった。その結果，店内の雰囲気も親しみやすく活気のあるものに変化していった。会話の技術も向上し，だんだんスムーズになり，ユーザーの笑顔が増えていった。

③ 新たな取り組みによる効果

これまであくまで個人的に取り組んできた日帰りハイキングやサイクリングなどの取組みであったが，Ｏ氏の判断で，これらを全店のイベントとして開催することとし，通常業務としてかかる諸経費を負担することにした。常連顧客や得意客を中心に案内をしたところ，10人を超える参加があり，評判もよいことから，回を重ねるごとに参加者も徐々に増えている。

これらのイベントの準備のために，知識や経験のある社員が中心となって企画を進め，顧客にも案内していった。ほとんどの店員がイベントに参加するため，アウトドアを楽しむということへの関心も高まり，店舗での業務にも好影響をもたらすようになってきた。商品やアウトドア活動に関する自信がつくことで，接客姿勢も積極的になるなど効果が表れている。

Ｏ氏は，これまで競合店との低価格競争にこだわるあまり，古くからの重要顧客である固定客との交流を疎かにしてしまっていたことに

●図表-8　A社のモデル利益計画

	直前期		今年度	
	実数（千円）	構成比（％）	実数（千円）	構成比（％）
売　上　高	327,000	100.0	355,800	100.0
売　上　原　価	222,360	68.0	248,160	69.7
売　上　総　利　益	104,640	32.0	107,640	30.3
人　件　費	47,800	14.6	48,550	13.6
販　売　管　理　費	96,400	29.5	98,900	27.8
営　業　利　益	8,120	2.5	8,740	2.5

気付き，自身が考えていた以上に多くの方から支持されているにもかかわらず，その期待に応えることができていなかったことを深く反省した。

　これはアウトドアショップA社主催のミニ旅行やウォークラリーなどのイベントを通じて，強く再認識したことであり，今後はこのような根強い優良顧客に喜んでもらえる取組みを強力に進めていきたいと考えている。

　これらの取組みの結果，来店客数も徐々に増えてきている。売上高も3億5,000万円を超えるレベルまで引き上げることができた（図表-8）。

〔宮川　公夫〕

13 ペットショップの モデル利益計画

I 業界の概要

　ペット業界は、バブル崩壊後も右肩上がりで成長を続けてきた。

　その背景には、かつての「実用」から「癒し」へと、ペットを飼う理由が移行した点が挙げられる。

　近年では「ペットの家族化」が進み、ペットが「コンパニオンアニマル」として家族から手厚く世話されるケースが増えてきている。

　その結果、高単価のペット・ペット用品販売額の伸長に加え、ペット保険等ペット向けの新たなサービスが市場に受け入れられ始めており、ペットのほとんどを占める犬と猫の飼育頭数の合計は減少傾向にあるものの、市場規模は全体として微増傾向にある。

1 ペットショップの事業内容

　ペットショップでは、これまで生体やペットフード、ペット用品を主に販売してきた。

　ただし、複雑な流通経路や定義の曖昧な価格設定などブラックボックス化していた生体販売については、2005年と2013年に動物愛護管理法が改正されて規制が強化された（図表－1）。

　また、ペットフードやペット用品の販売については、大手ホームセンターなど異業種からの参入による競争が激化してきた。これらの要因でペットショップが従来の販売事業で収益を上げるのが困難となったものの、「ペットの家族化」の進展により、医療介護などの飼育補助サービスやペットホテルなどの共生サービス、さらには犬カフェ・

●図表－1　2013年改正動物愛護管理法の主なポイント

内　容	備　考
終生飼養の徹底	・動物の所有者の責務として，動物がその命を終えるまで適切に飼養すること（終生飼養）が明記。 ・動物取扱業者の責務に，販売が困難になった動物の終生飼養を確保することが明記。 ・都道府県等は，終生飼養に反する理由による引取り（動物取扱業者からの引取り，繰り返しての引取り，老齢や病気を理由とした引取り等）の拒否が可能。
動物取扱業者による適正な取扱いの推進	・これまでの「動物取扱業」は「第一種動物取扱業」という名称に変更。 ・犬及び猫を販売する第一種動物取扱業者（犬猫等販売業者）は，犬猫等健康安全計画の策定，個体ごとの帳簿の作成・管理，毎年1回の所有状況報告が義務化。 ・第一種動物取扱業者（哺乳類，鳥類，爬虫類の販売を業として営む者）は，販売に際してあらかじめ，購入者に対して現物確認・対面説明をすることが義務化。 ・幼齢の犬猫の販売制限が設定。 ・飼養施設を有し，一定数以上の動物を非営利で取り扱う場合（譲渡・展示等）には，第二種動物取扱業として届出が義務化。
その他	・罰則の強化。

（出典）　環境省「動物愛護管理法が改正されました＜動物取扱業者編＞」パンフレットより抜粋

猫カフェなどの娯楽サービスへ事業内容が多角化しつつある。

2　ペットショップ市場の状況

　経済産業省の「経済センサス–活動調査」によると，2016年の「ペット・ペット用品小売業」年間商品販売額は2,003億4,700万円である。2012年と比較すると，年間商品販売額は148.2％と従業員数の伸び以上に伸長している（図表－2）。

　その要因として，単独店を中心とした個人事業主の減少があげられる。2016年の事業所数は，法人が2012年対比117.6％と大幅に増加したものの，個人は同96.8％と減少した。その結果，法人の事業所数が個人を上回った（図表－3）。

　先述した異業種からの参入に加え，2005年の動物愛護管理法改正により「届出制」から「登録制」へと動物取扱業への規制が強化された

●図表−2　ペット・ペット用品小売業年間商品販売額・従業者数

	2012年	2014年	2016年	2012年対比
年間商品販売額（百万円）	135,221	143,125	200,347	148.2%
従業者数（人）	22,141	23,508	25,662	115.9%

（出典）　経済産業省「経済センサス−活動調査」より抜粋

●図表−3　ペット・ペット用品小売業事業所数内訳
　　　　　（法人・個人）

	2012年	2014年	2016年	2012年対比
法人	2,193	2,511	2,580	117.6%
個人	2,542	2,534	2,461	96.8%
事業所数　計	4,735	5,045	5,041	214.5%

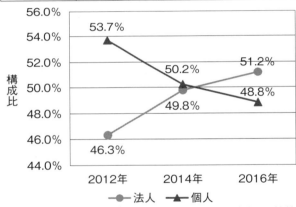

（出典）　経済産業省「経済センサス−活動調査」より抜粋

結果，ペットの生体販売を行う個人事業主が減少の一途をたどっている。

③ ペット関連消費の状況

　総務省の「家計調査」によると，2人以上世帯の「1世帯当たりのペット関連支出金額」は右肩上がりで伸長している（図表−4）。
　なかでも動物病院代は，「ペットの家族化」に加えて「ペットの高齢化」により支出が急激に増加している。

13 ペットショップのモデル利益計画

●図表－4　1世帯当たりのペット関連支出金額推移（2人世帯以上）

	2015年	2016年	2017年	2018年
ペットフード	6,938	7,143	7,007	7,485
他の愛玩動物・同用品	3,809	3,998	4,351	4,697
動物病院代	6,322	6,638	7,125	7,250
他の愛玩動物関連サービス	2,609	2,619	2,673	3,235
ペット関連支出　計	19,678	20,398	21,156	22,667

（単位：円）

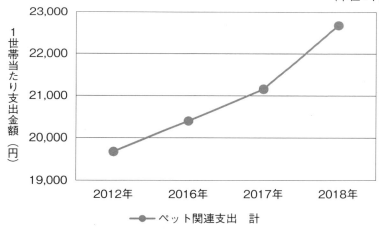

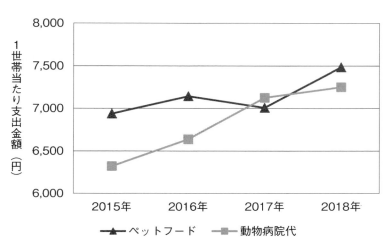

（出典）　総務省「家計調査」より抜粋

またペットフード代は，ペットの年齢別商品や，脂肪燃焼などの機能性商品，無添加商品など人間の食事と同じような高付加価値商品が支出金額を押し上げている。

　一方，代表的なペットである犬猫の2014年以降「飼育頭数」推移を見ると，犬の飼育世帯数が減少し続けており，2017年以降猫の飼育頭数を下回るようになった（図表－5）。

　犬を現在飼育していない理由としては，「集合住宅に住んでいて禁止されているから」「旅行など長期の外出がしづらくなるから」など一般的な内容だけでなく，「別れがつらいから」「死ぬとかわいそうだから」「最後まで世話をする自信がないから」「以前のペットを亡くしたショックが癒えていないから」といったペットを家族の一員として

●図表－5　犬猫飼育頭数

	2014年	2015年	2016年	2017年	2018年
犬	9,713	9,438	9,356	8,920	8,903
猫	9,492	9,277	9,309	9,526	9,649
犬猫飼育頭数　計	19,205	18,715	18,665	18,446	18,552

（単位：千頭）

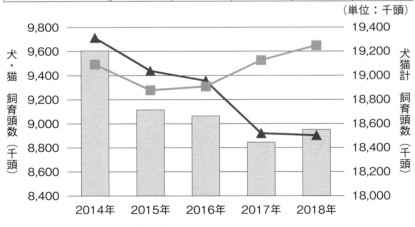

（出典）一般社団法人ペットフード協会「全国犬猫飼育実態調査」より抜粋

●図表－6　犬を現在飼育してない理由

理由	回答数
集合住宅に住んでいて，禁止されているから	19.8
旅行など長期の外出がしづらくなるから	11.4
別れがつらいから	8.9
お金がかかるから	8.8
死ぬとかわいそうだから	7.2
最後まで世話をする自信がないから	6.7
十分に世話ができないから	6.5
以前飼っていたペットを亡くしたショックが，まだ癒えていないから	5.7
日中ペットだけで留守番をさせるのはかわいそうだから	4.3
子供の世話で手一杯だから	4.1
散歩をするのが大変そうだから	2.0
アレルギーの家族がいるから	1.6
飼ったことがないので大変さがわからないから	1.2
しつけをする自信がないから	1.0
家や庭が狭いから	1.0
ご近所に迷惑がかかりそうだから	0.7
シェルターで入手を検討したが，断られたから	0.1
その他	4.8
あてはまるものはない	4.2

※シングルアンサー（n＝935）　　　　　　　　　　　（単位：％）
（出典）　一般社団法人ペットフード協会「全国犬猫飼育実態調査」より抜粋

意識している内容が多い（図表－6）。

　これらのことから，ペットを飼育する世帯は減少しているものの，飼育している世帯については「コンパニオンアニマル」としてペットに長い間愛情を注いでいることが分かる。

Ⅱ　A社の概要

　A社は埼玉県南部に本社を構える中堅ペットショップチェーンである。

●図表－7　A社　収益状況

	2011年2月期	2012年2月期	2013年2月期	2014年2月期	2015年2月期
売上高	225,965	220,557	208,487	210,585	200,890
売上原価	62,684	60,505	60,713	59,307	56,298
売上総利益	163,281	160,052	147,774	151,278	144,592
販売費及び一般管理費	125,878	122,881	113,968	122,359	123,538
営業利益	37,403	37,171	33,806	28,919	21,054
営業利益率	16.6%	16.9%	16.2%	13.7%	10.5%

※　単位：千円

```
創　　　業：1978年
組　　　織：株式会社
資　本　金：3,000万円
従　業　員：120名
年　　　商：2億89万円（2015年2月期）
```

　犬・猫・熱帯魚などの生体及び用品販売を事業内容に1970年代後半に創業し，集客力の高いGMSへのテナント出店に加え，郊外型独立大型店舗を県内中心に出店してきた。

　2015年2月期現在で18店舗を展開している。

　創業者は「よりよい品をより安く」をモットーに，生体・用品の大量仕入れやPOSシステムの早期導入によるコスト削減で低価格販売を実現して売上を急成長させてきた。

　しかしここ数年は新規出店をしても既存店の落込みが激しいため，売上げが減少している。また売上回復のためチラシ販売を強化したものの，売上回復効果も薄い状況である（図表－7）。

Ⅲ　A社の経営環境

●図表－8　A社　SWOT分析

	好影響	悪影響
内部環境	強み（Strength） ①積極出店による充実した大型店舗網 ②ペットショップ専業による高い認知度	弱み（Weakness） ①販売事業依存の売上構造 ②店舗を任せられる人材の乏しさ
外部環境	機会（Opportunity） ①ストレス社会の進行 ②団塊世代の大量退職 ③1世帯あたりペット支出金額の増加	脅威（Threat） ①異業種からの参入 ②生体販売の規制強化

A社の経営環境を，SWOT分析の手法により分析した（図表－8）。

1 外部環境分析

1 脅威（Threat）

(1) 異業種からの参入

GMSやホームセンターを中心にペットショップ業界への参入企業が増加し，ペット用品を中心に売り場を拡大して低価格販売を強化した。

(2) 生体販売の規制強化

2013年の改正動物愛護管理法により，生体販売を中心に規制が強化され，ペット飼育世帯数が減少した。

2 機会（Opportunity）

(1) ストレス社会の進行

「動物を通した癒し」でストレスを軽減させるアニマルセラピー（動物介在療法）が注目されており，多くの効果・効用が認められている。

(2) 団塊世代の大量退職

（一社）ペットフード協会が2006年10月に行った「団塊世代の犬猫飼育に関する意識調査」によると，7割以上が「犬猫の飼育は退職後

の人生をより良くしてくれる」と答えており，今後生活に潤いや安らぎ求める団塊世代の生体購入が増えそうである。
(3)　1世帯当たりペット支出金額の増加
　「ペットの家族化」が進んだ結果，ペット飼育世帯のサービスを含めたペット関連支出金額は増加傾向にある。

② 内部環境分析

1 弱み（Weakness）
(1)　販売事業依存の売上構造
　大量仕入れ・大量販売の手法で売上を伸長させてきたが，近年はインフレの進行もあり従来のビジネスモデルが通用しなくなっている。
(2)　店舗を任せられる人材の乏しさ
　競合店舗との奪い合いで，出店に際して必要な「店舗を任せられる」人材の確保が困難となってきている。その結果，店舗の増加スピードに人材が追いつかず，慢性的な人材不足に陥っている。

2 強み（Strength）
(1)　積極出店による充実した大型店舗網
　GMSのペットショップ業界参入によりテナント出店からは撤退したものの，18店舗はいずれも広い売り場スペースの郊外型大型店舗である。
(2)　ペットショップ専業による高い認知度
　創業以来ペットショップ専門で事業を拡大してきた結果，ペットショップとして地域住民の認知度は非常に高い。また40年近い歴史を評価され，業界団体にも加盟している。

Ⅳ　A社の利益改善計画

　これまで述べてきた経営環境分析に基づき，クロスSWOT分析の

●図表－9　A社　クロスSWOT分析

	機会（Opportunity） ①ストレス社会の進行 ②団塊世代の大量退職 ③1世帯当たりペット支出金額の増加	脅威（Threat） ①異業種からの参入 ②生体販売の規制強化
強み（Strength） ①積極出店による充実した大型店舗網 ②ペットショップ専業による高い認知度	強みを活かして機会を勝ち取る ①生体販売の縮小 ②高付加価値用品の拡充 ③サービス部門の強化	脅威からの影響を最小限にとどめる
弱み（Weakness） ①販売事業依存の売上構造 ②店舗を任せられる人材の乏しさ	機会を逸しないように弱みを克服する	撤退し他に委ねる

「強みを活かして機会を勝ち取る」戦略から，A社の利益改善計画を以下のとおり導き出した（図表－9）。

1 事業内容の見直し

A社は生体・用品の低価格販売に注力していたが，「ペットではなく大切な家族を販売する」という経営理念を新たに制定し，その理念に基づき事業を再構築した。

■1 生体販売の縮小

生産者から生体がペットショップへ届くまでには，自家繁殖を除いて大きく3つのルートが存在する。具体的には，①生産者とペットショップが直接取引を行うルート，②生産者とペットショップの間に中間業者が介在するルート，③生産者から「オークション市場」などに回りペットショップがそこで買い付けするルート，である。

これまでA社は3つのルートを全て活用して生体を仕入れてきたが，②・③のケースでは生体が「モノ」として扱われるケースも少なくない。その結果，先天性の病気を持った生体を消費者が購入して間もなく死んでしまうことなどにより，A社のブランドに傷が付く可能

性もある。

　A社では，生体販売の規模を縮小して，生体の仕入れは昔から直接取引していて信用できる生産者からの仕入れのみとした。

2　高付加価値用品の拡充

　A社では，低価格帯のペット用品を大量に仕入れて他社よりも安く販売することで競争優位性を保ってきたが，異業種からの参入企業が資本力を背景にペット用品の価格競争を仕掛けてくると，近年はその優位性も薄まってきていた。

　そのためペットショップ専業による豊富な経験を活かし，価格競争に巻き込まれない高付加価値商品（機能性商品，無添加商品など）の品揃えを強化した。一方で従来の低価格帯商品については，品揃え・仕入量ともに縮小した。

3　サービス部門の強化

　A社は，生体や低価格帯用品売り場の縮小で生じた広い売り場スペースを活かして，サービス部門を強化した。

(1)　トリミング・ホテルコーナーの設置

　A社では，「トリミング地域ナンバーワン」という目標を掲げ，トリマー育成学校を卒業した人材を新たに雇用して全店舗に配置した。トリマーを積極的に社外研修に派遣したり，各店舗のトリマーを集めて勉強会を開催したりするなど，恒常的なスキルの向上を目指した。

　またペットホテルも併設しトリミングとの同時利用特典も付与した。

(2)　ペットカフェの設置

　A社では，売り場面積の特に広い3店舗に近隣の定年退職した団塊世代やペット好き住民のふれあいの場としてペットカフェを設置した。そして，ここで聞いた情報を商品の品揃えやサービス内容に反映させるようにした。

(3)　レンタルペットサービスの実施

A社では，ペットを飼育していない消費者にも気軽にペットとのふれあいを体験してもらおうと，レンタルペットサービスを開始した。このサービスを利用した消費者が生体を購入する際には，生体を優待価格で販売する特典も付与した。

(4) ペットカルテの作成

　A社では，上記サービス及び生体・用品を購入した消費者一人一人の購入履歴や従業員とペットについて話した内容などを「ペットカルテ」としてデータベースに蓄積するシステムを導入した。

　「大切な家族と末永いお付き合いをする」という考えの下，情報を随時更新し気付いた点を個別にメールや電話，店頭でアドバイスした。

② 見直し後のモデル利益計画

　これまで述べたように事業内容を見直すことで，A社は3年後に売上高2億7,000万円・営業利益4,300万円・営業利益率15.9％まで収益を改善する見込みである（図表－10）。

　2016年2月期は売り場の改装やトリマーなどの人員補充，ペットカルテのシステムへの先行投資により営業利益率が落ち込むものの，2017年2月期以降は事業内容の見直しが消費者に浸透して収益が飛躍的に改善する見通しである。

　さらに長期にわたって消費者との良好な取引を継続して利益を最大化することを目的に，A社はペットカルテの充実を目指している。

　その根底には顧客生涯価値（LTV：customer lifetime value）の概念がある。これまでのA社の売上構造は，生体や用品販売時の単発売上が主だった。しかし，ペット飼育世帯数が減少傾向にある状況において，同一消費者の連続的な購買を喚起することで利益は今後さらに伸長が見込まれるだろう。

〔田中　勇司〕

● 図表-10　Ａ社　利益計画

	2015年2月期	2016年2月期	2017年2月期	2018年2月期
売上高	200,890	220,000	240,000	270,000
売上原価	56,298	60,000	62,000	67,000
売上総利益	144,592	160,000	178,000	203,000
販売費及び一般管理費	123,538	140,000	145,000	160,000
営業利益	21,054	20,000	33,000	43,000
営業利益率	10.5%	9.1%	13.8%	15.9%

※　単位：千円

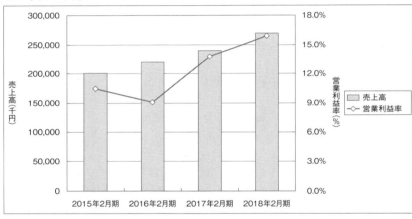

14 土産物店のモデル利益計画

Ⅰ 業界の概要

1 土産物店とは

1 日本標準産業分類上の定義

日本標準産業分類における土産物店の定義を次に示す。

●図表－1　土産物店の日本標準産業分類

60991　みやげ品（小売）
○　みやげ品（観光地の土産物品店で，商品の種類を分けることが困難な場合に限る）

（出典）　総務省「日本標準産業分類」

観光地に立地していて，その地に由来した商品を取り扱っている。品揃えに関しては多種多様で，種類を分けることが難しい。そのような小売店を土産物店と呼ぶ。

2 土産物店の立地形態

観光地とは，歴史的，文化的，自然景観的な魅力によって，観光旅行者を受け入れている施設や土地を意味する。そのような場所における土産物店の立地形態には，次のようなものがある。

- 観光地内
- 観光地へ向かう経路上
- 観光地と観光地を結ぶ経路上
- 宿泊地

観光客を相手とした小売業であるため，立地条件は訪客の流入数を左右するため，業績に与える影響は大きい。

3 経営形態

土産物店は,観光地に根付いて営業を続けてきた店舗が多い。そのため,小規模零細経営が大多数を占めている。

経営の形態は,次のように分類できる。

- 土産物専門店
- ホテル・旅館による館内直営店
- 企業の経営による駅・空港などへの出店

4 取り扱い商品

土産物店は,多種多様な商品を取り扱っている。以下にその例をあげる。

●図表－2　土産物店の取扱い商品例

食品	菓子,漬物,農産物及び加工品,水産物及び加工品,酒類
非食品	漆器,陶磁器,金属細工,木工細工,民具・玩具,その他雑貨

3で述べたように,土産物店は,小規模零細経営が大多数である。そのような経営形態において,多品種少量の商品を取り扱っているため,卸からの商品仕入れが多い。

また,この業界の特徴として,小売側の交渉力が強いことがあげられる。具体的には,次のような商習慣がある。

- 卸への返品が可能である場合が多い
- 卸からの委託販売が多い

5 商品流通構造

既に述べたように,土産物店における商品の仕入れは,卸売業者を経由する場合が多かった。それにより土産物店は,品揃えと物流の機能を,卸売業者に依存できた。しかし近年では,土産物の商品流通構造は複雑化している。

例えば，従来はメーカーや生産者が土産物店へ直接納入する場合もあった。近年はそれに加え，メーカーによる消費者への直接販売，メーカー直営店，生産者団体の商品流通への参入など，商品の流通構造が複雑化しているのである。

２　土産物の市場動向

次に，土産物の市場動向について見てみる。土産物店が対象とするのは観光客であるので，国内旅行における土産物購入額と，訪日外国人の消費行動について確認する。

１　国内旅行における土産物購入

日本国内に居住する者の，観光・レクリエーション目的での国内宿泊旅行と国内日帰り旅行における延べ旅行者数を，2011年から2018年の年単位で集計した結果が，図表－3である。このグラフから分かるように，消費税増税のあった2014年は，国内宿泊旅行，国内日帰り旅行ともに，延べ旅行者数が減少したが，翌年には回復している。

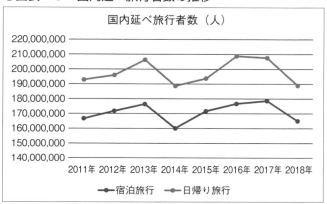

●図表－3　国内延べ旅行者数の推移

（出典）観光庁「旅行・観光消費動向調査」2011年～2018年の集計表データから，観光・レクリエーション目的分を集計

この動きから，国内旅行は景気変動の影響を受けやすいことが分かる。

　では，国内旅行における土産物の購入額はどのように推移しているであろうか。延べ旅行者と同じ期間で，観光・レクリエーション目的の国内宿泊旅行，国内日帰り旅行それぞれでの，土産物購入額を集計したものが，図表－4である。

　2018年の増加は統計方法変更が影響している。

●図表－4　国内旅行での土産物購入額

国内旅行での土産物購入額

単位：百万円

年	宿泊旅行	日帰り旅行
2011年	約1,150,000	約750,000
2012年	約1,150,000	約680,000
2013年	約1,200,000	約730,000
2014年	約1,080,000	約660,000
2015年	約1,190,000	約700,000
2016年	約1,150,000	約710,000
2017年	約1,170,000	約720,000
2018年	約1,320,000	約760,000

（出典）　観光庁「旅行・観光消費動向調査」2011年〜2018年の集計表データから，観光・レクリエーション目的分を集計

2　訪日外国人の消費動向

　次に，訪日外国人旅行者の日本滞在中における消費動向を確認する。

　訪日外国人数は，2018年に3,000万人を超えた。政府は2020年の4,000万人突破を目標としている。また，日本の成長戦略としても，訪日外国人のインバウンド消費に対する期待は大きく，2020年は8兆円の消費を見込んでいる。

14 土産物店のモデル利益計画

● 図表-5　訪日外国人数の推移

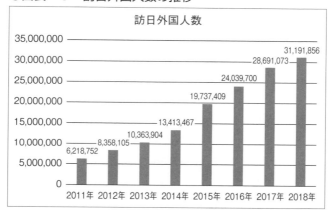

（出典）　日本政府観光局「年別 訪日外客数，出国日本人数の推移（1964年－2017年）」，「国別／月別訪日外客数（2003年～2019年）」

● 図表-6　国別の訪日外国人数（2018年）

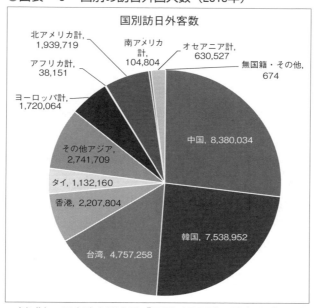

（出典）　日本政府観光局「国別／月別訪日外客数（2003年～2017年）」

205

このように，ここ数年で急激に増加した訪日外国人数であるが，国別ではどうであろうか。その集計が，図表－6である。

　このグラフから明らかなように，訪日外国人の約70％を，東アジアの諸国・地域（中国，韓国，台湾，香港）で占めている。また，南アジアまで地域を広げると，訪日外国人の85％以上が，アジアからの来訪者となる。一方で，ヨーロッパ・北米からの来訪者は，約15％程度となっている。

　特に，中国からの訪日客は急激に増加している。2014年までは，韓国からの訪日客が最も多かったが，2015年に中国が逆転した。

　では，訪日外国人の，日本滞在中の買物動向はどうであろうか。図表－7は，訪日外国人の，日本滞在中に金銭を消費した内訳のアンケート結果を集計したものである。表中の数値は，各品目に対し金銭を消費した比率と，消費した際の1人あたりの単価である。

　購入者単価欄を見ると，中国人の金額が，大多数の品目において，他国より高額であることが分かる。

　また，購入率が50％以上の品目を見ると，菓子類，食品・飲料類，化粧品，医薬品などであり，一般的な土産物店ではなく，コンビニエンスストア，百貨店，免税品店などで購入している品目であると推測できる。

　以上から，訪日外国人，特に東アジア各国・地域からの旅行者が急増しているが，買い物の動向を見ると，土産物店はインバウンド消費を取り込めていない可能性があることが分かる。

③ 土産物店の経営課題

◼ 顧客ニーズの変化に対応した店舗コンセプト，品揃えへの方向転換

　既に述べたとおり，土産物店の多くは，観光地に根付いた，小規模

●図表－7　アジアからの訪日外国人の消費動向

2018年（平成30年）暦年 【確報】　　　　　　　　　　　　　　　　　　　　　　　　　　　　　　　　　（％，円）

	韓国 購入率	韓国 購入者単価	台湾 購入率	台湾 購入者単価	香港 購入率	香港 購入者単価	中国 購入率	中国 購入者単価
宿泊費	78.8	26,866	56.9	39,718	77.0	48,629	55.3	60,042
飲食費	89.3	18,999	78.5	24,163	92.4	33,397	82.6	35,688
交通費	82.9	7,818	70.0	12,613	88.3	15,587	68.8	17,155
娯楽等サービス費	40.9	7,895	38.7	8,762	46.1	9,236	34.4	17,619
現地ツアー・観光ガイド	5.6	6,697	4.3	9,745	3.9	12,261	4.5	12,337
ゴルフ場	0.4	11,750	0.2	7,810	0.3	13,524	0.2	52,207
テーマパーク	14.4	8,902	12.1	9,741	15.0	9,781	15.3	11,691
舞台・音楽鑑賞	1.2	14,421	1.3	18,612	1.4	16,350	0.9	17,642
スポーツ観戦	0.1	1,783	0.2	62,949	0.3	13,716	0.2	3,798
美術館・博物館・動植物園・水族館	13.3	2,057	21.8	2,779	24.6	2,801	16.3	3,559
スキー場リフト	0.0	12,489	1.3	12,298	2.5	15,702	1.2	17,704
温泉・温浴施設・エステ・リラクゼーション	8.3	2,990	3.7	4,554	5.9	7,147	3.9	7,298
マッサージ・医療費	0.6	8,530	0.5	5,746	0.4	36,993	0.4	113,554
展示会・コンベンション参加費	0.5	2,662	0.2	8,406	0.2	3,519	0.5	11,627
レンタル料（レンタカーを除く）	0.8	2,714	0.7	4,947	0.7	8,805	0.3	14,035
その他娯楽等サービス費	5.8	12,662	1.8	21,019	2.4	11,275	1.1	158,558
買物代	96.4	22,366	98.1	46,353	97.8	50,514	98.7	113,546
菓子類	82.5	6,002	73.6	8,910	63.1	9,234	70.2	10,427
酒類	29.5	5,086	17.7	5,452	15.3	7,244	13.3	11,148
生鮮農産物	2.2	5,662	16.2	3,595	20.1	3,980	5.5	6,989
その他食料品・飲料・たばこ	36.2	4,596	40.7	7,566	38.2	8,833	32.3	12,498
化粧品・香水	31.3	8,598	40.5	13,776	45.1	20,076	79.6	54,182
医薬品	43.1	5,985	57.0	14,497	42.2	9,249	49.1	23,475
健康グッズ・トイレタリー	12.9	6,280	30.6	13,578	20.0	9,571	22.5	24,936
衣類	23.6	12,738	41.2	14,093	53.4	21,687	35.8	30,841
靴・かばん・革製品	9.8	12,368	21.4	15,513	31.7	20,183	25.1	41,541
電気製品（デジタルカメラ／PC／家電等）	2.7	32,023	17.8	24,368	5.5	21,449	18.0	37,101
時計・フィルムカメラ	1.5	23,783	2.1	29,257	2.5	41,890	6.5	85,828
宝石・貴金属	0.8	42,126	0.5	93,424	0.7	53,052	1.7	124,772
民芸品・伝統工芸品	4.9	4,174	8.2	8,491	6.5	12,121	6.3	16,786
本・雑誌・ガイドブックなど	3.0	5,742	3.7	5,534	5.9	4,911	3.3	7,627
音楽・映像・ゲームなどソフトウェア	2.5	9,569	3.3	12,345	3.7	14,779	3.5	20,019
その他買物代	9.4	9,126	4.0	12,063	5.1	23,587	3.6	20,511
その他	0.5	10,089	0.1	23,744	0.2	14,884	0.1	64,943

（出典）　観光庁「訪日外国人消費動向調査」

零細企業である。また，他の小売業がそうであるように，経営者の高齢化も進んでいる。そのため，従来から取り扱っている商品に対する深い知識は有しているが，市場の変化を捉えた，新商品の開発・発掘

(単位）回答数：人，購入率：％，購入者単価：円／人

タイ		シンガポール		マレーシア		インドネシア		フィリピン		ベトナム		インド	
購入率	購入者単価	購入率	購入者単価	購入率	購入者単価	購入率	購入者単価	購入率	購入者単価	購入率	購入者単価	購入率	購入者単価
62.5	43,793	45.4	68,667	38.9	51,288	42.2	54,957	45.7	44,702	20.9	94,093	30.2	95,069
72.5	29,050	4.7	38,827	2.6	29,909	3.8	27,693	6.4	32,377	1.9	57,503	3.0	37,128
71.0	15,768	0.3	20,144	0.1	16,859	0.2	20,015	0.6	15,837	0.3	22,128	0.2	23,268
33.8	9,439	0.7	12,882	0.7	12,209	0.6	10,365	0.6	11,458	0.3	21,159	0.8	9,968
2.6	6,595	1.9	38,176	1.2	22,207	1.5	11,105	1.7	13,960	1.9	8,635	1.4	15,457
0.1	16,960	95.4	13,484	95.8	14,970	98.0	28,450	94.4	8,949	96.7	8,283	88.2	6,263
14.3	10,654	67.0	9,586	63.3	10,537	60.8	8,602	57.9	9,337	76.7	7,421	48.9	9,329
0.8	6,822	14.9	26,601	12.0	9,032	10.4	4,945	8.3	28,173	17.4	56,772	18.7	18,626
0.2	12,919	4.8	2,000	4.5	4,888	4.3	7,110	5.3	6,396	10.4	3,686	2.6	4,947
16.3	3,386	33.9	2,959	38.6	3,215	33.8	2,840	42.0	2,943	28.4	3,901	20.0	3,458
2.1	9,929	29.1	26,891	32.2	12,047	28.6	8,375	28.1	14,916	45.1	14,058	12.1	6,207
4.0	5,500	11.9	5,155	18.0	3,740	6.9	5,506	5.2	7,104	24.4	5,575	1.7	5,293
0.2	8,783	10.8	10,223	10.1	137,929	5.3	7,576	6.9	11,346	20.7	61,698	1.5	4,577
0.7	2,942	41.1	2,772	37.9	7,318	46.9	20,255	42.7	4,000	48.5	42,607	33.2	160,000
0.7	5,459	28.5	9,385	29.3	8,912	39.1	33,707	40.7	17,577	21.0	16,002	16.3	6,040
3.0	11,578	5.9	4,580	4.1	22,721	5.3	48,316	5.9	11,661	14.0	91,709	12.0	26,079
95.8	41,322	3.8	43,077	11.1	41,933	7.4	38,750	8.6	42,333	9.4	65,839	7.4	29,941
72.2	11,488	2.7	10,349	1.3	11,307	1.1	8,113	3.2	7,991	0.9	11,723	1.9	7,682
14.3	6,526	4.3	7,548	5.0	8,975	7.9	11,565	3.8	6,777	5.4	10,873	9.2	8,949
7.5	5,420	5.2	3,061	4.0	3,690	4.5	6,996	2.3	14,531	3.8	15,766	2.6	13,226
31.3	9,894	3.5	13,005	1.3	12,650	2.1	10,598	2.0	10,204	1.7	16,752	2.6	12,184
43.4	14,572	9.7	18,844	8.7	16,779	7.9	12,042	8.0	11,829	6.0	22,387	13.5	10,761
12.4	7,079	0.4	8,744	0.1	12,170	0.3	8,319	0.6	8,943	0.6	19,532	0.0	8,018
6.4	11,644	80	9,542	143	18,396	47	7,137	74	7,455	304	20,585	15	7,202
37.4	15,426	299	20,032	535	13,888	450	16,533	457	15,190	704	20,002	341	16,288
44.6	18,274	195	18,017	407	20,711	377	21,772	411	17,752	306	23,978	169	13,260
4.9	14,017	42	15,784	59	32,021	53	39,322	60	24,843	205	41,816	125	31,773
8.9	22,632	28	60,068	152	21,404	74	23,466	87	83,258	136	38,927	78	27,669
1.0	7,514	18	51,203	19	34,588	11	74,449	34	45,538	15	75,377	19	15,963
3.1	13,219	38	8,976	70	11,033	76	12,405	39	6,376	76	8,605	94	8,200
2.9	6,652	38	4,140	58	6,308	44	12,073	25	3,942	57	6,919	27	4,091
2.2	12,707	21	13,542	21	14,631	20	13,460	23	8,599	25	13,864	27	20,132
7.3	17,880	57	19,188	119	11,152	75	10,752	83	14,583	88	24,836	136	11,162
0.5	27,585	2	12,803	1	5,000	2	6,001	7	49,061	8	40,606	0	―

力に乏しいという特徴がある。

　また，訪客のほとんどが，観光途中での立ち寄りであるため，店舗と顧客の関係性を深める機会が少ない。このことも，顧客ニーズの変

●図表－8　土産物を買う相手

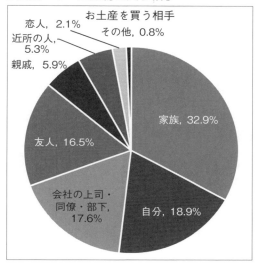

（出典）　JTB「お土産に関するアンケート調査」

●図表－9　土産物を買わない理由

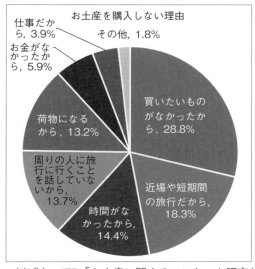

（出典）　JTB「お土産に関するアンケート調査」

化を捉える機会を妨げている。

　顧客ニーズとしては，JTB が News Release で発表した，「お土産」に関するアンケート調査の回答がある。

　このアンケート結果から，お土産を買う相手は，5割強が家族及び自分であった。一方で，欲しいものが無い時は，無理して買わないという選択が多いことが，アンケート結果から分かる。

　日帰りの小旅行を中心に，旅行が日常化したことで，土産物の購入動機が変化し，自分が欲しい物を買うという行動が多くなっている。土産物店は，この変化を捉え，店舗コンセプトと品揃えの方向転換が課題である。

　また，この課題解決には，単品管理に基づく，売れ筋・死に筋の把握が前提となる。

2　少子高齢化社会への対応

　先に見たように，国内旅行における土産物購入額は停滞から減少傾向にある。少子高齢化の流れで，日本の総人口が減少に転じたことからも，国内旅行における土産物購入に，大きな増加は見込めない。

　国内旅行での土産物需要を取り込むためには，ボリュームゾーンへターゲットを絞る，戦略の転換も必要となる。図表－10は，年齢別に見た国内旅行の延べ旅行者数である。40代～60代が全体の半分近くを占めていることが分かる。この年代をターゲットとした店舗コンセプトと品揃えで，需要を取り込むことが課題である。

　一方で，訪日外国人は増加を続け，買物消費額も高い伸びを示している。図表－7で見たように，特に東アジアからの訪日客が約70％を占めている。この増加傾向は，2020年東京オリンピック・パラリンピック後も続くと見られ，土産物市場拡大の可能性を秘めている。

　少子高齢化社会への対応策として，訪日外国人のインバウンド需要，特に東アジアからの訪日客需要を取り込むことが課題である。

●図表−10　年代別国内旅行者延べ人数

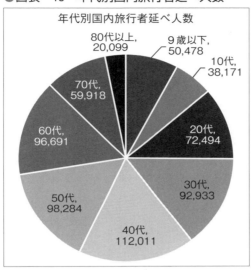

（出典）　観光庁「旅行・観光消費動向調査」

3　季節変動の大きさへの対応

　日本の観光地の魅力のひとつが，季節の変化とともに見せる繊細な自然の表情である。しかし，観光地によっては，季節によって訪客が減少する地域もある。

　都市部の自然景観の魅力度が高くない観光地であっても，修学旅行シーズンやゴールデンウィークなどのピーク時の訪客数と，その他の時期の訪客数の差は大きい。

　このように，観光地は季節変動による訪客数の差が大きいことが特徴である。この季節変動を見越して，適切な商品発注や人員手配を行わないと，在庫や人員の過多もしくは不足で，収益に悪影響を及ぼす。

　土産物店にとって，季節変動による影響への対応が，重要な課題である。

Ⅱ　モデル店の利益改善計画

1　A土産物店の概要

A土産物店
立地場所：関東有名古刹の門前
経　営　者：B氏（4代目）48歳
組織形態：株式会社
資　本　金：1,000万円
従　業　員：3名
設　　　立：昭和初期
取扱商品：手作り民芸品，食品

1　A土産物店の歴史

　A土産物店は，関東古都にある有名古刹の門前にて，昭和初期から店を構える老舗である。手作りの細工品が有名な地にあり，参拝客相手に手作り民芸品を販売する売店から，A土産物店の歴史は始まった。

　現在は，門前の一等地にて，立派な店構えを誇っているが，その基礎は2代目である先々代の時代に築かれた。

　2代目は，高度経済成長という時代の波に乗り，店舗の業容を拡大した。それまでの細々とした手作り民芸品の販売から，観光地名を記したペナントや提灯，菓子類など，大衆受けする商品に，品揃えを広げたのである。売り上げが伸び，現在の店舗の取得，株式会社形態への変更と，現在の経営基盤を築き上げた。

　3代目が引き継いだ当初は，業績は順調であったが，バブル崩壊から始まる日本経済の停滞により，徐々に悪化し始めた。2008年のリー

マンショック後，売り上げが急減し，債務超過に陥った。

現在の4代目は，業績が最悪の時期に経営を引き継いだ。店舗コンセプトを見直し，品揃えを変更する改革を断行し，就任5年目で債務超過を解消した。

2 B氏の改革

B氏が打ち出したA土産物店の新コンセプトは，次のようなものであった。

- 地域ブランドと自店ブランドの融合
- 自分自身が買いたい商品の品揃え

自店が立地する観光地に対し，観光客が抱くイメージを分析し，自店も同様の印象を与える店舗の外装・内装とした。

また，HPを立ち上げ，観光地の魅力を訴求する情報発信でアクセス数を増やし，地域と自店の融合を図った。

品揃えは初代の原点に戻り，古くから有名であった，地域の手作り細工品を中心に据えた。また，地元の細工職人との連携で，B氏が企画した新商品を充実させていった。価格帯も，1万円台，5,000円台，3,000円台を中心とした。また，実店舗での販売に加え，HP上での販売も開始した。

食品類も改革を行った。食品に対する安全安心志向の高まりを反映し，地元菓子店が作る，食品添加物の少ない焼き菓子を中心とした。また，同菓子店から生菓子も仕入れ，店内にイートインコーナーを設置した。

2 A土産物店のSWOT分析

以上の，B氏の改革を踏まえた上での，A土産物店のSWOT分析は，次の通りである。

●図表－11　A土産物店のSWOT分析

内部環境	強み S	B氏のリーダーシップ 地元職人，菓子店との連携 地元の老舗であるブランド力
	弱み W	改革前より発注ロット数が多くなった 改革前はあった，返品可能条件の喪失 改革前より仕入原価が高くなった
外部環境	機会 O	観光地としての知名度が高く，年間を通して観光客が多い 外国人観光客が増加を続けている
	脅威 T	国内旅行の長期減少傾向

　B氏の改革により業績は回復したが，それまで卸業者に転嫁していたリスク，特に在庫保有リスクが高まっていた。

3　A土産物店の利益改善

　B氏の改革は，A土産物店の業績を改善したが，同時に在庫保有のリスクも高めた。このリスクを低減する対策として，次の施策を実施した。

■1　中国人観光客の取り込み

　A土産物店が立地する観光地は，外国人旅行者，特に東アジアからの旅行者の増加が著しい。その中でも中国人観光客をターゲットとして，o2o（Online to Offline）マーケティングを実施した。その概略を次に示す。

●図表−12　Ａ土産物店ｏ２ｏ概念図

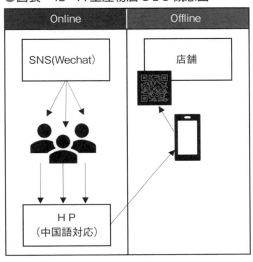

　中国人のSNSシェアNo.1である「Wechat」に公式アカウントを開設，Ａ土産物店と観光地の情報を発信した。また，SNSから中国語対応した自社HPへのアクセスをうながした。

　店舗では，POPにQRコードを印刷，スマートフォンでスキャンすることで，自社HPの商品案内ページ（中国語）を表示した。

　この取り組みにより，中国人間での口コミを誘発し，中国人観光客の集客アップにつながった。

2　施策による改善効果

　ｏ２ｏによる中国人観光客取り込み戦略により，Ａ土産物店は売上高・営業利益が共に増加し，在庫回転期間も改善した。その実績を以下に示す。

　2009年は，売上総利益率が上記期間中で最も高かったが，集客のための販管費用（旅行会社へのバックマージンなど）も高く，営業赤字が続いていた年である。

●図表−13　A 土産物店の利益改善結果

（単位：千円）

	2009年	2013年	2015年
売上高	130,000	140,000	170,000
売上総利益	91,000	84,000	102,000
営業利益	−1,300	7,000	17,000
在庫回転期間（月）	2.5か月	2か月	1.9か月

　B 氏就任後は仕入れルートを見直したため，売上総利益率は低下した。しかし，店舗コンセプトの見直しで接客効率が高まり，営業利益はプラスに転じた。2013年に債務超過から脱した。

　2015年は o2o 戦略が増収につながった。これは，中国人旅行者の来店増加もあるが，HP による販売も寄与していた。日本国内在住中国人による，A 社 HP からの商品購入が急増したのである。この間，在庫回転期間も徐々に改善し，2か月を下回るまでになっている。

4　A 土産物店の今後の取り組み

　今後は，日本在住中国人が A 土産物店 HP から商品を購入している事実を踏まえ，越境 EC を取り入れる計画を策定中である。在庫リスクを回避するため，国内の A 土産物店店舗からの発送方式を模索中である。

　A 土産物店のケースは，伝統工芸が縮小する国内市場を飛び出し，海外市場で成長を持続するケースとして期待ができる。

〔土田　哲〕

15 園芸業のモデル利益計画

I 業界の概要

1 花き産業の俯瞰図

　日本の花き産業のサプライサイドは，国内生産が3,800億円に，輸入品が500億円で合計4,300億円である。中間流通は，卸売市場経由率が77％，市場外流通が23％で，他の農産物と比較して卸売市場経由率は高い。

　販売先は，個人消費が8,200億円，業務用が2,800億円で個人消費が75％を占めている。輸出は91億円で，輸入500億円の2割弱に過ぎない。

●図表－1　花き産業俯瞰図

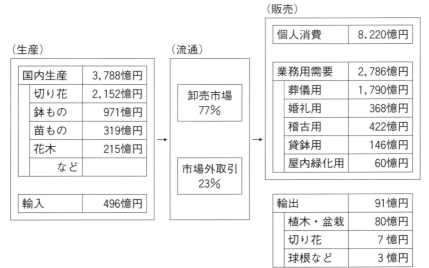

出典：「花きの現状について」農水省　平成31年4月

217

2 我が国の農業に占める花き所得

近年の農業所得に占める花き産業は，4000億円前後で推移し，農業所得に占める比率も4％前後で推移する重要な分野を占めている。

●図表－2　農業所得に占める花き産業

(兆円)

	平成24年		平成27年		平成28年	
	金額	(％)	金額	(％)	金額	(％)
畜産	2.7	31	3.1	35	3.2	34
野菜	2.2	25	2.4	27	2.6	28
米	2.4	24	1.5	17	1.7	18
果実	0.7	9	0.8	9	0.8	9
花き	0.4	4	0.4	4	0.4	4
その他	0.6	7	0.6	8	0.6	7
合計	9.0	100.0	8.8	100.0	9.3	100.0

出典：生産農業所得統計　農水省

3 花き類の出荷量の推移

花き産業の生産者所得は安定しているようにみえるが，より長期的に眺めると，下降線を辿っていることが読み取れる。平成12年以降の出荷量は，種類別の出荷量のピーク年と比較して，平成30年は切り花で45％減小，鉢物で35％減小，花壇用苗で33％減少している。

●図表－3　花き類出荷量の推移(1)

	H12	H14	H16	H18	H20	H25	H29	H30	H30÷ピーク
切り花（億本）	64.2	62.5	61.0	60.3	58.6	40.7	37.0	35.3	55％
鉢物（百万鉢）	305.0	321.0	324.0	300.0	284.0	244.0	221.0	210.0	65％
花壇用苗（億本）	8.6	9.0	8.4	8.0	7.8	7.1	6.1	6.0	67％

出典：花きの面積及び出荷量
　　　網掛け年の数値がピーク年の出荷量

花き類は，人生に彩と潤いを与える生活必需品ではあるが，人生100年時代や年金問題に揺れる人生設計への不安や，非正規雇用の増加，所得格差の拡大に象徴される相対的貧困層の増加が，花き類の需要減少の背景に潜んでいるのではないかと推測できる。

花きの種類別推移では，全体の傾向を判断しにくいが，図表－4のグラフは園芸店が取り扱う花き全体の出荷量の傾向を示している。平成12年までは右肩上がりであったが，平成12年をピークに平成28年まで一貫して減少傾向にある。

4 中間流通業者の販売先

生産農家から出荷された花きの77％は，卸売市場を経由して，花き専門小売店や花束加工業者，葬儀・冠婚業者，スーパーマーケット，ホームセンターなどに販売される。卸売市場への出荷量の45％は，場内仲卸業者や場外の卸売業者・仲卸業者が購入し，その後に場外の卸売市場や仲卸売り業者を通して小売業者や葬儀社や加工業者に再販売される。

花き専門小売業者は，卸売市場販売額の30％を，仲卸業者販売額

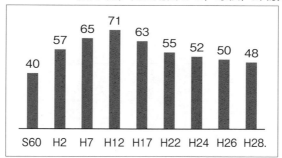

●図表－4　花きの出荷数量の推移(2)
　　　　（切り花，花壇用苗もの，球根，鉢物）

出典：農水省　「花き生産出荷統計」
単位：億本・球・鉢

の36％を占め，卸売業者・仲卸売業者販売額の31％を占める最大の取引先である。花き専門小売業者にとっては，仕入総額の84％を卸売市場のセリで仕入していることになる。

5 花き業界内の勢力図の変化

　平成28年現在の，卸売業者・仲卸業者からの仕入金額の業態別シェアは図表－5の通りであるが，より長期にわたる小売業者数の変動は，図表－6の通りである。

　花き専門小売業者数は，2万7,000，2万5,000，1万6,000と減少傾向にあり，平成26年の事業者数は平成9年と比較して事業者数で11,539店，比率にして42％減少している。シェアにして，71％から59％へと12ポイント縮小している。

　対照的に，スーパーマーケットとホームセンターの大型連鎖店は，その間に店舗数で28％増加し，店舗数シェアで11ポイント拡大している。

●図表－5　花き専門小売店の仕入先（H28年切り花）

（百万円）

	卸業者		仲卸業者		合計	
	金額	占有率	金額	占有率	金額	占有率
花き専門小売店	46,947	30%	9,262	36%	56,209	31%
場内仲卸	37,481	24%	0	0%	37,481	21%
場外卸・仲卸	31,163	20%	3,721	14%	34,884	19%
ホームセンター	6,577	4%	352	1%	6,929	4%
花束加工業者	10,272	7%	703	3%	10,975	6%
スーパーマーケット	4,196	3%	0	0%	4,196	2%
葬儀・冠婚業者	13,643	9%	8,683	33%	22,326	12%
その他	6,265	4%	3,313	13%	9,578	5%
合計	156,544	100%	26,034	100%	182,578	100%

出典：H28年　卸売業者及び仲卸業者の取引実態調査　農水省

●図表-6　花き等取扱業の事業者数の推移

(店)

	平成9年		平成19年		平成26年		
	事業者数	シェア	事業者数	シェア	事業者数	シェア	H9年比
花き専門小売り業	27,442	71%	25,273	62%	15,903	59%	58%
スーパー・ホームセンター	4,812	12%	8,563	21%	6,160	23%	128%
その他小売業	6,410	17%	7,172	17%	4,833	18%	75%
合計	38,664	100%	41,008	100%	26,896	100%	70%

出典：経産省　商業統計
集計対象：花き専門小売り業＝花き等専門小売業＋花き等中心小売業(H9，H19，H26)
　　　　　スーパー・ホームセンター＝食料品スーパー＋住関連スーパー(H9，H19)
　　　　　　　　　　　　　　　　　＝専門スーパー（H26）
　　　　　（百貨店・総合スーパーは含まず）

　平成9年・平成19年と平成26年とでは，スーパー・ホームセンターの集計対象が異なっているため，厳密な数値の連続性に疑問が残るが，業界全体では，11,768店と30％減少し，中小・零細店舗の減少と，大型連鎖店の増加傾向が続いている。

　この間に，販売額は店舗数以上に減少している。販売金額は，花き等取扱業全体で9,113億円から5,195億円と3,918億円，率にして43％減少している。最も減少率の大きいのは，花き等専門小売業で50％の減少である。

　販売額の減少が，店舗数の減少数を上回った結果，1店舗当たりの販売額は減少し，店舗経営が苦しくなっていることが推測される。

●図表-7　花き等取扱業の販売額の推移

(億円)

	平成9年		平成19年		平成26年		
	販売額	シェア	販売額	シェア	販売額	シェア	H9年比
花き専門小売り業	7,385	81%	5,724	71%	3,683	71%	50%
スーパー・ホームセンター	1,094	12%	1,858	23%	966	19%	88%
その他小売業	634	7%	499	6%	546	11%	86%
	9,113	100%	8,081	100%	5,195	100%	57%

出典：経産省　商業統計

●図表－8　１店舗当たりの販売額

(千円)

	平成9年	平成19年	平成26年	H26/H9
花き専門小売り業	26,911	22,649	23,159	86%
スーパー・ホームセンター	22,735	21,698	15,682	69%
その他小売業	9,891	6,958	11,297	114%

図表－6と図表－7より筆者作成

特に花き専門小売り業は，花き以外の商品は少ないため，店舗経営への悪影響は大きいものと推測できる。

6 花き購入額の推移

花き生産農家の出荷量の減少，中間流通業の販売額の減少，花き小売業の店舗数の減少は，結果であり，その原因は消費者の花き購入額の減少にある。

1世帯当たりの「切り花」の購入額は，昭和60年より平成9年までは右肩上がりで増加した。しかし，平成9年をピークにそのご20年間は減少の一途を辿り，平成29年は平成9年と比較して購入額は4,373円，率にして33％減少している。

右肩下がりの個人消費に如何にしてブレーキをかけ，将来に向けて反転させるかが，花き産業全体の課題である。

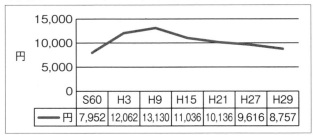

●図表－9　切り花の１世帯当り購入額の推移

出典：花きの現状について　農水省　H31年4月

7 世帯主年齢別年間購入額

世帯当たりの花き購入額は年々減少の一途を辿っているが，世帯主を年齢別に輪切りにすると，「老高若低」傾向線が明確である。いわゆる世に言われる「豊かな高齢者」の経済的理由の反映か，ビジネスの第1戦を引退した晴耕雨読のライフスタイルの反映かは不明であるが，若者は花のある生活に縁遠いのが現実である。

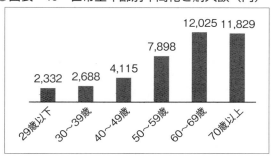

●図表－10　世帯主年齢別年間花き購入額（円）

出典：総務省統計局　家計調査年報　平成29年

8 花を購入しない理由

日本には，古来より花に関連する豊かな伝統文化がある。生け花，盆栽，門松など，豊かな伝統と文化が，人々の生活に根付いている。和歌や俳句，茶道の世界は，花をめでる風景を除いて存在しない。

自然との共生が，日本人の特性と言われているが，若者が花を購入しない理由は，経済的問題ではなく，ライフスタイルに理由がある。

9 花のある暮らしの良いところ

都市化の進展で，人々の便利な生活はますます進展しているが，コンクリートジャングルの生活で，精神的なバランスは崩れかかってい

●図表-11　花を購入しない理由

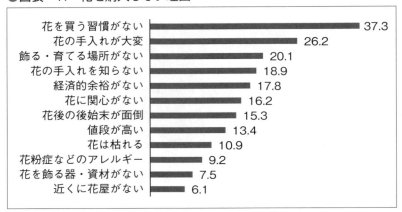

出典：農水省　平成4年1月　郵送アンケート調査

る兆候が見られる。

　そのような精神状態のなかにあって，潤いを与えるのが花のある生活である。

　「心を癒す」ことに注目したものが，フラワーセラピーである。セラピーとは，薬や手術などを必要としない「治療・療法」のことで，フラワーセラピートは花の色彩や香り活かした療法である。高齢者施設での活用が注目されている。

●図表-12　花のある暮らしの良いところ

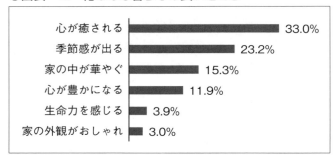

出典：東京電力　インターネット調査　2007年4月

Ⅱ 外部環境の変化

　企業は，完全に自律的な存在ではなく，コントロール不可能な「マクロ環境変化」の波にさらされ，やりようにより変化を与えられる業界内のミクロ環境（競争環境）に適応して，生存の道を辿っている。

① マクロ環境の変化

　花き産業を取り巻くマクロ環境を，PEST 分析で概観する。

　マクロ環境の変化は，1企業としてはコントロール外の政治・経済・社会・技術の大きなうねりであり，1企業としてはそのうねりに上手に乗るか，あるいは回避するかの選択肢である。

❶ 政治的環境の変化（P）

- 新規就農者に占める花き農家は，野菜（66％），果樹（15％）に次いで4％を占めている。花き産業の振興は，農業政策としても重要は位置を占めている。
- 「花き産業及び花きの文化の振興に関する基本方針」（平成26年12月1日施行）で，生産・流通・輸出・研究・文化の振興施策を定めている。

❷ 経済的環境の変化（E）

- リーマンショック以降の消費性向の低下
- 1世帯当り消費支出の減少（1999年　294千円，2014年254千円，14％減少）

❸ 社会的環境の変化（S）

- 人口減少社会に入る
- 若者の非正規雇用増加
- 低い将来への希望（日本62％，韓国86％）

❹ 技術的環境変化（T）

●図表－13　PEST分析と5フォース分析

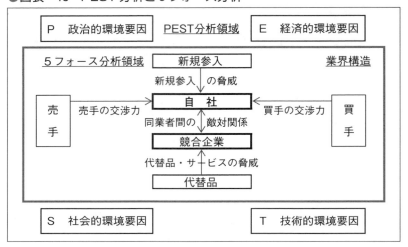

・コールドチェーン設備導入促進
・新品種育成・増殖技術の高度化・品質向上等の研究開発の促進
・日持ち長期化品種開発（トルコギキョウ　1週間程度長期化）

② ミクロ環境の変化

ミクロ環境変化は，自社の属する業界内や地域の競争環境の現状である。

1　同業者の競争力

当社店舗の周囲500メートルから1000メートル範囲内の競合店の競合力を分析する。競合店の店舗面積・品揃えの豊富さ，駐車場の有無，道路アクセスの良さや人通りの通行量などを比較して競争力を判断する。

2　仕入先の交渉力

地方卸売市場の買参人としてセリで仕入しているので，市場としての交渉力は関係ない。品揃えは，十分に手当てができている。

❸ 販売先の交渉力

近隣の不特定多数の顧客を対象としているので，販売先の交渉力は特に関係がない。顧客の低価格志向に，どのように対応するかが，当面の課題である。

❹ 新規参入の脅威

緩やかではあるが，市場は縮小傾向にあり，新規参入の脅威は少ない。しかし，既存店の撤退があると市場の空白を狙った新規参入の恐れがある。職人気質の経営者が多い小規模花店市場に，高度な技術力（例：花束作成能力）を要しないマニュアル経営のチェーン店が勢力を伸ばしている。

❺ 代替品の脅威

基本的に同業者も，オープンな同じ卸売市場で仕入をしているので，代替品の脅威はない。新品種が開発されても，競合店と同じ立場で仕入は可能である。

Ⅲ モデル店Ａ社の概要

Ａ社は，名古屋圏100km圏の地方中堅都市の郊外に立地する園芸店である。Ａ店は，現経営者の両親が苗ものの生産農家から業態転換をして，苗ものを主力として園芸店を創業した。

苗もの生産農家との兼業で小売部門を経営し，幹線道路に面した農地に店舗を開設した。敷地に余裕があり，広い駐車場を設け郊外型園芸店として売上げは順調に拡大した。

売上比率は高くないものの，自社圃場で生産した苗ものは，卸売市場を経由しない分だけ高い利益率を確保して，経営を安定軌道に乗せることに成功した。郊外型店舗として，商品構成も切花，鉢物，苗ものに，園芸用品も品揃えした。

転機は，7年前の創業社長の急死により訪れた。後継社長は，大学

卒業後に中堅コンピュータ販売会社に10年間 SE として勤務した後に，後任社長の座についた。

保守的な園芸業界にあって，パソコンを駆使した経営に転換し，漸く動き出したネットショップへの出店を視野に入れていた。イギリス視察旅行中に，クリスマスローズの魅力に引かれて，その専門店化を視野に戦略を描いた。ホームセンターや食品スーパーへの競争戦略である。

Ⅳ モデル店の利益計画の現状と問題点

1 経営革新計画認定

卸売市場からの仕入商品（切花，鉢物，苗もの）の実店舗での販売に加えて，クリスマスローズの自社圃場での育成とネットショップ展開を軸にした経営革新計画を策定し，県の認定を受けた。

ネットショップやホームページ作成は，確実に実行に移されたが，実行に伴う数値計画は残念な結果に終わった。

その原因は，計画そのものにもあるが，ワンマンタイプで従業員の声を聞く耳を持たない経営者にある。ワンマン社長は，右肩上がりの経営状況には強いが，右肩下がりの局面では裸の王様となり，歯止めがかからない。保守的な業界に，革新の嵐を吹かせる強い信念が，逆風を吹かせる結果となった。

経営革新計画の骨子は，
① クリスマスローズの専門店化を目指す。
② 自社生産農地を，苗ものの生産からをクリスマスローズの生産に転換する。
③ クリスマスローズの自社生産で，交配による新品種の開発に注力し，ブランド化と高価格化を実現する。

●図表－14　成長戦略

	既存場	新市場
既存商品	近隣の顧客に，従来のとおりの商品切花，鉢物，苗ものを店舗販売する	
新商品		全国の顧客に新商品クリスマスローズをネット販売する

④　ホームページを開設して，広報活動を活発化し，来店を促す。

⑤　ネットショップに出店して，クリスマスローズ専門店のブランド化と販売の全国展開を図る。

⑥　クリスマスローズ友の会を組織し，固定客化を図る。

などである。当社の成長戦略を図解すると，図表－14のように整理することができる。

既存商品の既存市場への浸透戦略と，新商品（クリスマスローズ）の新市場へ展開する多角化戦略である。戦略の現状と課題は次の通りである。

2　クリスマスローズの専門店化

戦略開始の当初，クリスマスローズは，市場に普及しておらず，希少価値のあるマニア向けの商品であり，ネット上で疑問の声が上がるほどの高値取引が一般的であった。

さらに，自社圃場での交配による新品種の開発で，クリスマスローズ専門店としての知名度が向上し，ブランド化と高利益率経営に成功した。

自社圃場での新品種開発は，マニアを引き付け，200km圏からの来店客も現れた。タイミングよく，近くに高速道路が開通し，ホームページを通して知った遠方のマニアの来店を促進した。

しかし，クリスマスローズの知名度の向上と普及に伴って，商品は徐々にコモディティ化し，低価格化が進行した。さらに，商品特性である強い生命力で，いったん庭に植えると増殖して，消費者に飽きを生じさせ，リピートオーダーの減少が生じてきた。

③ クリスマスローズの自社生産・開発

自社圃場での生産には，二つのメリットがある。一つは，新商品の自社開発で，「世界にただ一つの花」の販売が可能になった。新商品に群がるマニアを惹き付けることに成功した。マニアは実物をみて購入する傾向が強く，遠方よりに来店するようになった。

二つ目は，自社圃場からの直接出荷で，流通コストを削減し利益率を高めた。

しかし，このビジネスモデルは，売手市場での成功モデルである。商品が普及しコモディティ化し低価格化すると，販路は自社のネット店舗と自社の実店舗に限定され高収益モデルは崩壊した。

④ ホームページの開設

経営者はSEとして，経営のシステム作りに従事した経歴からその知識を活かして，仕入・在庫管理システム，販売管理システム，財務会計システムを構築し，経営の計数管理を実践した。

ホームページも自力で構築し，店舗情報として，入荷した季節商品や店舗の行事を案内して，地元顧客とのコミュニケーションに力を入れた。

遠方に住むクリスマスローズのマニアには，郵便や電子メールで商品案内や行事案内を知らせると同時に，ホームページに詳細な案内を掲示して，来店を促し成功した。

しかし，新商品開発に情熱を込める社長は，過去に開発し廃番にな

っている商品にも愛着を感じて，商品リストに掲載されたままになっている。販売可能な商品が，廃番商品の中に埋もれて，顧客は購入できる商品にたどり着けない状況に陥っている。

⑤ ネットショップへの出店

希少性が商品価値であるクリスマスローズの顧客は，薄く広く全国に点在しているため，全国どこからでもアクセス可能なネットショップでの販売が効率的である。

経営者が新商品の登録もこまめに行い，検索のヒット率も上位を占めていた。出店当初は，商品に希少性があり商品単価も高く，利益の源泉になった。

しかし，近年は販売数量の減少と単価の下落で，販売金額は急激の減少し出店費用をカバーできない状況に陥っている。

⑥ クリスマスローズ友の会の組織化

マニアの情報交換の場として，友の会を結成して事務所を店舗に定めた。クリスマスローズの販売期間である年末と年初に2回，展示即売会を催し，来店を促し顔の見える関係づくりを図った。来店する友の会の会員は年々増加して，展示即売会は盛況になっている。

しかし，幽霊会員も同様に増加して，展示即売会の案内費用は増加の一途を辿るが，参加者のヒット率は年々減少し，実際は経費倒れに陥っている。表面的なにぎやかさに隠れて，経費倒れが友の会の実態である。

⑦ クリーンネスの欠如

消費者がお花の世界に求めるキーワードは，「心のやすらぎ」，「季節感」，「一息のくつろぎ」，「上品な雰囲気」，「ハイセンスな流行」，

「空間の彩り」「心のオアシス」などである。

実店舗であれネットショップであれ，店舗に求めるものは，彩り・クリーンネス・季節感である。

しかし，実店舗には，使用されていない園芸用品が散乱し，事務所には使用しない事務機器が乱雑に置かれている。ネットショップは廃番商品が多数を占めて，買いたい商品に辿りつけない。画面の色彩は，原色が多く商品の色彩があせて見える。

ワンマン社長の監視下で，言われたことしかしない従業員の姿がそこにある。5S（整理・整頓・清掃・清潔・躾）ならぬ2S（整理・整頓）が緊急の課題である。

●図表－14　クロスSWOT分析

経営戦略策定の基本 ・機会と強みの組合せで実現可能性強化 ・脅威の回避 ・弱みの排除		機会 ・花き産業振興策の施行 ・コールドチェーン促進 ・新品種開発促進 ・日持長期化新品種開発	脅威 ・花き消費額の減少傾向 ・人口減少社会 ・非正規雇用の増加 ・若者の花き消費減少 ・卸売市場経由率減少傾向 ・店舗当たりの販売額減少
強み	・クリスマスローズ友の会組織化 ・クリスマスローズ専門店ブランド ・クリスマスローズ自社生産 ・ホームページ随時更新	経営戦略 ・経営革新計画の見直し ・クリスマスローズ専門店化の深化 ・クリスマスローズ自社生産の強化・卸売市場への出荷 ・ホームページの廃番商品の削除・整理整頓 ・ホームページ・メルマガの活用強化 ・友の会会員のホームページへの誘導・来店促進 ・店舗周辺の5S強化・彩向上 ・花の宅配便で新市場開拓・ロス削減 ・無料園芸教室で新居客開拓 ・商品レイアウトの改善	
弱み	・経営革新計画未達成 ・ワンマン経営者 ・クリスマスローズのコモディティ化 ・ホームページに廃番商品多数掲載 ・友の会経費倒れ ・店舗・事務所のクリーンネス欠如 ・面従腹背の従業員 ・商品陳列技術の未熟		

Ⅴ 問題点の改善策

1 経営革新計画の見直し

経営革新計画は，実現可能性の低い夢の計画ではあったが，現経営者の夢と希望が詰め込まれた計画でもある。初心に帰る意味でも，計画を読み返して，実現した点，実現しなかった点を仕分けして，反省材料にする。

特に，実現しなかった点を重点的に振り返ることで，次の一歩を踏み出すことが可能になる。

2 クリスマスローズ専門店化

住関連スーパー（ホームセンター）や食料品スーパーが，花き販売

●図表－15　花きの月別消費動向（平成19年）

(円)

月	切花	園芸品	合計	売上比率
1	572	344	916	4.5%
2	691	442	1,133	5.6%
3	1,189	716	1,905	9.4%
4	774	1,284	2,058	10.2%
5	999	1,626	2,625	13.0%
6	672	890	1,562	7.7%
7	836	608	1,444	7.2%
8	1,261	428	1,689	8.4%
9	1,094	670	1,764	8.7%
10	731	707	1,438	7.1%
11	695	799	1,494	7.4%
12	1,416	725	2,141	10.6%
合計	10,930	9,239	20,169	100.0%

（出典）　総務省「家計調査年報」

のシェアを拡大し，A社のような専門小売業がシェアを落としている。スーパーとの違いの中に成長機会を見出す戦略の方向性に誤りはないが，実行段階に課題がある。

クリスマスローズの販売は，一般の花き類である切花や園芸品の販売が低調な年末から年初の季節性商品である。クリスマスローズは，業務の平準化・販売の平準化を図る，最適な組合せになる（図表－15）。

③ クリスマスローズの自社生産・開発

クリスマスローズは，交配による新商品を楽しむ商品である。実店舗やネットショップで販売するためにも，継続して新商品を提供できるように自社生産・開発を行う。

過剰生産を防止するために，卸市場への出荷や，同業の小売業者への販路を開拓する。事業規模を拡大する際は，6次産業化の支援策を活用する。

④ ホームページの活用

ホームページへのアクセスは，顧客の自主性に依存しており，攻めの武器は電子メールである。来店客や友の会の会員から電子メールアドレスを戴いて，電子メールで新商品の入荷やイベントの案内をする。

電子メールに，ホームページのURLを記載して，クリックすることでアクセスを容易にする。ホームページは花屋らしく，原色は避けて彩り豊かな色彩にする。廃番となった商品は削除して，購入可能な商品だけの商品情報とする。

⑤ ネットショップの活用

クリスマスローズは普及してきたとはいえ，市場性の面からは希少

性の濃い商品である。特に，自社開発の新商品は，広く浅く分散したマニアを対象とせざるを得ない。

　来店客の購入意欲を高めるため，廃番商品を全て削除して，売れる商品へのアクセスを容易にする。ネットショップの5Sを実行し，身軽なショップに変身する。

6 クリスマスローズ友の会の活用

　顧客の組織化は，特に希少性商品の販売に欠かせない。会員とのコミュニケーションは，基本的に電子メールとし，コストの高い郵便による案内は中止する。

　電子メールには，ホームページとネットショップのURLを記載してアクセスを容易にし，ホームページやネットショップの販売につなげる。

　友の会のイベント会場で，会員の開発した商品の展示・即売も行い，会員とのつながりをより強固にする。

7 5Sの実行

　心の安らぎを提供できる店舗に変身するには，店舗とその周辺のクリーンネスの実現がポイントである。店舗の裏に簡単な棚を設けて，乱雑に放置されている園芸用具を整理整頓する。整理整頓は，仕事の効率化にも有効である。不要な事務機械を廃棄することで，事務所スペースが広がり，事務作業の生産性も向上する。

8 商品配置の改善

　「衝動買いの商品は店頭に，目的買いの商品・高額商品は店奥に」が，商品陳列の基本原則であり，園芸店においても変わらない。

　クリスマスローズのシーズンである年末年始は，店舗前の屋外敷地

は，マニア向け商品であるクリスマスローズに占有され，店舗前を歩行する一般の顧客が求める衝動買いの商品は見当たらず，地元の顧客は他の店舗に流れている。

クリスマスローズのシーズンは，店舗の裏の空き地に特設陳列棚を設置し，目的買いの顧客を誘導する。店頭の敷地には，地元の一般客が求める冬季の商品であるシクラメン，シンビジウム，ポインセチアやすみれなどを豊富に陳列し，通年来店を実現する。

⑨ 花の宅配便

園芸店の課題の一つであるロス対策として，週1の定期宅配を新規に開始する。配達料は無料として，店頭価格で販売する。計画的に仕入れて販売できるので，配達料無料でもロスゼロで採算が取れ，固定客化する。

子育て中や高齢化で来店できない顧客の取込み，潜在顧客の開拓にもなる。

⑩ 無料園芸教室の開催

消費者が花を購入しない理由への対応として，毎月無料園芸教室を開催し，費用は材料の実費のみとする。教室では，花の手入れの仕方，育て方，花後の後始末の仕方などを教え，花のある生活の楽しみを実感する。

Ⅵ 改善後の利益計画

経営革新計画の外見上の実行計画は実現したが，数値計画は達成できなかった。その反省を真摯に行い，改善策を誠実に実行することで，新利益計画は実現するものと思われる（図表－16，17）。

15 園芸業のモデル利益計画

● 図表－16　利益計画改善戦略

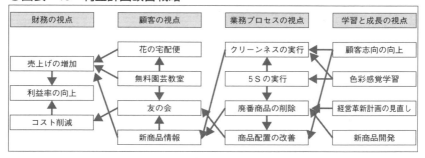

● 図表－17　利益計画

	直近期末	構成比	1年目	構成比	2年目	構成比	3年目	構成比
売上高	75,742	100.0	78,014	100.0	80,355	100.0	81,962	100.0
仕入原価	34,804	46.0	35,500	45.5	36,210	45.1	36,934	45.1
売上総利益	40,938	54.0	42,514	54.5	44,145	54.9	45,027	54.9
販管費	37,854	50.0	38,065	48.8	38,278	47.6	38,496	47.0
・人件費	22,262	29.4	22,300	28.6	22,300	27.8	22,300	27.2
・土地建物費	3,390	4.5	3,390	4.3	3,390	4.2	3,390	4.1
・車両燃料修繕費	1,136	1.5	1,170	1.5	1,205	1.5	1,241	1.5
・広告宣伝費	2,336	3.1	2,300	2.9	2,300	2.9	2,300	2.8
・その他販管費	8,730	11.5	8,905	11.4	9,083	11.3	9,264	11.3
営業利益	3,084	4.1	4,449	5.7	5,867	7.3	6,532	8.0

（注）　売上高：ネットショップ・ホームページの廃番商品削除でヒット率向上，実店舗の商品陳列変更効果
　　　仕入原価：廃棄ロス削減効果
　　　人件費，土地建物費　変わらず
　　　車両燃料費：花の宅配便で燃料費増加
　　　広告宣伝費：ネットショップ・ホームページ費用変わらず

〔長谷川　勇〕

16 熱帯魚販売業のモデル利益計画

I 業界の概要

1 熱帯魚店の現状

1 バブル期以降，縮小し続ける熱帯魚市場

　観賞魚と我々との関わりは古く，代表的な観賞魚である金魚は8世紀に中国で改良され，我が国に伝来したといわれている。

　特に熱帯魚が家庭で飼われるようになったのは，昭和40年代に外貨準備高が好転してからである。

　一般的に，観賞魚とは，図表－1のとおりに分類される。

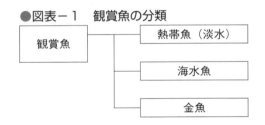

●図表－1　観賞魚の分類

　熱帯魚店とは，上記観賞魚を扱う業種である。

　日本観賞魚振興事業協同組合の調べによると，市場規模はバブル期以降大きく減少しており，特に平成18年以降においては，毎年輸入金額が減少している（図表－2，3，4）。

　また，日本観賞魚振興事業協同組合会員数も昭和40年の設立当初は285社であったが，平成23年現在では120社となり，47年の間で60％もの減少がみられている。熱帯魚店の店舗数も同様に減少していると推

16 熱帯魚販売業のモデル利益計画

●図表－2　観賞魚（生体）器具・えさ含めた市場規模

（平成14年度～23年度）

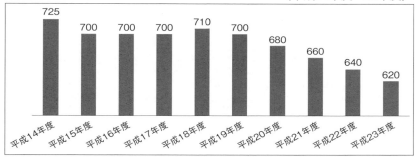

単位：億円

（出典）　日本観賞魚振興事業協同組合（jOFa）データより著者作成

●図表－3　観賞魚（生体）推定市場規模【5年毎集計】

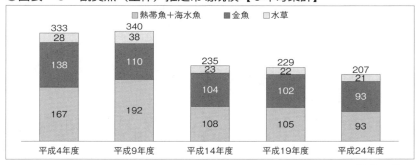

単位：億円

	平成4年度	平成9年度	平成14年度	平成19年度	平成24年度
熱帯魚＋海水魚	167	192	108	105	93
金魚	138	110	104	102	93
水草	28	38	23	22	21
合計	333	340	235	229	207

（出典）　日本観賞魚振興事業協同組合（jOFa）データより著者作成（平成24年度は4月までの数字を勘案した著者予測）

測される。

　平成23年3月11日の震災以降一段と市場は縮小の傾向にある（図表－4）。

239

● 図表－4　熱帯魚・海水魚輸入統計　　　　　　　　　　　　　　　　　単位：百万円

平成14年輸入価格		平成15年輸入価格		平成16年輸入価格		平成17年輸入価格		平成18年輸入価格	
ドルレート換算 ¥125.61	前年比	ドルレート換算 ¥116.41	前年比	ドルレート換算 ¥108.28	前年比	ドルレート換算 ¥109.64	前年比	ドルレート換算 ¥116.25	前年比
3,139	92.6%	2,789	88.8%	2,758	98.9%	2,860	103.7%	3,024	105.7%
平成19年輸入価格		平成20年輸入価格		平成21年輸入価格		平成22年輸入価格		平成23年輸入価格	
ドルレート換算 ¥117.93	前年比	ドルレート換算 ¥104.23	前年比	ドルレート換算 ¥93.52	前年比	ドルレート換算 ¥88.09	前年比	ドルレート換算 ¥79.97	前年比
3,014	99.7%	2,618	86.9%	1,961	74.9%	1,693	86.3%	1,448	85.5%

（出典）　日本観賞魚振興事業協同組合（jOFa）

日本観賞魚振興事業協同組合（jOFa）とは、観賞魚及び観賞魚関連用品の販売、並びに、それに関連する業務に携わる事業者が組合員となり観賞魚飼育の振興・普及を目的とする事業に取り組む組合。現在120社が加盟している。

2　3系列に分かれる流通

主な流通経路は以下の3系列となっている。

① 　輸入業者　⇒　卸店　⇒　販売店

② 　輸入業者　⇒　販売店

③ 　販売店の直接輸入

2　熱帯魚店の動向

1　業界の市場状況

すでに述べたとおり、バブル期前後を頂点として熱帯魚市場は年々縮小傾向にある（図表－2，3，4）。

この傾向は平成19年には下げ止まりをみせたが、平成20年のリーマン・ショックにより再度縮小傾向に転じた（図表－4参照）。

また、平成14年には5,300店舗ほどあった販売店舗数も2,500店舗ほどに減少していると推測される。市場の縮小により、熱帯魚・海水魚の輸入金額も同様に低迷している（図表－4）。

2 熱帯魚店の競合状況

　熱帯魚店の標準的な店舗は20～30坪であるが，ここ数年の間，特に都市部の中心に200坪を超える標準店舗の約10倍ほどの売り場面積を持った大型店が出店し始めている。

　また，ホームセンター・ディスカウントストアなども競合と考えられるが，最大の競合は，インターネットによる通販である。

3 業界の今後の課題

　前述のとおり，熱帯魚店の売上げは年々減少している。しかし，上グラフの数字にはインターネット通販の売上げは含まれておらず，市場の縮小した分インターネット通販が拡大していると考えられる。

　熱帯魚は「生体」であるが，インターネット通販は実際に熱帯魚の状態を見て購買できないので，種々のトラブルが発生することがある。

　また，価格の面でもインターネット通販が安いことも多く，その対策が急務である。

4 業界の将来性

　昨今，「癒し」がブームとなっており，「少子高齢化」，「ストレス社会」といった現象の中では，ペットの需要は今後も堅調に推移すると考えられる。その中で，熱帯魚は他のペットと比較して，スペース面，買いやすさの面では優位性がある。

　また，日本観賞魚振興事業協同組合では，熱帯魚飼育を始める消費者への指導・相談に携わる指導者への認定資格制度「観賞魚飼育・管理士」を実施しており，今後の業界の地位向上に努めている。

II モデル企業（A店）の概要

1 A店の概要と沿革

　A店は，都内城西地区で私鉄沿線の駅から徒歩5分の住宅地に立地

している。周辺には都内でも有数の面積を誇る公園が立地し，その中心には大きな池があり，水との共生が連想される。

その周りには古くからの住人が多い一方で，一軒家をワンルームマンションに建て替える住人も多く，独身サラリーマンやOLも多く住む地域でもある。現オーナー（店長兼任）は20年ほど前に会社から独立して店舗を構えた。

もともと釣りが趣味で，釣った魚を水槽で飼育しているうちに，水草が水槽の水の浄化に大きな役割を果たすことが分かり，その魅力に開業を決意した。オーナーは「文化として水中の生態系を完成させたい」と考えている。

店舗面積は熱帯魚店としては標準的な約30坪である。

競合店は，半径2キロ圏内に大手ホームセンターが2店舗あり，いずれも熱帯魚コーナーが充実している。

創　　業：平成4年
資 本 金：500万円
店舗面積：100m²
従 業 員：9名（パート3名，アルバイト6名）
売 上 高：4,000万円
駐 車 場：6台

2　A店の損益状況

A店は平成20年のリーマン・ショック以降年間売上げが4,000万円前後と伸び悩んでいる。

A店の前期の決算は図表－5のとおりである。

●図表－5　A店前期損益計算書

単位：千円

	前期実績	構成比①	構成比②
売上高	40,000	100.0%	
売上原価	12,000	30.0%	
売上総利益	28,000	70.0%	100.0%
パート・アルバイト代	12,000	30.0%	42.9%
役員報酬	7,200	18.0%	25.7%
家賃	4,800	12.0%	17.1%
電気代	1,800	4.5%	6.4%
水道代	480	1.2%	1.7%
その他	520	1.3%	1.9%
営業利益	1,200	3.0%	4.3%

※構成比①は売上高対比，構成比②は売上総利益対比

3　バランススコアカードを利用したA店のSWOT分析

　図表－6のA店のSWOT分析をみると顧客の視点から見た強みが多いことが理解できる。

　オーナーは"顧客第一主義"を従業員に徹底しており，その成果が出てきている結果と言える。また「魚も水草も心がある」という経営理念の下，熱帯魚や水草の目利きについて常に従業員を指導している。

Ⅲ　A店の問題点

1　売上高からみた問題点

■ 売上高の停滞

　リーマン・ショック以前は，年間売上げは5,000万円前後あったが，ここ2，3年は4,000万円前後で推移している。

　この原因は低価格のインターネット通販の影響があり，今後もこの

● 図表－6　A店のSWOT分析

機　　会	外部環境	脅　　威
・商圏内人口の増加 ・「癒し」ブームによるペットの再認識 ・商圏内人口の高齢化 ・円高による仕入価格の低下 ・昨今の水族館ブーム	トレードオフ	・インターネット通販の台頭 ・オーバーストアによる競争の激化 ・商圏内人口の少子化 ・消費者の低価格志向の高まり
強　　み	内部資源	弱　　み
・無借金経営	財務の視点	・売上高の停滞
・固定客の存在 ・顧客からの信頼感 ・リピーターが多い顧客構造 ・アクアリウム作成のノウハウ ・熱帯魚マニアの存在 ・珍種の熱帯魚の仕入ノウハウ	顧客の視点	・インターネット通販と比較して高価格 ・来客数の減少 ・建物・什器の老朽化 ・新規顧客の取込みが弱い
・水槽空間のコンサルティング力	業務プロセスの視点	・在庫管理
・オーナー（店長）のリーダーシップ ・核となる人材の存在	学習と成長の視点	・パート・アルバイトの退職時の引継ぎの不備 ・新人スタッフの定着率の低下

傾向は続くと考えられる。

❷　オーバーストアによる競争の激化

　前述したようにA店より半径2キロ圏内に大手ホームセンターの競合店舗が2店舗ある。これら競合店にも当店とほぼ同じスペースの熱帯魚売場があり，インターネット通販同様，低価格による競争が今後より激化することが避けられない。

❸　少子高齢化

　図表－7に今後の我国の人口動態予測グラフをまとめた。

　これによると今後，平成20年の総人口数をピークにして総人口は減少していき，75歳以上の高齢化率が徐々に高まっていくことが分かる。

　A店の商圏における人口動態も同じような推移をしていくことがA店の所在地の住民基本台帳による人口統計資料等のデータからも読み取れた。しかし，高齢化については逆に，新規客増加の機会とも考えられる面もある。

❹　新規顧客の取込みが弱い

　これまで，新規顧客がリピーターとなることが当然であったため，

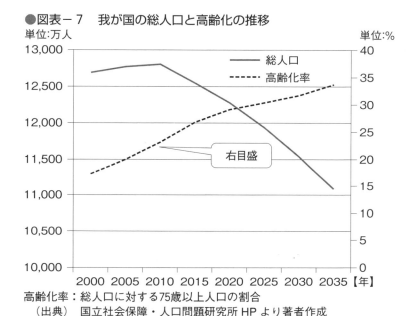

●図表-7　我が国の総人口と高齢化の推移

高齢化率：総人口に対する75歳以上人口の割合
（出典）　国立社会保障・人口問題研究所HPより著者作成

会員カード・DM等のフォローがされていなかった。

　その結果，新規客が競合店舗に流れている模様である。

5 設備・什器の老朽化

　創業より約20年を経ているため，水槽などをはじめとした設備の老朽化が目立ってきており，顧客が入りにくい環境になってきている。

2 利益からみた問題点

1 売上商品構成のバランス

　A店の前期の売上構成比は図表-8のとおりである。

　一般的に熱帯魚店で取り扱う利益率が高い商品は器具と餌である。

　A店では売上構成比が器具25％，餌5％で合計30％となっている。これは，インターネット通販が低価格販売を行っているため，その影響を受けていると推測される。

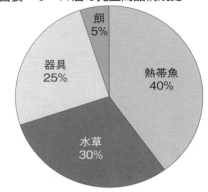

●図表－8　Ａ店の売上商品構成比

カテゴリー	アイテム	原価率
熱帯魚	熱帯魚・海水魚	40%
水草	水槽水草・熱帯魚水草	30%
器具	水槽・ポンプ・照明	20%
餌	顆粒，生餌，冷凍	20%

2　在庫管理

　実は，熱帯魚は数年おきにトレンドが変化していく傾向のある商品である。

　古くは昭和40年代の熱帯魚ブームの先陣を切った「エンゼルフィッシュ」，バブル期に流行した「ディスカス」，「アロワナ」，ディズニーアニメで人気になった「クマノミ」等である。

　最近では比較的飼いやすい「淡水エビ」が流行している。熱帯魚は生体であるためトレンドを先取りして仕入れを行っていくことが重要である。

Ⅳ　Ａ店の問題点改善策

　企業の目的はドラッカーが述べているように「顧客の創造」である。この言葉はもちろん熱帯魚店にも当てはまることはいうまでもない。

そのためには，顧客が満足して買い物ができるような売場をつくることである。

熱帯魚店の店舗オペレーションの基本原則は「品揃え」「商品開発」「コンサルティング」「在庫管理」「フレンドリーサービス」「クレンリネス」の6つである。

以下，基本原則からみたA店における問題解決策を述べる。

1　品揃えの充実

オーナーは今後，増加の傾向がある団塊の世代の囲い込みを考えている。そのためにも団塊の世代客にあった品揃え，熱帯魚初心者が喜んで買い物ができる品揃え提案を継続して実行していくことが重要である。

特に飼育の比較的容易な淡水魚や，ヒーター等の器具が必要のない簡易な熱帯魚飼育セット等の品揃えの充実が不可欠である。

また，熱帯魚のトレンドをいち早く捉える情報収集力が必要である。

2　商品開発

前述したとおりインターネット通販が低価格攻勢をかけてきている。

具体的な対策としては，インターネット通販の取り扱わないメーカーの商品の取扱い及び，プライベートブランドの開発が考えられる。また，器具は原価率が低く，利益率が高いので，このカテゴリーの売上構成比を高めることが重要である。

3　フレンドリーサービス

これまで当店では特に接客等については通常のサービスを心がけてきた。しかし，今後は独自なフレンドリーサービスを心がけていくべきである。

特に新規顧客は「癒し」を求めて来店することも多く，フレンドリーなサービスは有効である。

このフレンドリーという付加価値が競合店との差別化となり顧客の

A店に対する顧客満足度を高める結果として表れてくる。

　フレンドリーサービスが実践されている店舗では従業員に活気があり，この雰囲気が顧客にも伝わり，固定客化していく。

　また，各従業員がファンのお客をつくり，固定客化に繋げていくなどの効果も期待できる。顧客との会話の中で熱帯魚のトレンド等の情報を得て，店頭の品揃えを行い売上げに貢献することも可能となる。

　このように，顧客との積極的なコミュニケーションにより，地域の顧客にとっての必要な店舗となっていくことが今後重要である。

　また，このフレンドリーサービスが，次に述べる「コンサルティング」にも繋がっていくと考えられる。

4　コンサルティング

　熱帯魚に「癒し」を求めることをアクアヒーリングというが，その癒しの空間を演出するためには，水槽の空間をレイアウトするコンサルタントが必要となる。水草を中心としたアクアリウムもその一つであり，水槽の中を生態系としてエコシステムを作り上げるコンサルティングのノウハウが求められている。当店でもオーナーとしては「文化として水中の生態系を完成させたい」と考えているので，このノウハウは充分蓄積されていると考えられる。

5　クレンリネス

　クレンリネスとは，明るく清潔な店づくりのことをいい，本来は飲食業で使われていた言葉である QSC の中の一つである。

　QSC とは Q「Quality＝品質」，「Service＝サービス」，「Cleanliness＝清潔さ」の頭文字をとった言葉で，特にクレンリネスは，現在ではいかなる販売店の経営にも重要な原則となっている。

　クレンリネスの基本は，「清掃」「清潔」「衛生管理」の３つであり，店舗設備自体はもちろんのこと，従業員の身だしなみも含んでいる。

　大手小売チェーンではクレンリネスを徹底しただけで売上げが前年

比2ケタ以上アップした例もあり，固定客の獲得にも繋がり相乗効果が期待できる。A店においては来年創業20年が経過し，これを機に大規模な改装を行う予定である。特に水槽などをはじめとした設備の老朽化が目立ってきておりこれらの改装を行い，より一段とクレンリネスを徹底していく予定である。

6 売上商品構成

前述したとおりA店の売上構成比は原価率の低い器具及び餌の構成比が低くなっている。今後，独自ルートの開発によりインターネット通販の取り扱わないメーカーの商品の取扱い及び，プライベートブランドの開発を行い，売上げの増加を目指す。

また，熱帯魚に関しては，卸店を経由しない輸入業者との直接取引を拡大することによる原価率の低減を目指していく（図表－9）。

以上の解決策をまとめたA店の戦略マップは図表－10のとおりで

●図表－9　今後目指すべき商品構成比及び原価率

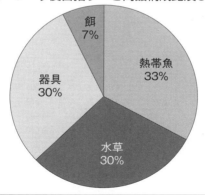

カテゴリー	アイテム	原価率
熱帯魚	熱帯魚・海水魚	35%
水草	水槽水草・熱帯魚水草	30%
器具	水槽・ポンプ・照明	20%
餌	顆粒，生餌，冷凍	20%

●図表-10　A店の戦略フロー

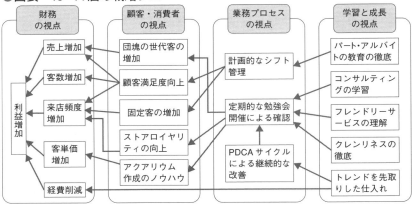

ある。

Ⅴ　改善後のモデル利益計画

そして，これらの改善策をもとに3か年の利益計画が図表-11である。1年後には売上げが5％増加し原価率が28％まで低減，3年後には営業利益率が2ケタにまで伸びると予測される。

●図表-11　A店の改善後モデル利益計画　　　　　　　　　　単位：千円

	前期実績	構成比	1年目	構成比	2年目	構成比	3年目	構成比
売上高	40,000	100.0%	42,000	100.0%	43,000	100.0%	45,000	100.0%
売上原価	12,000	30.0%	11,760	28.0%	12,040	28.0%	12,600	28.0%
売上総利益	28,000	70.0%	30,240	72.0%	30,960	72.0%	32,400	72.0%
パート・アルバイト代	12,000	30.0%	12,000	28.6%	12,000	27.9%	12,000	26.7%
役員報酬	7,200	18.0%	7,300	17.4%	7,400	17.2%	7,500	16.7%
家賃	4,800	12.0%	4,800	11.4%	4,800	11.2%	4,800	10.7%
電気代	1,800	4.5%	1,800	4.3%	1,800	4.2%	1,800	4.0%
水道代	480	1.2%	480	1.1%	480	1.1%	480	1.1%
その他	520	1.3%	520	1.2%	520	1.2%	520	1.2%
営業利益	1,200	3.0%	3,340	8.0%	3,960	9.2%	5,300	11.8%

〔林　啓史〕

17 生活雑貨店のモデル利益計画

Ⅰ 業界の概要

　しゃれたインテリア小物やデザインの良い文房具，気の利いたテキスタイル製品などのこだわった商品の品揃えで，人々の関心を引き付けているセレクトショップやコンセプトショップを見かける。このような商品は，感性の高い人にとって，生活空間の中にあるだけで潤いと満足感を与えてくれ，気持ちを和ませてくれるものである。

　生活雑貨店は，一般の人々をターゲットとして，荒物や家庭用品，陶器，ガラス器，文房具，身の回り品や下着などの衣料品などの実用的な商品を中心に展開することにより，地域の人々の日常生活を支えてきた。

　さまざまな商品を小売販売する事業として古くから営まれてきた業態店であるが，技術革新や経済環境の変化の影響を受け，それぞれ特徴的な展開となっている。参入障壁が比較的低く，低価格志向のスーパーやホームセンター，ドラッグストア，ディスカウントストア，100円ショップなどとの競争が厳しくなり，低迷している。近年は，消費者のコストパフォーマンスを重視する姿勢が強まっていることから，単価の下落と売上げの低迷に陥っている。

1 生活雑貨店とは

　雑貨の辞書的な意味は，「雑多な貨物」であり，具体的にはこまごまとした日用品である。私たちが生活をしていく上で必要なものであり，私たちの生活の変化に合わせて常に変化してきた。掃除道具は，ほうきやはたきが電気掃除機に変わり，鍋やフライパンもオール電化

などの器具の変化に合わせて機能的な物に変化している。

また，その種類は非常に多く，金物や荒物，陶器・ガラス器，繊維製品，木製品，文房具，インテリア用品，収納用品などの日用品を幅広く業種横断的に品揃えすることにより，人々の生活の利便性を支えている。

② ライフスタイルの変化と生活雑貨の変化

高度な技術に支えられた新製品や新サービスの普及により，消費者の暮らしぶりが変化している。例えば，掃除をする場合，100年前には箒で掃いていたものが電気掃除機に代わり，食器を洗う場合にも食器洗浄機で洗うというように，使う道具が変化することで生活が便利になっている。

さらに，消費の二極化が進んでいる。スマートフォンを始めとする通信費にかける費用は年々増えているのに対し，生活雑貨にかける費用を抑える傾向が強まっている。コストパフォーマンスに対する意識が高くなり，品質やデザインに対するこだわりがなければ100円ショップで済ませ，消耗品は少しでも安いものにして出費を抑えるという合理的なものである。この考え方は，所得の大小にかかわらず浸透してきている。

③ 高い利益率と低い商品回転率

生活雑貨店の取り扱う商品は，基本的に消費期限が非常に長く，食料品のように細かな鮮度管理を必要としないため，売れ残りによるロスは少ない。不良品が発生した場合は，仕入先やメーカーに返品又は交換してもらい対応している。高度成長期やバブル期のように景気の拡大する局面では，商品の価格が上昇するため，それに伴って在庫金額も増えるので粗利益率が改善するが，景気後退やデフレの場合は，

価格の下落に伴って粗利益率も悪化するという景気の影響を受けやすいものである。

また，商品の回転率は低い。生鮮食料品のような緻密な鮮度管理が必要ないため，維持コストはあまり大きくない。仕入れの量が輸送上の経済的合理性に基づいて行われるため，在庫量が過剰になる場合がある。また，消費面でも1度購入すれば長期にわたって使用できるものが多く，単品の購買頻度は低い。

④ 在庫管理の重要性

商品の種類が非常に多いため，事業者は商品についてよく知るとともに，仕入れ先についても細かく把握することが不可欠である。商品の売れ行きに応じて，仕入れ先に注文し販売した分を補充することによって機会ロスを減らす努力が必要である。売り場を仕入れ先ごとに分けて状況を把握し，必要に応じて発注するようにすると管理しやすいが，それは必ずしも消費者にとって選びやすい売り場にはならない場合もある。

定番商品台帳を整備して，商品名と仕入れ先，価格，仕入条件などを常にわかるようにしておけばスムーズに注文をすることができる。但し，必要以上に仕入れ過ぎると過剰在庫となり，販売効率が悪化するので注意が必要である。

⑤ 厳しい低価格競争

生活雑貨は，スーパー，ホームセンター，ドラッグストア，ディスカウントストア，100円ショップ等との低価格競争に巻き込まれる場合が多く，このために利益を圧迫している。消費者のコストパフォーマンス意識が高いという状況を考えると今後も「適正価格」という視点は，ますます重視されるものと考えられる。

また，生活雑貨は，食料品のように賞味期限が短くないので温度管理や鮮度管理を必要としない。そのため，インターネット上で通信販売を行う事業者にとっては，扱いやすい商材といえる。特に収納用品や洗濯用品などの大型のものや重いものは，持ち帰りの労力を軽減できるインターネット通販を利用する消費者も多い。

Ⅱ 消費者のライフスタイルの変化

　かつてのバラエティストアやファンシーショップでは，商品のデザインやかわいらしさから生活雑貨を衝動買いするという場合もよく見られた。近年では，消費者のコストパフォーマンスに対する意識が強くなり，特に実用的な生活雑貨を購入する場合は，少しでも安く手に入れるということが求められてきている。こうした価値観やライフスタイルの変化に加え，インターネット通販の利用も進み，生活雑貨店の売上に影響をおよぼすようになっている。

1 購買力の低下

　総務省の家計調査年報から，1世帯当たりの世帯人数と有業人員数の変化を平成12年から平成29年までの17年間のグラフにすると，図表

●図表－1　世帯人員，有業人員の推移　　　　　　　　　　（単位：人）

世帯人数・有業人員の推移

平成	12年	13年	14年	15年	16年	17年	18年	19年	20年	21年	22年	23年	24年	25年	26年	27年	28年	29年
世帯人数（人）	3.31	3.28	3.24	3.22	3.19	3.17	3.16	3.14	3.13	3.11	3.09	3.08	3.07	3.05	3.03	3.02	2.99	2.98
有業人員（人）	1.52	1.51	1.45	1.44	1.41	1.42	1.41	1.39	1.39	1.37	1.36	1.33	1.33	1.34	1.31	1.35	1.34	1.32

（出典）　総務省　家計調査長期時系列　二人以上の世帯（平成12年～29年）より作成。

●図表－2　1世帯当たり年平均1か月間の支出の推移

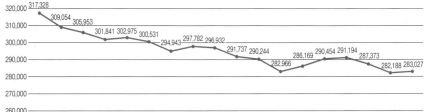

（出典）　総務省　家計調査長期時系列　二人以上の世帯（平成12年〜29年）より作成。

－1のとおりである。この17年間で1世帯当たりの世帯人数と有業人員数は，ともに1割以上減少している。特に，有業人口の減少幅は，世帯人数の減少幅を上回っており，購買力の減少に繋がっている。

また，1世帯当たりの1か月平均の消費支出の変化をグラフにしたものが図表－2である。消費支出も世帯人数や有業人員数と同様約1割減少している。平成12年の時点では，1か月当たり平均で31万7,000円であったものが平成29年には28万3,027円になり，3万3,000円以上減少している。

さらに世帯主の高年齢化も進んでおり，1世帯当たりの消費量の減少は生活雑貨店の売上げにも影響を及ぼすほか，我が国全体の購買力が低下にもつながる。

❷　コストパフォーマンス重視の姿勢

1世帯当たりの消費支出が減少する中で，用途や目的により，大幅に減少したものと逆に増えたものがある。それは，通信費と水道光熱費である。住居費の支出と，家具・家事用品や食料品などにかける支出が減少している（図表－3）。

原子力エネルギーの使用削減と石油価格の上昇から，エネルギーコ

● 図表－3　1世帯当たり年平均1か月間の支出の推移

年次 単位	通信費 (円)	指数 (％)	食料 (円)	指数 (％)	住居 (円)	指数 (％)	光熱水道 (円)	指数 (％)	家具・家事用品 (円)	指数 (％)	家事雑貨 (円)	指数 (％)
平成12年	9,521	100.0	73,954	100.0	20,522	100.0	21,628	100.0	11,024	100.0	2,294	100.0
平成13年	9,986	104.9	71,770	97.0	19,679	95.9	21,529	99.5	11,144	101.1	2,213	96.5
平成14年	10,544	110.7	71,210	96.3	19,957	97.2	21,171	97.9	10,509	95.3	2,214	96.5
平成15年	11,179	117.4	69,910	94.5	20,027	97.6	20,922	96.7	10,329	93.7	2,100	91.5
平成16年	11,370	119.4	69,640	94.2	19,230	93.7	21,012	97.2	9,952	90.3	1,995	87.0
平成17年	11,251	118.2	68,699	92.9	19,254	93.8	21,492	99.4	10,047	91.1	2,028	88.4
平成18年	11,613	122.0	68,111	92.1	18,115	88.3	22,278	103.0	9,734	88.3	1,975	86.1
平成19年	11,764	123.6	68,536	92.7	17,934	87.4	21,768	100.6	9,706	88.0	2,000	87.2
平成20年	11,911	125.1	69,001	93.3	16,897	82.3	22,762	105.2	9,984	90.6	2,048	89.3
平成21年	11,981	125.8	68,322	92.4	17,024	83.0	21,685	100.3	9,975	90.5	2,044	89.1
平成22年	12,009	126.1	67,563	91.4	18,179	88.6	21,951	101.5	10,266	93.1	2,025	88.3
平成23年	11,928	125.3	66,904	90.5	18,874	92.0	21,954	101.5	10,070	91.3	2,073	90.4
平成24年	12,024	126.3	67,275	91.0	18,231	88.8	22,815	105.5	10,122	91.8	2,084	90.8
平成25年	12,120	127.3	68,604	92.8	18,262	89.0	23,240	107.5	10,325	93.7	2,015	87.8
平成26年	12,452	130.8	69,926	94.6	17,919	87.3	23,799	110.0	10,633	96.5	2,021	88.1
平成27年	12,779	134.2	71,844	97.1	17,931	87.4	23,197	107.3	10,458	94.9	2,075	90.5
平成28年	13,120	137.8	72,934	98.6	16,679	81.3	21,177	97.9	10,329	93.7	2,019	88.0
平成29年	13,270	139.4	72,866	98.5	16,555	80.7	21,535	99.6	10,560	95.8	2,065	90.0

（出典）　総務省　家計調査長期時系列　二人以上の世帯（平成12年～29年）より作成。

ストが上昇していることに加え，空調設備や大型テレビの普及から水道光熱費が上昇している。快適な生活を支えるためにエネルギーを多く消費する傾向が高まっている。

3　通信費の増加

　増加している消費支出として，通信費がある。図表－3のとおり，平成12年の9,521円に対し，平成29年には1万3,270円という4割近い伸びである。スマートフォンの普及が増加の要因である。SNSで情報交換をしたり，インターネットを通じて必要な情報を手軽に集められたりするという便利さが普及の後押しをしたが，データ通信にかかる費用が家計を圧迫している。そのため，基本的な生活にかかるコス

④ 事業所数，従業者数，売上高の減少

　平成28年経済センサス－活動調査結果と平成26年商業統計表から，過去28年間のじゅう器小売業の事業所数，従業者数，年間商品販売額，売り場面積などの推移を示したものが次頁の図表－4である。じゅう器小売業の構成要素として，金物小売業及び荒物小売業，陶磁器・ガラス器小売業，ほかに分類されないじゅう器小売業などが含まれ，これらを合わせたものであり，生活雑貨店も含まれている。

　昭和63年には，4万527者の事業所に約13万5,000人の従業者を抱え，売り場面積の合計も362万6,212㎡であり，2兆円を超える年間売上高があった。しかし，平成28年には，事業所数が1万5,225社，従業者数が4万6,310人となり，ともに4割を下回った。さらに，売り場面

●図表－4　じゅう器小売業の事業所数，従業者数，年間商品販売額，売り場面積の推移。

年次	事業所数 計	事業所数 法人	事業所数 個人	従業者数（人）	年間商品販売額（百万円）	売場面積（㎡）
昭和63年	40,527	11,884	28,643	134,939	2,070,425	3,626,212
平成3年	37,675	11,989	25,686	125,281	2,206,985	3,497,633
平成6年	32,406	11,019	21,387	116,008	2,115,266	3,748,160
平成9年	29,181	10,280	18,901	105,687	1,951,933	3,777,022
平成11年	29,198	10,923	18,275	126,966	2,212,155	5,024,036
平成14年	26,282	10,072	16,210	109,659	1,594,254	4,305,863
平成16年	24,494	9,724	14,770	105,178	1,528,090	4,528,381
平成19年	20,421	8,567	11,854	93,591	1,265,442	4,320,288
平成24年	18,496	8,536	9,960	78,749	394,440	1,314,430
平成26年	16,149	6,953	9,196	52,557	378,245	1,035,339
平成28年	15,225	6,710	8,515	46,310	450,699	742,967

　（出典）　平成28年経済センサス－活動調査より作成。但し，平成3年は再集計分を採用。

積も74万2,967m²と約2割となるなど，店舗数の大幅な減少を示している。年間売上高も4,507億円とかつての約2割となっている。

Ⅲ 生活雑貨店A店の概要

　設立年：昭和63年
　組織形態：有限会社
　資本金：300万円
　従業員：2人
　事業内容：生活雑貨小売り販売
　年間売上げ高：1億800万円

　生活雑貨A店は，地方都市の中心市街地の商店街に立地しており，近隣の商店・事務所などの事業所や，居住する生活者に身の回り品や生活雑貨を販売している。開店から30年近く経過し，固定客に支えられながら展開してきた。

　店主のB氏の実家にあたる総合衣料品C社の多角化の一環として昭和63年に開店した。B氏は，大学卒業後東京都内の生活雑貨卸売業に勤務し，社内結婚により現在の家庭を持った。結婚後は，男女それぞれ一人ずつ子供を授かり，親子4人で暮らしてきた。そして長男が5歳となり，入社後10年を経過した32歳の時点で，B氏の父親の要請を受けて生活雑貨卸売業を退社し，A店を開店させた。

　開店当時のA店は，バブル経済の影響もあり，順調に売上げを伸ばしていった。

　B氏の家具やインテリア小物収集などの趣味を活かし，かわいい輸入雑貨品やデザイン性に優れた小物や文具など，一般のスーパーやホームセンターなどでは入手しにくい商品の品揃えで，地域の若い主婦

や女子中高生の支持を集めて成長した。

　B氏は，地元企業の事務所や工場に友人や知人が多いことから，洗剤や清掃用品，日用品など多くの受注を得ることができ，安定した売上げにつながった。また，学校や保育園，市役所，病院などの官公需にも積極的に売り込み，大口の受注を確保していた。

　バブル経済崩壊の影響もあり，C社は商店街の中心で恵まれた立地環境にあるのにもかかわらず，取扱商品が顧客の好みと合わなくなり，総合衣料品の売上げが減少した。一方のA店は，経営も軌道に乗り，徐々にではあるものの事業を拡大していった。そして開店から5年を経過した平成4年にC社から独立した。その1年前，C社は販売不振と経営者が高齢となったことから，総合衣料品販売に見切りをつけ，店舗を閉鎖して食品スーパーに貸すこととなった。これにより経営のスリム化が図られ，家賃収入が入るようになったことから一時的に経営は安定した。

　しかし，翌年にはA店から300mの地点に全国チェーンの大手総合スーパー（GMS）が出店し，その価格の安さと幅広い品揃えを武器に地域の消費者の支持を受け売上げを大きく伸ばしていった。そのため，A店を含む商店街全体の来街者数が減少し，売上げの低迷につながった。A店も厳しい競争環境に巻き込まれ，その影響から商品単価が下落し，売上げが低下していった。販売数量の増加を見込んで，薄利多売を進めていくものの，客数の増加にはつながらず，結果として売上高の減少をもたらした。

　さらに，平成20年にはリーマンショックの影響から自粛ムードが広がり，消費が低迷し業績が悪化した。さらにその3年後の3月には，東北地方を中心とした巨大地震が発生し，大きな被害が出た。そのため，節約ムードはさらに高まり消費低迷につながった。

　生活雑貨店の取扱う商品の種類は非常に多く，そのSKU（Stock

Keeping Unit：最小在庫管理単位）数は10万を超えるところもある。A店も例にもれず，取扱商品点数は年々増加し，約8万点を超える商品点数を取り扱い，そのうち約4割が不動在庫となっていたため販売効率の低下を引き起こしていた。ファッション性や流行性の高いキャラクター商品は，短期間で大量に販売されるうえに，季節により売れ行きの違う商品がある。そのため，台帳による細かい在庫管理と仕入れ調整が重要である。流行及び季節の先取りを心がけ，適切なタイミングで見切るという判断力が大切である。

Ⅳ　A店の抱える問題

　顧客のライフスタイルや価値観が変化する中で，生活雑貨店A店を取り巻く経済環境は，ますます厳しくなり，店の活気も年々なくなっていった。親会社のC社が販売不振となった要因も消費者の高齢化に伴う購買力の低下と，低価格商品を中心とした品揃えで展開する競合の影響である。A店が，かつてのような活気を取り戻し，数々の抱える問題を解決していくためには，現状を真摯な姿勢で見つめ，的確な対策に取り組むことが必要である。

① 顧客の高齢化の影響

　A店の開店当時の顧客の平均年齢は40歳後半くらいであったが，28年が経過した現在は60歳半ばとなっている。子供や孫も独立し，他に住まいを構えて暮らすようになるために，世帯人数も少なくなり，老夫婦だけのところが多くなっている。そのため，1戸当たりの消費量が少なくなり，A店の売上げも減少している。

② ヒット商品・売れ筋商品の確保の困難性

　玩具やインテリア雑貨，小物の新製品の中には，爆発的に売れて生

産が需要に追い付かず，一時的に在庫が不足して供給が困難になるものがある。このような状況では，大手企業，中小小売業に関わらず商品調達が困難になる。特に大手企業では販売数量も多いため，必要な数量を確保することが難しくなる。そして，仕入れ先卸売業やメーカーに注文するものの，なかなか入手できない。

　しばらくして，ようやくその商品が納品された頃には，ブームも終わり売れなくなってしまうのである。そうなるとせっかく仕入れた在庫が不良在庫となってしまう。このような例は，夏物の日よけや冬の除雪対策商品などの季節商品についてもいえることで「キワモノ」といわれる。

③ 店舗の老朽化とイメージの陳腐化

　販売不振から，長期にわたり店舗改装や売り場のリニューアルを行ってこなかったため，外壁や天井が変色し，活気が失われていた。常連客にはあまり気にならないことであるが，初めて来店される顧客にとっては，「何となく入りづらい」と感じることがあり，用があっても素通りしてしまう場合が少なくない。これは，商店街の賑わいそのものの喪失にも繋がっている。

④ インターネット販売利用の広がりの影響

　20代や30代の比較的若い人々を中心に，「イーコマース」というインターネット販売を利用する例が増えている。インターネットで注文をすれば，店舗に行かなくても自宅や希望する場所に届けてもらえるという利便性から，利用者が増えている。

　ファッション品や嗜好性の高い商品は，実際に商品を見てじっくり選びたいという意識が働き，店舗に行くこと自体が楽しみの一部といえる。しかし，生活雑貨のような実用品の場合は，わざわざ店舗に出

●図表－5　A店のSWOT分析

		強み	弱み
内部環境	財務	財務基盤は安定している 衣料品店閉店による経営のスリム化 家賃収入がある	商品単価の低下による売上の減少 経営規模が小さくスケールメリットが出せない 取扱商品点数が多く、在庫回転率が悪い
	商品	顧客ニーズに合った品揃え 取り扱い商品の種類が豊富 実績に基づいた品揃えを行っている	ヒット商品の入手が困難 低価格競争の激化 消費者の好みと合わなくなっている
	店舗	商店街の中心という好立地にある 管理コストが安い	店舗の老朽化によるイメージの後退 選びにくい雑然とした店内のレイアウト 商店街全体の活気がなくなっている
	販売	大手販売先を確保している 固定客とのコミュニケーションが取れている	商品知識が十分ではない 売れ筋情報が不足している
		機会	脅威
内部環境	経済環境	アベノミクス効果の影響 高齢化の進展	通信費の増加 水道光熱費の増加 経済成長の低迷
	顧客	良いものにこだわった商品選択 ペットブームの浸透 固定客が多くニーズの把握が容易	コストパフォーマンスを重視した購買習慣 消費支出の減少 通信費・光熱費の上昇
	仕入先	調理家電の新規取り扱い ペット用品の新規取り扱い	既存取引先の低迷 衣料品の取引の中止
	競合	競合店との差別化が図りやすい 規模が小さく、小回りが利く 細かな接客応対が可能	大手スーパー・ホームセンターとの低価格競争 インターネット通販との競合

向き，数多くの商品の中から探すという煩わしさを省きたいという意識が働くので，イーコマースの利用につながり，A店を訪れる若い人達が減少している。

5　販売価格の低下による影響

消費者のコストパフォーマンスを重視するという意識が年々強まっている。若い世代を中心に，100円ショップで商品を見つけてなるべく安く済ませたいと考える消費者が増えてきた。それに合わせて生活

用品のメーカーも低価格競争に巻き込まれ，品質を落とさず販売価格を抑えるという取り組みが強まっている。

その影響により，商品単価が下がり，顧客1人当たりの平均購入金額も減少した。A店でもついに平成23年には，年間売上金額が1億円を下回るようになってしまった。

Ⅴ　A店の利益計画

販売不振の理由を考えればきりがないが，かつてのような活気ある売り場イメージを回復し，年間売上高1億円を達成することを目指して，B氏は思い切って前向きに取り組んでいくことを決意した。具体的には，目に見える変革を実行するために，次の5つのポイントに重点的に取り組んだ。

1　取扱商品の見直し

近隣の総合スーパーとの競争から，低価格の洗剤やトイレットペーパーなどを薄利多売で取り扱ってきたが，規模の点で対抗していけず，利益を圧迫する要因となっていた。そこで主力仕入先である日用品卸の協力を得て，より品質の高い商品にシフトし，接客を通してその良さを顧客に伝える販売方法を強化させるようにした。陳列についてもレイアウトを見直し，棚卸し作業の効率化に取り組むとともに，POPやショーカード，商品説明の看板などを多く設置し，インパクトのあるアイキャッチを心がけた。

薄利多売を脱却するために品質の高い高利益率商品にシフトしたことにより，売上高は約2割近く向上し，粗利益率が改善されたことで営業利益も確保できるようになった。

2　活気ある外観の復活

来店客数の減少も，売上高の低迷につながっていた。店の外から見ると店内の明るさが不足し，入店しづらい印象となっていたこともその要因であった。特に店頭の看板や外壁などの外装が，月日の経過とともに色あせて老朽化していたため，大きな投資を必要としない小規模な改装に取り組み，看板の改修工事などのファサードのイメージアップを図った。

　これにより，外からも店内がよく見通せるようになり，「見てみたい」と思えるようなイメージが回復した。そして，土曜・日曜日を中心に来店客数も徐々に戻ってきている。まだかつてのような活気あふれる売り場にはなっていないものの，高級品をじっくりと時間をかけて選ぶのにふさわしい雰囲気を醸し出している。

③ 新規仕入れ先の開拓

　A店がこれまであまり取り扱ってこなかった新たな分野の商品として，オーブントースターや電気ケトルなどの調理家電製品がある。既存の仕入先営業担当者の紹介で，小型家電製品を取り扱う業者との取引を始めた。そのため，取り扱い方法はもとよりメンテナンス方法な

●図表－6　家具・じゅう器・機械器具小売業の経営指標（平均値）

	平均値	単位
総資本経常利益率	−1.3	％
売上高総利益率	39.6	％
売上高営業利益率	−1.8	％
売上高経常利益率	−0.8	％
商品回転期間	1.9	月
従業員1人当たり年間売上高	21,364	千円
流動比率	310.1	％
損益分岐点比率	114.7	％

（出展）　日本政策金融公庫　小企業の経営指標より作成。

ど新たな知識が必要になり，店頭における実演販売などのイベントを実施した。

このイベントが顧客の興味を呼び起こし，新たな小型家電製品の売上げにつながり，新規仕入れ先との取引も急拡大した。このイベントは，店主をはじめA店の従業員にも良い影響を及ぼし，商品知識の浸透に役立った。

④ ペット用品の強化

子供たちが就職し独立，結婚して世帯を持ち夫婦のみの世帯に戻った高齢者の中には，ペットと暮らしてその寂しさを紛らわすと同時に，一緒に健康増進のための運動をすることを日課としている人が増えている。そこで，A店でも犬のリードやペットのケージ，服，アクセサ

●図表－7　A店の改善の方向性（戦略マップ）

経営目標	・年間売上高1億円を回復する ・活気ある売り場の雰囲気を作る
財務の視点	・売上高絶対額の増大 ・来店客数の増加 ・高品質商品による商品単価の拡大
顧客の視点	・顧客同士のコミュニティの創出 ・明るく入りやすい店頭イメージ ・コストパフォーマンスの高い品揃え ・利便性の高い商品の品揃えの充実
業務改善の視点	・死筋商品の整理と排除 ・店内レイアウトの見直し ・棚卸方法の改善 ・品揃えの見直し
学習と成長の視点	・調理家電の商品知識の充実 ・ペット用品販売方法の改善 ・コミュニティスペースの拡充

● 図表－8　A店のモデル利益計画

	直前期 実数（千円）	直前期 構成比（％）	今年度 実数（千円）	今年度 構成比（％）
売上高	87,000	100.0	108,000	100.0
売上原価	68,500	78.7	74,000	68.5
売上総利益	18,500	21.3	34,000	31.5
人件費	17,500	20.1	18,500	17.1
販売管理費	27,000	31.0	29,500	27.3
営業利益	1,400	1.6	2,500	2.3

リー，遊具小物などの品ぞろえを充実させた。

　常連客の中には目的買いではなく，売り場でペット用品を見て選ぶ楽しみのために来店し，気に入った商品を少しずつ買いそろえていくという人たちも集まるようになってきた。こうして店で知り合った顧客同士が仲良くなり，一緒に散歩にでかけたりするケースも増えてきている。

5 ● 地域イベントとの連携

　これまでも地域の祭りに協力し，店頭における在庫一掃のバーゲンセールを実施するなどの取り組みは行ってきたものの，人口の減少や消費の減退から，年々売れなくなったため規模を縮小していった。

　A店の立地する商店街の主催するイベントに合わせて，バーゲンセールだけでなく新製品のサンプルの配布や実演販売を実施した。夏祭りやハロウィンなどの地域イベントとの連携にも積極的に参加し，商店街全体の活性化に努めている。その結果，徐々にではあるものの客足も戻り，売上回復の兆しが見えてきた。

〔宮川　公夫〕

18 木材卸売業のモデル利益計画

Ⅰ 業界の概要

　木材卸売業は木造建築の材料を供給する業者として，古くから建築業界を支えてきた。しかし，小規模経営の事業所が多く，主な取引先である工務店や大工業者の減少，少子高齢化による住宅着工件数の減少などにより業績不振に陥る業者も多い。以下ではこれらの木材卸売業者の経営改善の方法を検討する。

　なお，木材流通業界では「木材」と「材木」が同様の意味で使用されている。店舗名でも木材店と材木店が混同され，時として混乱のもととなっている。本稿では混乱を避けるため木材と材木及び建材（建築材料）を図表－1のように定義して使用する。

● 図表－1　木材，材木，建材の定義

木材：丸太として出荷された商品。1本ごとに個性のある商品。
材木：規格に合わせて製材され，種類ごとに形状が画一的となった商品。
建材：一般的には建築用の材料全てを指すが，本稿では材木以外の建築材料とする。

　また，業種の名前についても，業界での呼び方は「木材卸売業」「材木卸売業」の両方を使用しており，日本標準産業分類でも明確には決められていないため，本稿では「木材卸売業」に統一して使用する。

Ⅱ 木材・材木流通における木材卸売業者の役割

1 昭和期までの木材卸売業者の役割

　木材・材木流通とは，山林からの丸太の出荷から建築業者等のエン

ドユーザーへの材木販売までとなる。

　木材・材木の流通経路は，バブル崩壊以前は，図表－2のように単純化して把握できるものであった。その中で木材卸売業者は市場から材木を仕入れ建築業者等に販売する部分を支えていた。各地の製品市場から材木を仕入れて品揃えを豊富にし，木造建築物を建てるうえで必要なさまざまな材木を建築業者に供給していた。建築業者にとって木材卸売業者の「集荷機能」は，良質な建築物を建てるために欠くことのできない機能であった。

❷ 平成期の木材卸売業者の役割

　昭和40年代の後期から木材輸入の割合が拡大し，昭和50年代からプレカット業者が一般化してくると，木材・材木流通経路が複雑化した。

　さらにバブル崩壊による消費者への低価格志向の浸透で，建築業者が中抜き（卸売等の流通業者の省略）による材木の低価格調達を志向したことも加わり，流通経路は図表－3のようにさらに複雑化し現在に至っている。建築業者への材木流通の経路は多数存在しているが，平成後半に入り太い矢印となっている「製品市場」➡「建築業者」と「プレカット業者」➡「建築業者」が増加している。

　内装材，外装材等の補助材を中心とする建材は，図表－4のように商社系列木材卸売業者と一般木材卸売業者から建設業者へ提供されている。

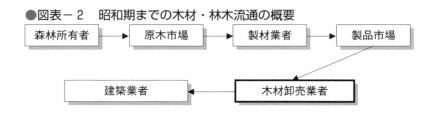

●図表－2　昭和期までの木材・林木流通の概要

●図表－3　平成期の木材・林木流通の概要

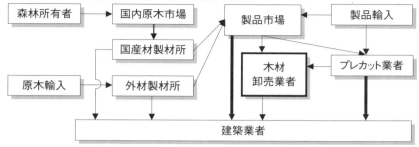

●図表－4　建材流通の概要

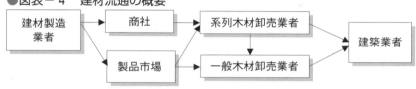

Ⅲ　木材卸売業者の事業所数と規模

1　急激に減少する業者数

　木材卸売業者はさまざまに業態化しているため，統計等で正確な事業所数を把握することは難しいが，多くの木材卸売業者がさまざまな建材も販売しているため，「建築材料卸売業者」全体の傾向と同様であると思われるので，建築材料卸売業者の数値からその傾向を分析する。

　業者数を「経済センサス－活動調査」等の建築材料卸売業のデータ（図表－5）で見ると，平成3年の5万3,000業者から平成28年の3万5,000業者へ3分の1減少した。

2　中小零細中心の経営規模

　図表－6を見ると，建築材料卸売業者の事業所規模は，従業員5人

●図表−5　建築材料卸売業者数の推移　　　　　　　（単位：千業者）

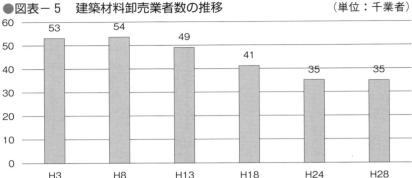

（出典）　総務業統計局「経済センサスー活動調査」及び「事業所・企業統計調査」より筆者作成

●図表−6　建築材料卸売業者数と法人比率

	事業者数a	構成比	法人数b	法人比率b/a
総数	35,029	100.0%	30,876	88.1%
5人未満	17,716	50.6%	13,901	78.5%
10人未満	9,401	26.8%	9,092	96.7%
20人未満	5,481	15.6%	5,456	99.5%
30人未満	1,280	3.7%	1278	99.8%
50人未満	746	2.1%	745	99.9%
100人未満	304	0.9%	304	100.0%
200人未満	71	0.2%	70	98.6%
200人以上	30	0.1%	30	100.0%

（出典）　総務省統計局「平成28年経済センサスー活動調査」より著者作成

　未満の業者が50.6％と5割を超えており，従業員10人未満のクラスも加えると77.4％が中小零細の業者であることが分かる。

　一方，法人化率（法人数÷全事業所数）を見ると全体の88.1％が法人で，個人経営は少ない。零細経営にもかかわらず法人化率が高い理由として，卸売は取引額が高額になりがちであるため，高い信用が求められるということが挙げられる。

Ⅳ 木材卸売業者のタイプ

① 小売店型

　従来からの木材卸売業者のタイプ。木材市場や製材業者から木材や建材を仕入れて，工務店や大工業者を中心に業務用として販売している。工務店や大工業者などエンドユーザーに販売しているため業界内では「小売店」と呼ばれている。古材の専門店など特徴のある商品を取り扱う事業者も存在する。零細・中小経営の比率が高く，業者数が多い。

② 工務店兼業型

　建築業を兼業して利益率改善と材木の安定販売を図るタイプ。建築業の許可を取得し，大工を従業員とし，専業の工務店と同様に民間住宅等の受注を中心的に進める。経営者1人のみの業者が大工などの外注を活用して住宅の請負をするケースもあり，経営規模は零細から中堅企業まで幅広い。小売店型と同様に業者数が多い。

③ プレカット兼業型

　工務店等に木材の卸売りを行うと同時に，付加価値を高めるためにプレカット後の材木（構造材）を，家1棟の単位で供給するタイプ。プレカット工場を必要とするため中堅以上の業者が多く，業者数は少ないタイプである。工場にはCAD/CAMが導入されていることが多く，設計情報として構造や工期等に関する情報を入手できるため，プレカット部材に加え，その他の建築資材や住宅設備機器等の供給を行うことが可能となり，取扱商品の拡大も図られている。

4 商社系列型

大手商社の系列として，商社が供給する建材や外材などを大量に販売するタイプ。商社が取り扱う建材を幅広く販売しており，中堅以上の業者が多く，業者数は少ない。

Ⅴ 木材卸売業者の経営環境の変化

1 住宅着工件数の減少に伴う木材需要の長期的減少

住宅着工件数は長期的に減少傾向となっている。図表－7を見ると，住宅着工件数は平成2年の166万5,367戸から平成30年の95万2,936戸へ約4割減少した（非木造であっても内装に木材を多く使用するため木材需要の減少効果は大きい。）。

また，材木需要により密接に関係すると思われる木造建築数も70万6,767戸から54万1,905戸へ4分の1減少した。住宅建築の材料を提供している木材卸売業者はこの影響を大きく受けていると思われる。図表－5から分かるように平成3年から平成28年にかけて建築材料卸売

●図表－7　住宅着工件数　　　　　　　　　　　　　　　　（単位：千戸）

年	木造	非木造
H2	707	959
H4	674	746
H6	720	841
H8	747	884
H10	548	631
H12	548	665
H14	506	639
H16	542	651
H18	556	729
H20	493	546
H22	464	355
H24	493	400
H26	486	394
H28	549	425
H30	542	411

（出典）　国土交通省「建築着工統計調査」より筆者作成

●図表−8　建築業者数の推移　　　　　　　　　　（単位：千業者）

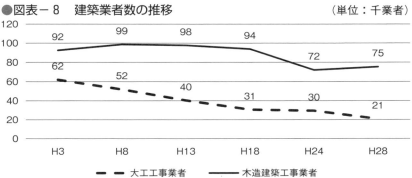

（出典）　総務業統計局「経済センサス−活動調査」及び「事業所・企業統計調査」より筆者作成

業者数は3分の1減少した。

2　建築業者（顧客層）の減少

　木材卸売業者の主な顧客は，工務店や大工業者等の建築業者であるが，それらの顧客ターゲット層は，①住宅着工件数の長期的な減少傾向の影響や，②大手ハウスメーカーの営業攻勢を受け，図表−8のように年々減少している。

3　材木需要の低価格商品へのシフト

　近年の材木の価格は低位ながら安定している。しかし，木材卸売業者の売上げは以下の理由から長期的に減少を続けている。
①　在来工法は「木を見せる」ため高価な無垢材（一本の原木から角材や板を切り出した材木）等を多く使用していたが，近年のプレハブ工法では木が壁等で覆われてしまうため，低価格の材木を使用する傾向が強まっている。
②　核家族化と少子化の進行により建築する家の延べ床面積が減少傾向で，1棟に必要な材木の数量も減少している。

Ⅵ 木材卸売業の経営改善の方向

木材卸売業者の売上げはⅣで示した全てのタイプで低下傾向である。図表－9は業者数の多い「小売店型」と「工務店型」タイプが目指している経営改善の方向性である。

Ⅶ F材木店の概要と問題点

1 企業概要

株式会社F材木店（以下「当社」）は地方都市のH市に事務所を置き，県内の工務店や大工業者を中心に，木材と建材の販売をしている。基本的に家族経営で，F氏（経営者）の他は家族従業員2人（経営者の妻，経営者の娘婿）と従業員1人の4人で事業を進めている。

大正期に山林を個人所有していた3代前の曽祖父によって創業され，会社組織にした当時は従業員7～8人程度を雇用して大量の材木を取り扱っていた。しかし，バブル崩壊後は売上げが減少し，会社も現在の体制に縮小された。

事業のタイプは「小売店型」で，顧客はH市とその周辺を中心に

●図表－9 木材卸売事業者の経営改善の方向

タイプ	内容
小売店型	販売先の減少に対応し，住宅新築やリフォームの請負受注を図る傾向が強まっている。工務店や大工業者に，自店の材木や建材を使用する条件で，自店が請け負った建築工事の外注をする。これにより木材の販路を確保する。また，建築業者が現場での材木加工を極力省略する傾向が強まっているため，納品前の材木や建材のプレ加工業務を強化することも志向されている。
工務店兼業型	工務店事業の強化を志向している。木材卸売業の専門性を活かして，木の特徴を生かした「特徴のある家」や「独自工法」を自社商品として提案することで，一般の工務店との違いを明確にして販売力を高めている。

●図表－10　Ｆ材木店の概要

```
業　種：木材卸売業
創　業：大正12年（設立昭和40年）
経営者：Ｆ氏（56歳，２級建築士資格保有）
事業所：Ｈ市
従業員：３人（家族従業員2,従業員１）
年　商：１億6,570万円（直前期）
```

した県内各所に存在する工務店や大工業者である。売上げ低下に悩まされ始めた平成５～10年頃に大工を採用して工務店事業への参入も考えたが，職人の採用や養成が難しく，参入を断念した。

　会社の営業はＦ氏が行い，妻が経理等の事務全般を担当している。２年ほど前に２級建築士免許を持ち設計事務所に勤務していた娘婿であるＫ氏（27歳）が，設計事務所を退職し，事業に加わった。Ｋ氏はまだ仕事を覚えている段階で配達や資材管理等の仕事を担当しているが，今後は本格的に経営に関与する予定となっている。１人いる従

●図表－11　Ｆ材木店のSWOT分析

		機　会	脅　威
外部環境		・震災後，十分な強度を持つ家への関心が社会的に高まっている。 ・施主が生活スタイルや好みに合った家を求めるようになってきた。 ・国の助成や支援策が整備されて，国産材が使用しやすくなってきた。	・少子高齢化等により住宅ニーズが低下している。 ・大手ハウスメーカーの攻勢等で地域の建築業者が減少している。
		強　み	弱　み
内部環境	財務の視点	・実質無借金経営である。	・売上げが低下傾向である。 ・売上総利益率の低下傾向。
	顧客・消費者の視点	・業歴が長いため，当社への顧客からの信頼が厚く，業務上での提携もしやすい。	・地域建築業者の競争力が低下して，当社の売上げに影響が出てきた。
	業務プロセスの視点	・木材卸売業者として材木に対する目利きの能力を活かした営業等で差別化を図ることが可能。	・新たな顧客層となる個人客の情報管理体制を構築する必要がある。
	学習と成長の視点	・経営者，後継者共に２級建築士免許を保有している。	・後継者のＫ氏は木や営業に関する知識を十分に習得していない。

業員は建材や木材の加工とF氏の営業補助や配達を行っている。

　当社の現在の事業は，①材木の仕入販売，②建材や木材のプレ加工販売，③木造住宅の新築やリフォームの仲介である。新築やリフォームの仲介は積極営業によるものではなく，知人等からの相談を受けて建築業者を紹介する程度で，仲介手数料はあまり受け取っていない。

　当社の売上げは長期的に低下傾向である。主な理由は **V** に記載した内容と同じである。売上げ構成は材木が3～4割で残りが建材である。材木の利益率は3～4割と高いが，当社売上げの過半数を占める建材の利益率は1～2割程度である。

　「小売店型」の木材卸売業者は，売上げが低下した時期に新規事業を始めることなく現在に至っているため，借入金はほとんどないケースが多い。当社も実質無借金経営であり，財務上は比較的安定している。しかし，ここ数年は赤字決算なので，今後の資金繰りが心配される。

❷ 当社の問題点・課題

■1 営業面の問題点

　近年は建築業者の倒産や廃業が増加している。資金繰りに問題があり，建築資材を容易に調達できない危険な業者も多いので，当社は積極的な新規開拓を進めていない。しかし，従来の顧客（工務店・大工業者等）の建築請負件数が減少しており，当社の材木販売量も減少している。新たな顧客層の開拓や取引先の活性化が今後生き残るための重要な課題となっている。

■2 材木店としての個性の薄さ

　当社の売上げのほとんどは仕入販売であるため，強い個性を出しにくい。建材などは売れる商品であるが個性を強めることは難しいし，特色を出すためにF氏の目利きを武器として個性的な材木を多数仕

入れても，販売できず長期の在庫となる可能性が高い。

　地域の建築業者が元気だったバブル期のころは，特別な材木がある場合はF氏が建築業者に活用を提案したり，建築業者からF氏に特別な材木に関する問合せが来たりしたが，そのような当社の特徴を出せる機会は，低価格志向が浸透した近年はほとんどなくなった。

3　売上総利益率の低さ

　当社の木材取扱量は，これまでに述べてきた業界の傾向と同様に減少している。それに伴い利益率の低い建材の売上割合が相対的に高まり，売上総利益率が低下する原因となっている。

4　在庫の問題

　バブル期に在庫として抱えていた高価で個性的な材木が大量に残っており，デッドストック状態になっている。見せるための高級材木が多いため，割引価格で提案しても建築業者の購買欲は高まらない。

5　小口配送の一般化

　F氏は顧客へのサービス向上のために，従来から小口配送となる注文にも積極的に対応してきた。しかし，他の事業者も小口配送を行うようになり小口配送が一般化してきたため，近年は数本の材木配達や1日に複数回の配達にも対応しなければならない状況となってきている。配送負担が年々重くなっている。

6　経営者・後継者の技能活用の問題

　木材卸売業者の中には2級建築士の資格を持つ者が多いが，その資格を業務に活用している例は少ない。当社もF氏・K氏ともに2級建築士の免許を保有している。さらにF氏は木造住宅の躯体構造に関する知識を有し，構造伏図（構造材の寸法や配置位置を表す図面で，プレカット工場等でカット用に作成される図面）の作成ができる。K氏は建築事務所に勤務していたため，住宅設計や施工監理等の能力も高い。

しかし，当社は木材卸売業であるためそれらの資格や技能を十分に発揮できていない。

7 不十分なIT活用

当社はパソコンソフトを活用して経理と販売管理（売掛金＆請求書管理）を行っているが，それ以外のIT化は行っていない。後継者のK氏は在庫管理や営業面への活用などIT化の導入を希望しているが，具体的にどのように進めるべきかは明確に理解していない。

Ⅷ 経営改善の基本的考え方

1 施主の直接開拓（川下戦略）

従来の卸売業は薄利で大量に販売することで利益を上げてきたが，既存のビジネスモデルでは今後売上げを拡大することは難しい。

今後は戸建て住宅の施主の直接開拓（請負）を進め，材木の販売ルートを拡大する。これにより納品の際の競争を排除し，材木の専門家が選ぶ「施主が納得する良い材木や建材」を適正価格で提供する。

ただし，当社が工務店機能を持つと，現在の顧客（工務店や大工業者等）との競合が発生し，顧客の反発も予想されることから，当社はコーディネータ機能（施主に対するコンサルティングサービス）に特化し，住宅建築業務は顧客である建築業者と提携し外注する。

2 「過程品質」向上戦略

図表－12に示すように商品の品質には「結果品質」と「過程品質」がある。家づくりを例に考えると，完成した家の品質が「結果品質」である。完成した家は建設中の様々な努力を明確に伝えていない。構造材の優劣や大工工事の丁寧さも，壁や壁紙に塞がれなかなか理解できない。

●図表−12 「結果品質」と「過程品質」

結果品質	・完成した商品の品質。 ・結果品質の差を明確に客に感じさせるのは難しい。 ・結果品質では圧倒的優位が築けず業者は価格競争に走りやすい。
過程品質	・商品を完成させるまでのプロセスの品質。 ・作業工程を目にすることで客は品質の差を明確に感じる。 ・過程品質を高めるためには顧客との接点を増やす必要があり，営業効率を極度に高める大手業者では採用できない。 ・客の支持を得て独自分野で差別優位を構築できる。

　一方で，建設過程の質の良し悪しをテーマにするのが「過程品質」である。例えば現場の清掃を1日5回する会社があるが，それだけ頻繁に現場の清掃をすると施主がいつ現場に来てもチリひとつ落ちていない状態を保つことができる。その会社の経営者によると，施主は「建設現場をこんなにきれいに保つほど丁寧な仕事をする会社なら，きっと完成した家は素晴らしいはずだ」と判断するという。

　当社は，家の完成状態で競争するのではなく，完成までの過程を施主が納得するものにすることで施主の満足度を引き上げ，地域で強力な営業を展開する大手ハウスメーカー等に対抗する戦略を採用する。

IX 具体的改善策

　この概略については図表−13を参照されたい。以下，具体的な内容を解説していく。

1 「施主と作る構造にこだわった家」を提案

■ 民間住宅の建築請負を受注

① 当社の材木の販売を拡大するため，当社が民間住宅の建築請負営業を進める。

② 当社ならではの家づくり過程を施主に提案することで，営業力で圧倒的な力を誇る大手ハウスメーカー等との差別化を図る。

●図表－13　Ｆ林木店の戦略フロー

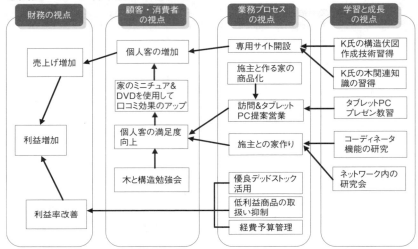

2　施主とともに家づくり

　Ｆ氏は木造住宅でも構造上の強度を高めれば，家を補修しながら3〜4代の家族まで住むことができると考えている。地震などに強く長期に住むことのできる住宅を，以下の手順で施主と共に考え，施主に「家の強度」について自信を持ってもらう。

① 木造住宅の構造の仕組みを顧客に説明する。
② 顧客とともに構造図の一つである構造伏図を制作する。
③ 材木の専門家である当社の知識やネットワークを活用して，顧客とともに構造材用の材木を選ぶ。

3　開拓する顧客ターゲット

① 自分の家づくりに深く関与したいと思う施主
② 予算に制限があるが長持ちのする家を建てたいと思う施主
③ 地震等への配慮から家の強度に関心の高い施主
④ 木材に興味のある施主

4　価格設定

価格は地域の注文住宅の相場と同水準とする（１坪50～90万円）。

② 過程品質向上策

図表－14に示す施主との共同作業を通して，施主に以下のような楽しみを味わってもらいつつ，当社の「家づくりの過程」を深く理解してもらうことで，施主の感じる「過程品質」を向上させる。

① 強度の高い安全な住宅を自分で考える楽しみ
② 自分で材料を吟味する楽しみ
③ 自分の図面に合わせた家が建つ楽しみ

③ 住宅建築の請負体制

１ 請負ネットワーク

住宅請負を可能とするために，当社がコーディネータになり，当社の家づくりに賛同する建築業者やその他工事業者などと連携・提携して工事を進める。これにより当社が工務店機能を持たずに住宅の建築請負ができる体制を構築する。

２ ネットワーク内研究会

●図表－14　施主の感じる過程品質を高める方法

	施主とともに進める内容
設計過程	・施主の要望に沿って後継者のＫ氏が設計図を作成する。 ・Ｆ氏が施主に躯体構造及び構造材等に関して詳細に説明する。 ・施主とともに構造伏図を作成する。
材木選定	・構造材の候補となる材料を材木（製品）市場等で確認する。 ・必要な場合は伐採前の森林の木を見て状態を確認する。 ・施主と予算に合わせた構造材等の最終選択をする。
建築過程	・施主がプレカット工場で構造材を加工する過程を見学する。 ・着工式を行い建築・工事に関わる職人たちと顔合わせを行う。 ・上棟式を行い，住宅の建築・施工に取り掛かる。 ・施主とともに施工監理を進める。 ・完成式を行い，施主が関係者から祝いの言葉をもらう。

提携してもらう建築業者を誘い，定期的に住宅構造などに関する勉強会を行う。この勉強会を通してネットワーク内の意識共有を図り，参加事業者が同じ感覚で家づくりを進められるようにする。

3 コーディネータ機能の外注

自社の請負できる件数（年間2〜3件）を超えた場合は，当社の考えを理解する建築業者や設計事務所にコーディネータ機能の一部・全部を外注する。

1 訪問＆提案営業

高齢のため自分では請負ができない大工業者や小規模工務店経営者とタイアップして顧客開拓を行う。

建築業者が，以前建てた家の施主（OB客）を一緒に回り，家の建替えニーズを取り込む（建築業者には紹介料を支払う）。

1回目の訪問はヒアリングに徹底し，2回目以降の訪問で顧客の考えを絵コンテやCAD図面でビジュアル化し，「家づくり提案書」にして提案営業を行う。

2 「木と構造勉強会」の開催

地域のカルチャーセンターの受講生や消費者団体メンバー等に，「家の構造を学ぶ」「100年住宅の作り方」「森林見学会」「木の乾燥方法」など「木と構造勉強会」を定期的に開催する。講師役はF氏やK氏のほか提携する建築業者等が務める。

これにより地域に住宅構造に興味を持つ人を育成するとともに顧客開拓を進める。

3 顧客への口コミ材料の提供

(1) ミニチュアモデルの作成

当社が手掛けた家は，構造材が組み上がった上棟段階のミニチュア

モデルを作成し，施主に提供することで，施主が家に飾り友人知人に自分の家の構造について楽しく説明できるようにする。これにより口コミ効果を高める。

(2) **画像や動画提供**

近年流行りのドローンも導入して，家づくりの様子を，家の中や外，さらに上空から写真や映像に記録し，DVDなどの媒体に格納して施主に提供する。施主はDVDの内容をテレビ等に映して，友人知人に家づくりの説明ができるようにする。

4　IT活用した顧客開拓

(1) **専用サイト活用**

当社ホームページとは別に「施主と作る構造にこだわった家」の専用サイト（専用のホームページ）を開設する。テーマに沿ったさまざまな情報を，写真や動画を使用して提供する。ホームページはPC閲覧用だけではなく，タブレットPCやスマートフォンでも閲覧しやすいように「マルチデバイス対応」の仕組みとする。

(2) **タブレットPCの活用**

施主の開拓営業の際は，タブレットPCを使用して，写真や動画を豊富に使用したプレゼンを実施する（タブレットPCは携帯性に優れ，瞬時に立ち上がり，写真や動画，スライドショー等が見やすいという営業面で優れた特徴を持っている）。

5　その他の収益改善策

1　売上総利益率の改善

当社も他社同様建材の売上割合が，売上げの6～7割を占めて利益率低下の大きな原因となっている。今後は建材の中でも利益率の低いものの取扱いを極力削減する。ただし，利益率の高い建材とセットで販売する建材に注意する。

● 図表−15　改善後の損益の見込み

	直近期末	構成比	1年目	構成比	2年目	構成比	3年目	構成比
売上げ	165,670	100.0%	151,000	100.0%	177,000	100.0%	202,000	100.0%
売上原価	135,849	82.0%	118,500	78.5%	135,500	76.6%	152,500	75.5%
売上総利益	29,821	18.0%	32,500	21.5%	41,500	23.4%	49,500	24.5%
販管費	35,560	21.5%	32,000	21.2%	33,000	18.6%	34,000	16.8%
（人件費）	15,800	9.5%	15,300	10.1%	15,300	8.6%	15,300	7.6%
営業利益	−5,739	—	500	—	8,500	—	15,500	—

（注1）　売上げは1年目に低利回り建材の取扱い抑制で低下し，2年目以降は住宅請負受注により改善する。
（注2）　売上原価は低利回り建材の取扱い抑制と住宅請負による材木の販売増で年々改善する。
（注3）　1年目の販管費は役員報酬の見直しを含む1割削減の予算を立ててコントロールする。
（注4）　2年目以降の販管費は住宅請負に伴う経費増を見込む。

2　優良デッドストックの再活用

デッドストックの中心を占める優良な「見せる材木」を当社の提案する家づくりに積極的に活用することで，顧客満足度の向上と当社の在庫削減を進める。

3　経費削減

経費予算を費用科目ごとに設けて，毎月の試算表で予算管理を行う。現在は1年間の決算が終了するまで費用をチェックすることがないが（年単位の費用チェック），今後は毎月の実績を予算と比較して月単位でコントロールする。これにより無駄な費用が1年以上放置されることがないようにする。

Ⅹ　改善後の利益計画

直近期末は営業赤字の状態であったが，経営改善の結果，売上げ及び利益が図表−15のように進展するものと予想される。

〔宮田　貞夫〕

著者　プロフィール

【編著者】

長谷川　勇（はせがわ　いさむ）
中小企業診断士
コンサルティング：中小企業再生支援協議会案件　10社
著書：物流改善（単著），環境調和型ロジスティクス（編著）
中小企業のための経営承継マニュアル（共著）他　共著30冊
研修講師：中小企業大学校，港湾カレッジ，JODC（カンボジア）

【著者】（五十音順）

岡本　良彦（おかもと　よしひこ）
中小企業診断士，ITコーディネータ
経営戦略策定，業務改革・改善を前提としたICTの活用による生産性向上，収益改善及びICT導入プロジェクトに実績。著書「経営革新計画で成功する企業」「老舗の強み」（共著　同友館）ほか多数。

川口　悠（かわぐち　ゆう）
中小企業診断士
教育関連の出版社にて，出版物の販売・営業企画，自社Webサイトの構築・運営から出版企画，編集など幅広い業務に従事。実務の中で学んできた経験を活かし，現在はWebサイトの構築からそれを活用した集客，既存のお客さまとの関係性強化など，小さな企業の売れる仕組みづくりを支援している。

神吉　耕二（かんき　こうじ）
中小企業診断士

中小企業向け経営コンサルタントとして，経営戦略策定支援，新事業開発支援，事業再生支援，営業支援，販促マーケティング支援，マニュアル作成支援を行っている。また，研修講師として，経営者向けに経営戦略講座，創造力発想力向上講座などを行っている。

栗田　剛志（くりた　たけし）
中小企業診断士

食品の商社にて15年間営業部門に従事し，食品の流通するチャネルすべてで営業を経験。
百貨店内における高級チョコレートショップにて集客・販促策，ディスプレー，接客指導，販売員のマネジメント，ブランド構築のノウハウを学ぶ。2007年，中小企業診断士登録。

古賀　雄子（こが　ゆうこ）
中小企業診断士・税理士

税理士，中小企業診断士，事業承継士。山口県下関市出身。大学卒業後，金融機関にて，金融商品・信託商品の企画・運営，システム企画等数々の業務を経た後，小売業で管理会計・LSP・業務改革に取り組む。現在は，税理士事務所を開業し，会計・税務・経営等の総合コンサル等に従事。東京都，埼玉県等関東全域で，公的機関等の専門家としても活動している。

佐藤　裕二（さとう　ゆうじ）
中小企業診断士，社会保険労務士，CIA（公認内部監査人），宅地建物取引士

上智大学法学部卒。学研グループにて玩具・文具事業，介護・高齢者住宅事業，監査・内部統制部門，子会社監査役を経て現在，合同会社MY Project（エムワイプロジェクト）代表，（一社）東京都中小企業診断士協会中央支部（副支部長），同協会認定福祉ビジネス研究会（代表），神奈川県社労士会横浜西支部，（一社）日本内部監査協会正会員CIAフォ

ーラム e-5（座長）。

田中　勇司（たなか　ゆうじ）
中小企業診断士
千葉大学法経学部経済学科卒業。フジッコ㈱を経て，アサヒビール㈱勤務。主に，スーパーマーケットやドラッグストア等の食品を扱う組織小売業向けのトレードマーケティングに携わる。著書に『効率経営からおもてなし経営の時代へ』（共著，同友館）等。

土田　哲（つちだ　さとし）
中小企業診断士
1964年新潟市出身。総合電機メーカーでシステムエンジニアとしてのキャリアをスタートする。2015年中小企業診断士登録。東京都中小企業診断士協会中央支部所属。中小・中堅企業のIT導入支援に力を入れている。

野﨑　芳信（のざき　よしのぶ）
中小企業診断士
1973年3月慶應義塾大学商学部卒業。1995年中小企業診断士登録，2011年開業。
金融機関勤務時，事業承継等相談窓口担当，出向にて事業会社経理・財務担当経験あり。
専門：創業・経営革新・事業承継・M&A支援，得意分野：農林業，卸小売・サービス業。
執筆：『中小企業診断士の資格を取ったら読む本Ⅰ，Ⅱ』（共著，同文館）他。

林　　啓史（はやし　けいし）

中小企業診断士，国家資格キャリアコンサルタント，健康経営エキスパートアドバイザー，東京都中小企業診断士協会城西支部執行役員，NPO品川区診断士会理事事務局長，日本マンパワー，中小企業診断士養成コース講師

文京区で生まれ，その後，新宿区神楽坂で年少期を過ごす。大学卒業後，㈱ツムラに入社。営業職から始まり，管理部門，経営企画部門，人事部門，マーケティング部門を歴任。現在は環境を基軸とした経営コンサルタントとして活動している。

宮川　公夫（みやかわ　きみお）

中小企業診断士　ITコーディネータ

キャンプ用品商社退社後独立。経営コンサルタント。
インテリア業界関連書籍　インテリア企業の機関紙執筆など　著書多数。日用品メーカー，生活雑貨ショップ，自動車部品製造業等の経営支援を行う。

宮田　貞夫（みやた　さだお）

㈱ハンプティ代表取締役，中小企業診断士・ITコーディネータ

大手証券会社で海外駐在を中心に約20年間勤務後，1999年に独立開業。茨城県よろず支援拠点チーフコーディネーター，中央大学商学部非常勤講師等を担当。主な著書は「『地方創生』でまちは活性化する『まち・ひと・しごと』」（同友館，共著）など多数。

認定支援機関のための　業種別
経営改善計画の作り方　卸・小売業編

令和元年12月20日　第1刷発行

編著者　長谷川　勇
発　行　株式会社 ぎょうせい

〒136-8575　東京都江東区新木場1-18-11
電　話　編集　03-6892-6508
　　　　営業　03-6892-6666
フリーコール　0120-953-431
URL : https://gyosei.jp

＜検印省略＞

印刷・製本　ぎょうせいデジタル㈱　　　Ⓒ2019　Printed in Japan
＊乱丁・落丁本はおとりかえいたします。
ISBN978-4-324-10686-0
(3100542-01-002)
〔略号：経営改善計画（卸・小売）〕

経営のヒントが詰まった姉妹本

最近の業界動向の解説から始まり、市場の分析、そして仮想のモデル店を例に挙げ、その経営の問題点を抽出・分析、今後どうすべきかの道しるべを示す！

認定支援機関のための
業種別 経営改善計画の作り方

中小企業診断士 **長谷川 勇**【編著】

製造・建設業編

A5判・定価(本体3,300円＋税)　電子版 3,300円＋税
※電子版は ぎょうせいオンラインショップ 検索 からご注文ください。

【掲載業種】

農業法人、冷凍水産食品製造業、弁当・惣菜製造販売業、漬物製造業、酒造業、紙器製造業、建設機械部品製造業、生産用機械製造業、精密研磨業、医療機器製造業、ソフトウエア業、住宅リフォーム業、左官工事業、板金・金物工事業、電気工事業、送電線工事業、管工事業、建設設計業、産業廃棄物処理業

サービス業編

A5判・定価(本体3,800円＋税)　電子版 3,800円＋税
※電子版は ぎょうせいオンラインショップ 検索 からご注文ください。

【掲載業種】

CATV、観光バス業、トラック運送業、倉庫業、冷蔵倉庫業、喫茶店、歯科医院、保育所、有料老人ホーム、訪問介護ステーション、資格学校、学習塾・予備校、フィットネスクラブ業、テニススクール業、伝統芸能教授業、英会話スクール、ネイルサロン、おしぼりレンタル業、クリーニング業、銭湯、葬祭業、自動車整備業、広告業

フリーコール
TEL：0120-953-431 [平日9〜17時] **FAX：0120-953-495**
〒136-8575 東京都江東区新木場1-18-11　https://shop.gyosei.jp　ぎょうせいオンラインショップ 検索